U0933645

RED GLORY

血色荣光

[英]马丁·爱德华兹　罗伯特·塞勒斯◎著　苏东◎译

图书在版编目（CIP）数据

血色荣光 /（英）马丁·爱德华兹(Martin Edwards)，(英）罗伯特·塞勒斯(Robert Sellers)著；苏东译．-- 南京：江苏凤凰文艺出版社，2018.6

书名原文：RED GLORY:Manchester United and Me

ISBN 978-7-5594-2287-3

Ⅰ．①血… Ⅱ．①马… ②罗… ③苏… Ⅲ．①马丁·爱德华兹－自传 Ⅳ．①K835.615.47

中国版本图书馆 CIP 数据核字 (2018) 第 116781 号

书　　名	血色荣光
作　　者	(英）马丁·爱德华兹 (Martin Edwards) (英）罗伯特·塞勒斯 (Robert Sellers)
译　　者	苏　东
出版统筹	万丽丽
选题策划	天麦开卷
责任编辑	姚　丽
特约编辑	胡宏烨
责任监制	李　响
封面设计	格·创研社
发　　行	江苏凤凰文艺出版社
经　　销	北京有容书邦文化传媒有限公司 010-56421373
出版社地址	南京市中央路 165 号，邮编：210009
出版社网址	http://www.jswenyi.com
印　　刷	环球东方（北京）印务有限公司
开　　本	710×1000 毫米　1/16
印　　张	18.5
字　　数	241 千字
版　　次	2018 年 6 月第 1 版　2018 年 6 月第 1 次印刷
标准书号	ISBN 978-7-5594-2287-3
定　　价	68.00 元

江苏凤凰文艺版图书凡印刷、装订错误可随时向承印厂调换

谨以此书献给我的父亲路易斯，他既授我以鱼，亦授我以渔。

家族企业：经营足球俱乐部固然不易，但并不像每天脔割鲜肉那样艰难！正是在路易斯·爱德华兹父子公司（上图），我开始起步学习如何管理企业，当我从家父（下图）手中接任曼联主席时，才证明这些技能是至关重要的。

我的父亲路易斯与马特·巴斯比爵士是心腹之交，我的父母、马特及其夫人过从甚密，过去经常一起进行社交活动（上图）。他对我来说就是“马特叔叔”，但到了 1970 年我加入董事会时，我倒宁愿在长大后还使用这个名字，所以就干脆称其为“马特爵士”（下图）。

（上图）1977 年赢得足总杯和慈善盾后，与董事会成员一起合影留念（从左到右：本人、马特 · 巴斯比、路易斯 · 爱德华兹、艾伦 · 吉布森、我的叔叔丹吉尔 · 哈罗恩和比尔 · 杨）。

（下图）在老特拉福德球场上，与曼城足球俱乐部主席彼得 · 斯瓦莱斯在一起。

1980 年家父去世后我接任主席之职，我很快就掌握了经营俱乐部的各个方面。

（右）与我担任主席后首次获得的大奖合影留念：1983 年足总杯。我们在重赛中以 4 比 0 的成绩击败布莱顿及霍夫足球俱乐部，我脸上的喜悦溢于言表。（下图）与主教练朗·阿特金森（左）和队长布莱恩·罗布森（中）用更加正式的姿势展示奖杯，以及同年赢得的慈善盾。

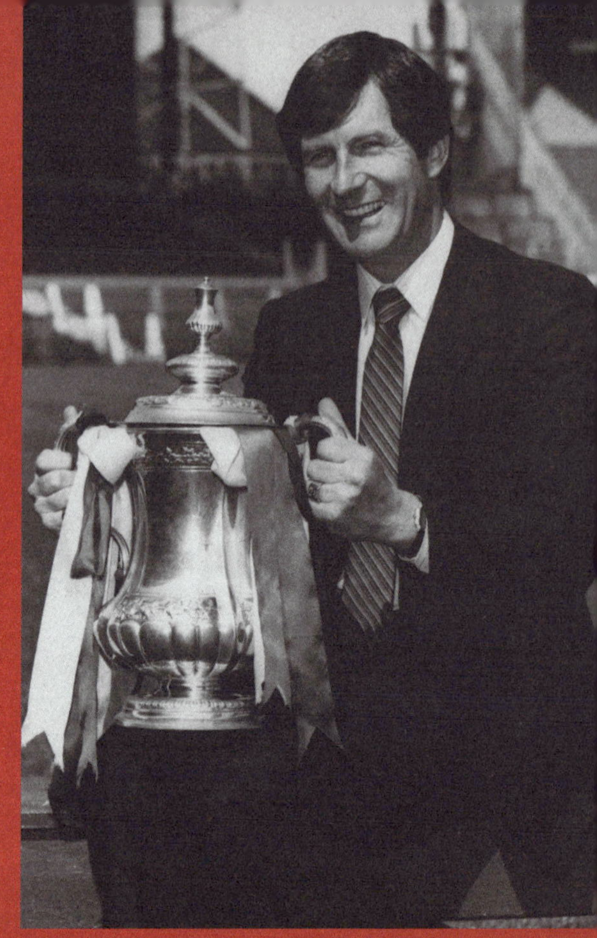

作为主席，本人非常幸运能够结识诸多名人和伟人——无论是在庆典仪式上，抑或是他们造访曼联时。此处的照片（由上至下）是我与时任英国首相约翰·梅杰、查尔斯王子、纳尔逊·曼德拉和贝利一起。

曾经有人多次尝试收购曼联，其中 1989 年迈克尔·奈顿的收购尝试最具争议性。在交易签字之前，他决定到老特拉福德球场上去作秀，以这种方式宣布自己是新老板（右）。后来他的收购以失败告终。英国天空电视台在 1998 年也提出收购曼联并获得支持，但后来被垄断与兼并调查委员会的报告驳回。这张照片是我与天空电视台时任首席执行官马克·布斯（下图）在一起。

我不得不在 1986 年 11 月份解聘了朗·阿特金森，但这为任命曼联有史以来最伟大的主教练亚历克斯·弗格森铺平了道路，我在该月晚些时候带他与曼联球迷见面（上图）。我们之间很快就建立了强有力的合作关系（下图）。

亚历克斯在曼联的成功并非一蹴而就。他的第一座奖杯是 1990 年的足总杯（上图），然后是翌年的欧洲优胜者杯。亚历克斯将志在必得，超越马特·巴斯比爵士的成就（与亚历克斯合影，左图）。

我们俱乐部招募了一批有史以来的最佳球员，他们加盟曼联就是我们持续取得成功的主要原因之一。布莱恩·罗布森(上图)、维维·安德森和布莱恩·麦克莱尔(中图)以及马克·休斯(左图)都是1990年和1991年胜利背后的关键球员。

在九十年代的后续数年，埃里克·坎通纳（上图）、罗伊·基恩(右图)和安迪·科尔（下图）则是帮助曼联称霸的三大关键球员。

CHAMPIONS 1998-99

三冠王：英超称冠（上图）；足总杯胜利后（下图）向进球球员泰迪·谢林汉姆表示祝贺；在诺坎普球场（下一页，上图）进行适应性热身，并在几小时后赢得分量最重的冠军——欧洲冠军联赛冠军（下一页，下图）。

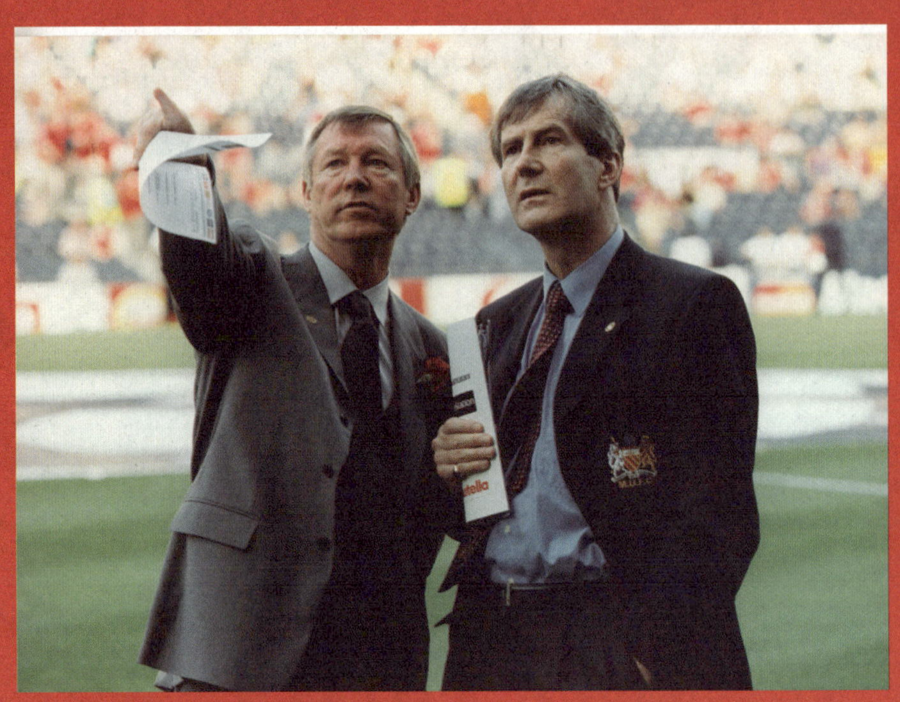

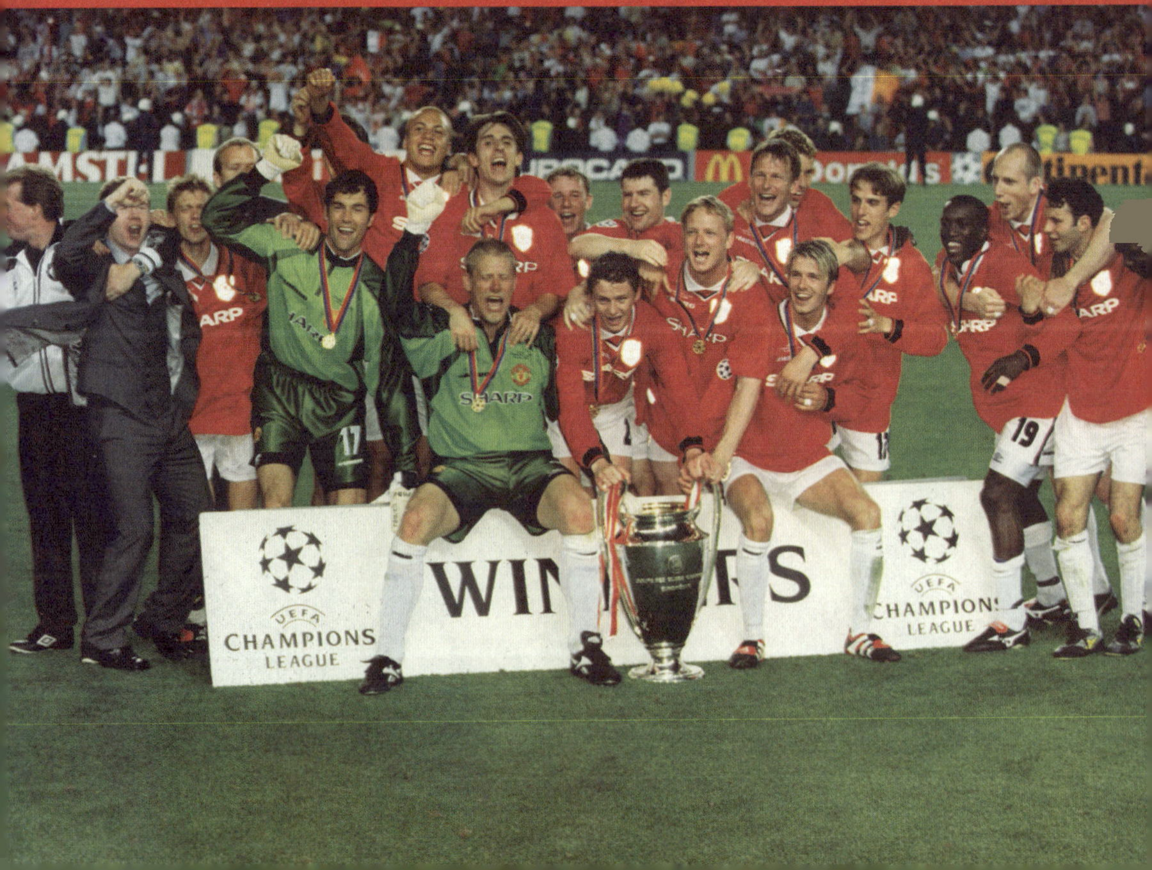
UEFA
CHAMPIONS
LEAGUE
SHARP

欧冠加冕之后的庆祝活动久久不能平息！照片中，从球员到董事会成员，大家都欣喜若狂。

我们最具特色的庆典方式就是乘坐敞篷花车穿过曼彻斯特。这是所有曼联球迷都想要分一杯羹的乐事。

（上图）我的遗产：老特拉福德球场成为国内最大的足球俱乐部球场，并为未来装饰得焕然一新。（右图）2003 年退休后，我现在是前曼联的众多拥趸之一，怀着惴惴不安的心情观看着我们球队的比赛。

CONTENTS  目录

序言 001

前言 006

第一章 香槟·路易斯 007

第二章 马特和路易斯 016

第三章 加入董事会 026

第四章 汤米·多克（多彻蒂） 035

第五章 股票交易 041

第六章 上位 047

第七章 罗恩时代 059

第八章 我的第一座奖杯 066

第九章 从麦克斯韦尔到海瑟尔 078

第十章 十点计划 083

第十一章 辞旧迎新 091

第十二章 全面作战 102

第十三章 出售曼联 111

第十四章 成功的种子 118

第十五章 曼联上市 124

第十六章 老特拉福德球场翻新 137

第十七章　英超诞生　144
第十八章　坎通纳　153
第十九章　曼联品牌化　157
第二十章　曼联的胜利　164
第二十一章　功夫埃里克　170
第二十二章　“靠一帮孩子你永远赢不了”　174
第二十三章　传奇：已然与或然　185
第二十四章　告诫亚历克斯　195
第二十五章　默多克和曼联　203
第二十六章　三冠王之年　210
第二十七章　权力移交　221
第二十八章　告别　231
后记：曼联历史上的最佳阵容　242
附录 1　1980—2003 曼彻斯特联队联赛排名　247
附录 2　1980—2003 曼彻斯特联队利润和营业额　270
附录 3　1980—2003 曼彻斯特联队主要荣誉　271
图片来源　272

序言

彼得·舒梅切尔

我很多年前就挂靴回到丹麦，但每当我回到柴郡的阿尔德利角，就会到一个名为泡泡屋酒吧（Bubble Room）的地方用早餐，并浏览当天的报纸。我喜欢独自坐在靠窗的那把扶手椅上，在我为曼联效力时曾住过的村子中缅怀昔日的辉煌。

在我零星造访泡泡屋酒吧时，每次总会看到马丁·爱德华兹大约在那天同一时间进入街对面的咖啡店，无一例外。

他去喝杯咖啡，每次都和同一群人坐在一起。在艳阳高照的好天气时，他们坐在外面，这样，我可以从我的座位处看到他们，不听就知道，他们在谈论足球，通常如此，我知道他们谈的是曼彻斯特联队。

这是非常富于激情的谈话：我可以从他们的肢体语言中看到，所以我也能了解俱乐部对他们有多么重要。

对于马丁·爱德华兹而言，曼彻斯特联队一直是他的生命之魂。

我七岁时就梦想为曼联踢球。

时至今日，我仍然不明白自己的好梦是如何成真的——我并未生活在英国，更不用说曼彻斯特。丹麦电视转播足球比赛可谓是寥寥无几——不是数周，而是数月没有一场现场直播，如果赶上转播红魔队的比赛，就像是赢得英国国家彩票（National Lottery）一样。我的父母都很忙，不得不艰辛工作以养活四个孩子，所以很少有时间踢足球。

但即便如此，我仍夜复一夜，在哥本哈根郊区，梦想着在温布利球场比赛，赢得足总杯决赛，成为曼彻斯特联队的英雄。

我的好梦成真要得益于曼联主席马丁·爱德华兹和主教练亚历克斯·弗格森爵士。

没有马丁·爱德华兹，我永远也不可能踏进老特拉福德球场（曼联主场），亦不能成就我的职业生涯。

足球是一种翻脸无情，有时又充满欺诈的交易，金钱就是法则和话语权。尊严和诚实如今极为罕见。但说到马丁，我想到了这两个词：尊严和诚实。

我认为他并不是扑克玩家，当我和他打交道时，我从未这样想过。他竟会坦率地说出自己的想法，也会说出真相。

在球队奖金谈判时，他从不会为了给俱乐部节省金钱而说谎，他会从俱乐部的角度摊开事实，开诚布公，你永远不会在离开时感觉到被愚弄或被欺骗。失落吗？是的，但永远不会失望。

我们的1998—1999赛季欧洲冠军联赛奖金谈判，可作为马丁以坦率的方法来管理俱乐部的良好例证。那一年，我们必须通过附加赛，进入欧洲冠军联赛的小组赛阶段，由于我们克服困难，成功实现了目标，所以我们在赛事结束后获得的总奖金应远远高于赢得决赛的奖金！对俱乐部来说，进入小组赛阶段会比实际参加决赛的进项更多，而主席认为球员们也能得到其应得的份额是公平之举。

马丁坐在其老特拉福德球场的办公室内，俯瞰着球场，办公桌上总是放着一本记事本和一个大型计算器。在这种场合，换作是其他人，他们总是会摆出一副一本正经的面孔，曲解事实真相，有的甚至公然说谎，但如果你去找他讨个说法，他会倾听你、尊重你，然后用计算器算出一连串公平的数字。

如果他或俱乐部明显犯错，即使有悖于其初衷，他也会尊重事实、秉公办事。

尊严，诚实，更重要的是，正直。

回想起 1991 年，曼彻斯特联队希望我成为他们的新守门员。我应邀来到曼彻斯特，满怀希望地来到老特拉福德球场，原指望我的经纪人直接商谈合同、达成协议并签约，但曼联主席却另有想法。

马丁带我参观曼联博物馆，目的是确定我绝对了解俱乐部历史的基本情况及其关键人物——博比·查尔顿、丹尼斯·劳、乔治·贝斯特和他最中意的邓肯·爱德华兹。

他以曼联的方式给我上了生动的一课，以确保我明白签约俱乐部不仅仅关乎于足球，其内涵远远高于足球。他告诉我，曼联是人们的生活方式，作为一名球员，对所有人均需承担巨大的责任。

当他带我参观博物馆时，他不断地打量着我，权衡和我签约的利弊，对我进行评估和判断，并对我成为未来曼联球员的适当性做出决定。他并不会轻率地决定签下新球员——那些最终决定曼联能否成功的球员。他总是权衡其钟爱的俱乐部的最佳利益。

我顷刻之间就对他钦佩有加，并感觉到与他意气相投，他对俱乐部的激情引起了我的共鸣。

马丁从未让我失望过。多年来，许多人不喜欢他，甚至讨厌他。他们老是盯着他，认为他是一只肥猫，从俱乐部里赚大钱。

但我能看到他在幕后工作的艰辛，我了解他，并经常与他促膝谈心。我亲眼见证他对曼彻斯特联队的热情，我理解他明白自己必须为俱乐部把握方向，以便在英格兰足球最终做出其急需的变革，并进入一个全新时代之际，使俱乐部更富有竞争力。

他知道自己希望俱乐部去向何方，但他觉得没有足够的资金将曼联提升一个档次。因此，他在股票上市之前，确保其俱乐部处于最佳状态。凭借此举，他使俱乐部在所有竞争者中遥遥领先，并直接形成了曼联在英超联赛中的霸主地位。

他未雨绸缪应对俱乐部的未来，而事实证明这是何等壮观的未来。随着英超联赛的推出,新时代的曙光已经喷薄欲出,他希望曼联首开先河,志在必得。

马丁总是着眼于未来，并以此为出发点，为俱乐部引进了亚历克斯·弗格森爵士，正如历史所证明，这是曼联有史以来最大的福音。

弗格森举步维艰：最初的三年半毫无建树，执教工作极不顺利。尽管乏善可陈，但马丁对主教练的选择毫不怀疑。即使是在1990年足总杯决赛对阵水晶宫队，媒体沸沸扬扬地宣称，如果再不能获胜，则是亚历克斯·弗格森爵士的终结时，他仍然明白自己并未选错人。

马丁反复强调说，弗格森的工作毋庸置疑，这一说法当时只是得到极少数董事会成员的支持，但我相信他。

他想要的是一位能打造一支未来球队，能培养出嫡系球员，能够在某种程度上再现马特·巴斯比爵士及其助手吉米·墨菲所取得的伟大成就，能够在曼联史册中书写新的灿烂篇章的主教练。

亚历克斯·弗格森爵士就是这样一位主教练。他理解俱乐部的幕后工作，他喜欢自己的所见所闻。

弗格森致力于培养新生代球员，这群年轻气盛、渴望成功的小伙子愿意为他和俱乐部赴汤蹈火。这位主席就在边线旁边，观看着这一切，并保护着他自认为是最适合这份工作的主教练，但是，球迷、媒体和公众都希望他下课。

马丁对俱乐部的雄心其实很简单。他真正想要的是将曼彻斯特联队打造成为世界最佳俱乐部。值得庆幸的是，在他仍然担任俱乐部主席之际，曼彻斯特联队终于成了世界上最强大和最好的俱乐部，这在很大程度上是因为马丁的精心管理以及他的精心设计、步步为营，造就了曼联的辉煌成就。

我感到欣慰的是，他终于实现了自己的目标；我感到欣慰和自豪的是，我为帮助他实现目标尽到了绵薄之力。

有时，我会去那家咖啡馆和大家聚一聚，聊聊天，而正是在某次这样的场合中，马丁询问我是否愿意给他的书作序。鉴于其多年来为曼联效力遇到过许多天才和大腕，他要求我作序，我觉得无比骄傲，想起他为我所倾注的一切，我也非常愿意接受他托付的重任。我谨希望我的言辞能够公正地评价这位为我们挚爱的曼彻斯特联队做出诸多建树的人士。

前言

在 2003 年我辞去曼联俱乐部主席一职后不久，有人邀请我撰写经营世界上最著名的足球俱乐部的经历。我对此等提议踌躇良久。我认为时间不恰当，这些事件和情绪对我来说仍然芒刺过多，我需要对这些事情产生一些距离感，从多视角来审视它们。

2015 年，我步入古稀之年，这是我开始回顾自己的生活经历和掂量人生成就的至臻年岁，也是我撰写本书的初衷。

本书并不是一本严格意义上的传记，因为其涉及我生活中的一个方面，不过也是一个非常重要的方面——作为从小到大的粉丝，也作为主席和首席执行官，我与曼联之间千丝万缕的联系。从某种程度上来说，曼彻斯特联队堪称家族企业，因为我父亲和我执掌俱乐部毕竟也有短暂的四十年。

我为自己在曼联取得的成就感到非常自豪，凭借我父亲为我奠定的守成基础，带领一支多年未曾赢得过联赛冠军或欧战锦标的俱乐部，进入其历史鼎盛时期。这是一次波澜起伏、颇具争议的行程，有时我会感到伤痕累累、备受打击。但那些伤痕是值得的，因为那些年是我一生中最快乐的时光。

我所做出的每一项决定、每一种选择，都是为了我所珍视和敬重的机构的福祉——曼彻斯特联队。这是我所在的那个时代的故事。

第一章　香槟·路易斯

1958 年慕尼黑空难事件时，我十二岁，我的父亲路易斯险些丧命于那场致命的灾难之旅。那时，我正在寄宿学校上学。女舍监了解我父亲是马特·巴斯比的朋友并且与曼联有关，于是她就来到宿舍告诉我，载着参赛球队返航的飞机撞毁了，有很多人遇难，巴斯比也受了重伤。我至今也难以忘怀那一时刻。

父亲原本预定了座位，准备和球队同机出发，但他在最后一刻改变了主意。可能就是这一决定救了他的命。父亲完全有理由对乔治·威塔克心存感激，不过当时的情况似乎并非如此。巴斯比希望我父亲加入曼联董事会，在 1958 年 1 月的最后一个星期中，也就是球队预计到伦敦与阿森纳对阵的前几天，我父亲被推荐参加选举。威塔克是当地的一名商人，也是唯一反对这一提议的董事会成员。会议结束时，也希望我父亲加入董事会的俱乐部主席哈罗德·哈德曼表明立场："除非全体一致通过，我才推举路易斯加入。"接着，哈德曼直接对威塔克说："我将在下一次董事会上再次推荐路易斯参加选举，但同时我也希望你再考虑考虑这件事情。"

几天后，也就是在阿森纳客场比赛的前夜，人们发现威塔克死于伦敦一家酒店，在睡梦中辞世。两队球员都戴着黑臂纱并在开球前默哀一分钟，以示敬意。这场比赛打得难解难分，曼联最终以五比四击败枪手们（阿森纳队）。可当时没有人能知道，这支由巴斯比宝贝们组成的如日中天的曼联队，将最后一次为英国足球场增光添彩。

接下来，他们面临着令人畏惧的欧洲杯四分之一决赛第二回合，对战贝尔格莱德红星队。由于董事会上的那张反对票，以及几项紧急公务需要处理，父亲决定留在家里。也就是说，如果威塔克同意父亲加入董事会，几乎可以肯定，父亲会在那场惨烈的慕尼黑空难中罹难。

灾难那天发生的事情现在已众所周知。球队乘坐飞机从贝尔格莱德飞回英国的途中，飞机在慕尼黑停留加油。当时天气恶劣，开始大雪纷飞，飞机前两次试图起飞均告失败。第三次尝试起飞时，飞机冲出跑道，撞到一栋房子，燃起大火。二十三名乘客，包括八名球员和三名俱乐部职员遇难。这仍然是曼联历史上最黑暗的日子。

当大家还沉浸在这场悲剧中时，哈罗德·哈德曼召开俱乐部董事紧急会议，并推举我父亲加入董事会。鉴于乔治·威塔克离世，没有了反对的声音，此次投票一致通过。因此，在 1958 年 2 月 7 日，慕尼黑空难的第二天，父亲正式成为董事会成员。

在我眼里，马特·巴斯比就是“马特叔叔”。我以前常常见到他，因为每周六晚上，他和妻子珍会同我父母一起出去在佩斯贝瑞的桥餐厅聚餐，在这之前马特和珍会先到我家喝一杯。

我永远都记得慕尼黑空难前的那个圣诞节。在我们阿尔德利角的家中，父亲举办了一场鸡尾酒会，马特来到我妹妹凯瑟琳和我的身边，给了我们每人半克朗。这是多么珍贵的圣诞礼物啊！我想我是不会把它花掉的。我觉得自己好像拥有了王冠上的宝石。

我父亲和马特是莫逆之交。约在 1950 年，他们通过一位共同的熟人汤米·阿普尔比首次相识，汤米·阿普尔比曾在曼彻斯特经营歌剧院。当时，歌剧院上演了一系列顶级作品，主演是霍华德·基尔和莫里斯·切瓦力亚等人。我记得有一次，费雯·丽和劳伦斯·奥利弗在此表演《莎士比亚》。我的父母总是受邀观看这些演出，并通过汤米·阿普尔比接触到许多当时的名人。马特和珍是那里的常客，歌剧院也是我父亲和马特首次彼此认识的地方。我听说，有时如果马特对演出厌烦，便会和父亲中途退场，到附近的酒吧谈论生意和足球。

我认为，在他们友谊的青萍之末，马特便认为我父亲可能会成为曼联董事会议室中的重要盟友，并能支持他在俱乐部施展其雄心壮志。在过去几年里，马特一直在寻求董事会层级的、具备新思维的新生力量，我父亲很有商业头脑，看起来好像是那么回事儿，极具完美的主动性和领导能力。

我父亲生来就是辛苦劳作的命。他于1914年6月15日生于大曼彻斯特郡索尔福德市，距老特拉福德球场不远。他从小喜欢踢足球，并在校队担任右后卫。十四岁离开学校后，进入家族企业——路易斯·C.爱德华兹父子公司（Louis C. Edwards & Sons），即我祖父拥有的肉类公司，其商号就是我祖父的名字——路易斯·查尔斯·爱德华兹，而我的父亲又以我祖父的名字命名——人称小路易斯·查尔斯·爱德华兹。我父亲的工作时间很长，他从日常工作中解脱出来的消遣之一就是观看曼联球赛。正是在观看了曼联球赛后，他才生发了对俱乐部的热情，并且从未停止过。

我父亲的成长过程想必是桀骜不驯的，证明就是他不到十四岁就会开车，其实这个年龄是不允许开车的。1939年战争爆发时，父亲应征加入第十四/第二十国王骠骑兵团[①]，该兵团随后借调到蒙哥马利麾下的第八集团军。他像一只埃及跳鼠一样，在一个坦克团度过其大部分战争时光。然后，在1944年我祖父去世时，由于肉类公司在战争中的重要性，我父亲奉召回家接管公司。那年夏天，他回到曼彻斯特，几乎快不成人样了，由于在沙漠中忍饥挨饿，他的身

① 第十四/第二十国王骠骑兵团：即坦克装甲部队。

体变得皮包骨一般。在其后来的生活中，尤其是当他发财之后，我父亲对饮食特别讲究，过上了丰衣足食的优质生活，赢得了“香槟·路易斯”的绰号。从此，他下定决心，再也不过忍饥挨饿的日子了。也许这就是促使他成功的动因之一。

回归平民生活后，我父亲重温战争爆发前几年的鸳梦。他钟情的女孩名叫穆丽尔，是他妹妹最好的朋友，他们后来开始约会，并双双坠入爱河。现在他回家了，他们迫不及待地在 1944 年 6 月诺曼底登陆日后一天喜结良缘。对于他们来说，正应了那句老话——不是冤家不聚头。我父亲天性快活、极具幽默感，而我母亲文静且不苟言笑。尽管如此，他们相敬如宾、相得益彰。穆丽尔家最初是从东北部搬到曼彻斯特的，她的父亲曾是东北部的一名工程师。离开学校后，她做过一段时间的模特，大部分是在百货公司表演。与其他芸芸众生一样，战争对这代人的苛求甚多，她只得改行开救护车，为战争尽力。

我出生于 1945 年 7 月 24 日，我的某些最朦胧的早期记忆就是我父母在星期六下午去老特拉福德球场观看比赛。我一直都知道他们观看比赛的时间，因为他们回来会给我带一份比赛场刊，并热情洋溢地谈论他们的见闻。1952 年，我首次到老特拉福德球场观看比赛，我终生都不会忘记，那是与狼队① 对阵，而且这么多年来我一直保留着那份比赛场刊。

我即将满八岁时，被送到柴郡的一所男孩寄宿学校——特拉诺瓦（Terra Nova）上学，令我失望的是，这里的两项主要运动是板球和橄榄球，而不是足球。

但是，我有模有样地喜欢上了橄榄球和板球。我是预科班中最小的球员，甚至参加了板球首发阵容比赛。十岁时，我被选入球队参加了一场比赛，与那些十三岁的男孩们一起打球。后来，我带领球队走向正规化，并且成为率先开球的球员。

小学时代，我崇拜的偶像是丹尼斯·康普顿，全英格兰最潇洒的击球手之一。当时板球界的另一位大腕是雷恩·赫顿，但我认为两者中康普顿更招人

---

① 狼队：伍尔弗汉普顿流浪足球俱乐部。

喜爱。他是正宗的“头油男孩[1]”，有着电影明星般英俊的面容。当他不再为米德尔塞克斯板球队和英格兰板球队得分效力时，康普顿就为阿森纳足球俱乐部打边锋，还入选了英格兰足球队。他的确是一名杰出的全能运动员。

在 1989 年马特 · 巴斯比爵士八十岁诞辰庆典时，我们在老特拉福德球场为他举行特别宴会，其中一位嘉宾刚好就是丹尼斯 · 康普顿。我与他素昧平生，但在晚会即将结束时，俱乐部商业经理丹尼 · 麦格雷戈过来询问我在回家时是否介意把丹尼斯送回酒店。要说我欣喜若狂，倒还算是轻描淡写。

我们上车后，丹尼斯打开话匣子说：“哦，亲爱的小伙子，我今晚来参加宴会，可从未敢奢望曼联的主席送我回家。”“康普顿先生，”我说道，“能够与您共度几分钟的时光，您绝不可能想象到我是多么激动，因为您是我当小学生时崇敬的英雄之一。”

“别拿老头子开心了，”他说，“说到我那个年代，你可是太小了。”

“不，我记得您为英格兰开球。我还记得您最后一场阿森纳比赛是 1950 年的足总杯决赛。”

康普顿边回忆边笑着说：“不错，你说得还差不多。”

“我当时以为那是您最后一场比赛。”

“不，不，我们夺冠了，并且作为这次夺冠的延伸，每个赛季开始时，足总杯冠军要与联赛冠军踢上一场。因为我参加了足总杯决赛，所以他们邀请我回来客串参加比赛。”

“康普顿先生，您赢了吗？”我问道。

“我们赢了，四比二。”

“您进球了吗？”我又问。

“我踢进两球。”他目光炯炯地说道。

---

① 头油男孩：爱尔兰二战浪漫爱情战争片。

在学校时，我也打过十五人的橄榄球赛，我很喜欢在那里度过的时光。特拉诺瓦是20世纪50年代典型的寄宿学校，与《汤姆·布朗的求学时代》中的描述几乎是同出一辙：宿舍内非常寒冷，没有集中供暖，清晨游泳，定期搏打。因为不知道大家有什么差别，我们同学之间相处得非常融洽，都没有抱怨。

我父亲加入曼联董事会后，我可以定期到老特拉福德球场观看比赛，坐在董事包厢内，不经意之间成为一名狂热的支持者。随后，我父亲也开始带我观看客场比赛，我经常坐上球队大巴去观看比赛。我现在还清楚地记得，我们在1959年足总杯第三轮中与诺威治（诺维奇）队对阵的时刻。我记得那场比赛时寒风刺骨，本来就不应该继续比赛了，因为毫不夸张地说，我们是在冰上踢球。我们零比三输了，而且回来时，大巴的挡风玻璃碎了，我们都几乎被冻死。冰冷刺骨的寒风吹打着球队大巴，经过七个小时的旅程才回到曼彻斯特，你能想象出那是怎样一种情形吗？我还记得坐在那辆冷冰冰的大巴的后座上我们几乎冻僵了，还在为我们的失利感到十分沮丧。

鉴于我在寄宿学校上学，因此从未与“巴斯比宝贝”们谋面。但在慕尼黑空难之后，我情不自禁地牵挂起这支球队来。我记得我父亲参加了所有罹难球员的葬礼。慕尼黑空难对曼联的影响无法估计，失去了八名球员，还有两名球员不得不终生告别绿茵赛场，再加上遇难的秘书和教练，这绝对是毁灭性的事件。马特明白，必须尽快重建曼彻斯特联队，而我父亲则成为举足轻重的人物，因为他们俩在这项非凡的事业中有着密切的合作关系。

这是一项旷日持久的巨大挑战。历时五年，我们才再次夺冠，赢得1963年英格兰足总杯（FA Cup），考虑到相对较短的时间段和各种因素，这可谓是辉煌的赛绩。由于我方元气大伤，不得不征召诸如马克·佩尔森、亚历克斯·道森和沙伊·布伦南等众多预备队球员和青年队球员进入首发阵容队。我们还必须收购新球员。我记得阿尔伯特·奎克塞尔以当时创英国纪录的四万五千英镑的转会费在 1958 年 9 月从谢周三足球俱乐部转会加盟曼联。那天下午我就在老特拉福德球场（曼联主场），当时，他跑步穿过入场通道，在震耳欲聋的热烈欢呼中进入球场，人群中弥漫着一种强烈的兴奋感。我对这支慕尼黑空难后浴火重生的球队了如指掌。事实上，当曼联在三十年前成立老队友联谊会（Old Boys Association）时，他们就推举我出任会长，并履职至今，我仍然有机会与我成长过程中所熟悉的老球员们见面。

我父亲参与曼联事务对于马特来说非常重要，因为当时是哈罗德 · 哈德曼担任曼联主席，但他非常保守，且垂垂老矣，在慕尼黑空难时已届古稀之年，也可以说，他仍然坚持过去的那套足球理念。哈罗德在年轻时曾以职业球员的身份效力于曼彻斯特联队和埃弗顿俱乐部队，并两次代表太妃糖（埃弗顿俱乐部）参加足总杯决赛，同时还两次入选奥运会英国足球队。平心而论，他的曼联主席生涯非常成功，并与巴斯比联手夺得 1952 年、1956 年和 1957 年甲级联赛冠军。可能是因为他对足球运动的观念过于陈旧，他认为没有必要在转会市场上花大价钱。我认为他一直对 1953 年为汤米 · 泰勒支付三万英镑的转会费一事耿耿于怀。我敢肯定，马特觉得我父亲在收购球员方面更有气魄。的确，在收购奎克塞尔时，哈德曼曾主张要小心谨慎，说俱乐部负担不起这笔费用。而马特正是求助于我父亲，并得到他的支持和鼓励，也正是我父亲陪他到谢周三足球俱乐部，才最终敲定这笔交易。

另一个例子就是 1962 年 7 月份与丹尼斯 · 劳签约。劳当时效力于意甲都灵俱乐部队，但他球踢得并不如意。我父亲、马特和哈德曼飞到意大利说服他加盟曼联，而他最终以破当时英国转会费纪录的十一万五千英镑签约，效力于曼联麾下。

在当时，对于一名球员而言，这是一笔巨款，而我父亲在促成交易中发挥了重要作用。如果他当时不支持马特，我倒怀疑哈罗德 · 哈德曼是否会前往意大利敲定这笔转会交易。

丹尼斯转会后成为我们最重要的球员之一，我喜欢看他踢球。通常情况下，如果我们赢得某一联赛，则可能会有一两名球员脱颖而出，罗宾·范佩西就是2012—2013赛季中的明显例子。在此之前，埃里克·坎通纳的进球对于我们在1995—1996赛季中赢得联赛冠军起到了关键作用。自慕尼黑空难后，我们于1965年首次赢得联赛冠军，而丹尼斯·劳则是该赛季最具影响力的球员，他卓尔不凡。丹尼斯既可踢中场，也可打前锋，两个位置均如鱼得水，不过，马特倒更喜欢把他放在前锋位置。但丹尼斯的问题是会受其职业生涯早期膝伤的困扰，所以我们有时会与他的最佳竞技水平失之交臂。可一旦膝伤痊愈，丹尼斯·劳则是非常优秀的球员。他肯定是我心目中曼联历史上的十佳球员之一。

除了在转会市场上支持马特之外，我父亲还做了另外一件重要的事情，就是把一个名叫比尔·伯克的人挖到俱乐部来。在20世纪60年代之初，老特拉福德球场的改造和翻新成本限制极严，且捉襟见肘。尽管球队在球场上取得了相对成功，但资金并未完全流入俱乐部囊中。

比尔·伯克在沃里克郡板球俱乐部经营一项成功的、高利润的“足球大家乐（Football Pools）”博彩业务。1961年，我父亲好不容易说服比尔到曼联也开设类似的博彩业务。结果证明这是一项真正的创新，并筹集到了大笔资金，在随后的岁月里，它为老特拉福德球场的急需重建提供了大笔资金。别忘了，在战争期间，该场地遭到轰炸，多年来，曼联球队不得不在曼城队的缅因路球场踢“主场比赛”。他们在1949年重返老特拉福德球场，但那里仍然是满目疮痍，直到1957年才安装泛光灯。然后，我们遭遇了慕尼黑空难，此后，从财务角度来看，球队运营仍然很困难，所以我父亲的业务专长就显得不可或缺。

“大家乐”的想法立竿见影取得成功，帮助筹集到资金，在斯特雷特福德看台后方[①]安装了七百套木制座位。

时光流转到1964年，我父亲又施以援手，支持一项庞大的三十万英镑的

---

① 斯特雷特福德看台后方：老特拉福德球场西面球门后方的一座看台的官方名称。

计划，在沿着场地一侧的曼联路，修建当时全国最长和最先进的全新悬臂式看台①，其中还包括三十四间私人包厢，这在英国足球中首开先河。这的确是气势恢宏的建筑，也是在 1966 年世界杯期间，老特拉福德球场被选为比赛场地的原因所在。

自我父亲在 1965 年出任曼联主席一职后，他从不惮于投入更多资金对体育场进行持续扩建。他甚至在 1969 年提出一种异想天开的未来派观念，即安装某种可伸缩的屋顶，当曼彻斯特的天气变脸时，可滑动遮住球场顶部。这个项目实际上在董事会层级上予以了讨论，但其估价高达七十万英镑，因此这个梦想很快作罢。

到 20 世纪 70 年代初，老特拉福德球场的所有看台均设置了座位，毫无疑问，这是全国最好的俱乐部球场，一些人称之为“北方的温布利②”。1975 年，重建了南看台，并整合了一间行政套房和两间餐厅，这些设施在非比赛日也可出租，供宴会、会议和私人事务使用。所有这一切都为俱乐部带来了额外财源，并且在未来的岁月里，甚至是在我的主席任职内，每当我们扩展体育场之时，绝非仅仅考虑要添加更多的席位，或建设更多的包厢，而总是考虑其背后深层次的、能从这些设施中赚取何种额外收益的问题。所有这一切均始于我的父亲。我认为我们确定了其他足球俱乐部所仿效的基调。然而，这种模式确实导致罗伊·基恩说出那句著名的“鲜虾三明治③”调侃之词。许多老派的或怀旧的支持者确实感觉到足球已经过于商业化，足球并不一定非要再关乎丁铁杆足球迷们不可，只不过是演进为娱乐业的另一分支而已。球迷们觉得自己已经为这些设施付出了更高的代价，而且他们已经被边缘化了。但是，无论喜欢与否，这就是进步。

---

① 全新悬臂式看台：曼联路看台，后来命名为北看台，并在 2011 年更名为亚历克斯·弗格森爵士看台。
② 北方的温布利：温布利球场位于英格兰伦敦，是欧洲第二大足球场。
③ 鲜虾三明治：罗伊·基恩批评老特拉福德球场中那些嚼着“鲜虾三明治”的商务球迷（原文为“prawn sandwich” corporate fans，其意指那些并不真的热爱足球，而是看球另有目的的球迷，比如陪客户，对球队给予的支持远远不够）。

第二章　马特和路易斯

1964 年 4 月，我已十八岁，进入家族企业，一干就是十六年。我会永远记得我上班的第一天。我起床，步行到公共汽车站，乘巴士到阿尔德利角，乘火车到曼彻斯特皮卡迪利车站，走到奥尔德姆路的尽头，赶另一趟公共汽车，再到工厂。我本来应该八点整到达那里，但当我到达刷卡时，已经迟了一分钟。“对不起，爱德华兹先生，”那位工头几乎是带着歉意说，“如果你迟到了，我得到严格指令送你回家。”我父亲对工头的实际指令是：“如果那浑小子迟到一分钟，就送他回家。”于是，我坐公共汽车，再乘火车原路返回。当我进入大门时，母亲问我这么早回家干什么，我不得不承认因迟到而被遣送回家。这是一个极有裨益的教训，能确保我再也不会迟到了。

回顾过去，我发现父亲对我非常严厉，对我的妹妹则次之，而当八年后我弟弟罗杰出生时，父亲则已经变得相当宽厚。因此，作为长子，我首当其冲，但我并不抱怨这件事，事实上这可能给我带来了极大的好处。

父亲具备优秀的职业道德，我觉得他试图在我懂事之初就向我灌输这种道德。如果你早上躺在床上睡懒觉，他就非常讨厌；即使在他走后再睡回笼觉，你也必须先起床。并且他讨厌浪费，诸如把食物剩在盘子里的事，是绝对不允许的。我们生活在一个高档小区的一栋漂亮的房子里，但他从不会惯坏我——我的第一辆车是我妈妈的那辆旧和风（Zephyr）牌汽车，谈不上什么档次。

当我加入公司时，较之于我父亲和叔叔在战后首次接管公司时，公司已经得到大规模扩张，当时只有四家肉店，由六名员工经营，只为老主顾服务。我父亲和他的兄弟道格拉斯（他也是联合董事长），多年来不仅大规模地增加门店和零售店特许经营权，同时也认识到公司的未来不仅仅在于零售业，还包括为学校、写字楼和普通餐饮业供货。这些年来，这些业务一直稳步上升，达到了他们为当地政府、度假营地、酒店甚至军队的供应目标。他们还涉足于听装食品和便利食品，造就了许多大型超市的自有品牌。

我开始在中心肉库工作，切割白条肉。我一整天都得做这些事：把进货而来的那些大片“胴体”切碎。不是我喜欢这份工作，而是我必须这么做。我的想法是在所有不同的部门中工作，这样我就可以学习和了解业务的各种要素。一个部门半年，时而下工厂基层，时而在店面里，时而在路上，时而在办公室里。

离开学校后，我想方设法地继续参加体育运动。我在学校的最后一年加入了奥尔德利埃奇板球俱乐部，为此，我会参加随后的十二个赛季，并且当我还是学生时，我就作为首发队员参加比赛。一线队队长是帕特·凯利，他也是柴郡队的球员，每当学校放假，我回家时，他总是邀请我加入球队。我可以满场跑位，也有点防守能力，如果球队需要搏一把时，我可以作为击球手上场。

我还在业余的曼彻斯特星期三联赛中玩一玩足球。我甚至还作为中锋赢得了一块奖牌。我们还推举一位名叫比利·迈尔斯库斯的家伙担任我们的队长。

他参加了1957年阿斯顿维拉足球俱乐部与曼联对阵的足总杯决赛，比赛中我方守门员雷·伍德在开场后不久就受伤了，不得不被抬下场去。直到比赛结束，我们只有十名球员，因此而失利。我也曾经在星期日上午参加球队的比赛。但我始终是一名更好的橄榄球运动员，而不是足球运动员，并且，我二十岁时加入了威姆斯洛橄榄球俱乐部。这的确是为了保持健康，我根本没有认为自己在打球。我参加了季前热身赛，并被选为十五人二线队的中锋。有时，当球员代表外出比赛时，我会被安排进一线队，最终用自己的本事成为羽翼丰满的一线队球员。我非常热心，一周训练三次。在曼联赛事结束后的周六夜晚，马特·巴斯比会来到我家，我们经常就谁赢了当天比赛互相开玩笑。

⚽

1962 年，我父亲和叔叔在伦敦证券交易所发行了家族企业百分之二十的股份。募集的资金相当可观，我父亲开始买进曼联股份。当他首次成为曼联董事时，董事会卖给他十股。那时，为了遵守足总的章程，所有董事都必须拥有一定百分比的记名股票。为了收购更大一笔股份，父亲尽可能多地联系了股东，包括当时在任的董事会成员，并为他们的股份提供溢价。这一切均取决于他们每一个个体接受与否。当时俱乐部里有一百四十二名股东，但没有一名是大股东，所有交易都要得到董事会的批准。到了 1964 年，父亲成为俱乐部的最大股东，拥有俱乐部百分之五十以上的股份。这是否是他有意从一开始就在曼联构建权力基地，我并不知情，因为我从来没有问过他。然而，这并不是进行财务上的绞杀。请记住，当时的曼联是一家私人公司，股票被认为比货币更富有感情色彩。我猜想，刚开始父亲只是想成为董事会的一员，然后，他肯定已经意识到自己对公司的感情有多深，并且也认识到，为了产生重大影响，他需要实质性控股。

别忘了，我父亲是位商人，在生意场上，如果你看到机会，就得去争取。那正是他的经商之道。我确信马特对这种情况很满意，因为这个大股东是董事会中的一个盟友。

父亲也一直在参与处理大量的俱乐部事务，原因在于，大约在前一年，哈罗德·哈德曼就已经病入膏肓。1964 年父亲被推举为俱乐部副主席。当哈罗德于 1965 年 6 月去世，父亲接任主席时，没有人反对或感到很惊讶。当时，在人们眼里，他已然是哈德曼的天然继任者。

历经多年，父亲已经成为足球界受人尊敬的人物，随后又成为受欢迎的俱乐部主席，球员们都喜欢他。联赛中有些主席相当严肃和冷漠。我父亲非常接地气，热爱自己在俱乐部担任的足球角色以及比赛日的整体氛围。他会走进更衣室和球员们混在一起，然后有时和他们一起喝一杯。他欣然接受这一切。许多人都记得他是一个快乐的人，一个善于讲故事的人。人们会把他描述成这样的人物：他常常抽烟，但从不吸入，而他对香槟的喜爱是众所周知的。基思·肯特是曼联的球场管理员，曾告诉我一个关于我父亲的故事。基思在来到老特拉福德球场之前，曾是莱斯特城足球俱乐部的球场管理员，而只要曼联前来比赛，他的职责之一就是去当地超市买香槟，因为路易斯·爱德华兹（Louis Edwards）只喝香槟。在我们与之比赛的很多俱乐部中，都有这么回事。

他还有其他的奢侈品——马略卡岛的一栋别墅和一辆劳斯莱斯。这是他在20 世纪 50 年代后期买的。我还记得司机过去经常开车送我回学校，而当我们到达大门时，所有的男孩子都会围拢来。不过，我父亲不太在乎炫富，尽管他愿意花钱，而且对我母亲总是很慷慨。他还是个慷慨的东道主，很善于与他认识的人交往。然而，作为主席，我父亲则总是避开媒体的聚光灯。

人们要么是喜欢出名，要么是不喜欢，但我父亲这两者皆非。他是一个很腼腆的人，在某些意义上，我在这方面很像他。我从来不是一个说大话的人，我在曼联工作期间，对公关不感兴趣，也不让公关人员拥簇着我颂扬溢美之词。事实上，直到彼得·肯扬在 2000 年接替我担任首席执行官后，曼联才雇用了一名全职公关人员。如果我要是稍微关注一点公关，也许会有利于我自己，但我的全部心思就是经营一个成功的企业。我对个人宣传很谨慎，因为如果你跳得很高，也许会摔得很重。

我父亲稍微有点口吃，这也是他不喜欢公开演讲的原因之一。如果他能找到别人来代替他说话，他会很乐意。当他需要在公共场合讲话时，我母亲总会到场，坐在他旁边，当她看到有口吃的苗头时，就会轻微地碰碰他，他就能挺过去。

我认为人们欣赏他的其他方面还有，作为主席，我父亲只专注于俱乐部的商业运作，从不干涉球队——他把这一切都留给主教练来管。我当主席时也是这样。当然，我对球队很感兴趣，因为我是支持者，所有支持者都对你的球员转会、球队构成以及其他各方面都感兴趣。但是，你可以尽管提出建议——如果我买进他，你会喜欢这名球员吗？我从来不就球员转会问题向主教练指手画脚，这必须由他们决定。

在那些年代里，主席们也并没有真正参与到球员的谈判中去。费用由董事会商定，但由主教练和俱乐部秘书负责所有谈判和条款事宜。这样做肯定是非常有效的，因为我父亲和马特以完美融洽的方式运作，打造了一支了不起的球队——足球运动员出身的马特和我父亲这样的精明商人是最佳搭档。有人说，父亲对曼联的控股是马特的权力基础。千真万确的是，马特因其在球场上取得的成就而非常强大，但他和父亲的关系无疑加强了这一点。我相信这也给予马特以信心，让他明白主席百分之百地支持自己。

父亲是马特的全方位铁杆支持者，他认为其作为主席的职责之一就是提供一个球场来与马特正在打造的球队配套。

可我们这是一支多么了不起的球队啊。观看他们比赛是一种快乐，尤其是著名的神圣三位一体组合——劳、贝斯特和查尔顿。任何一个 20 世纪 60 年代的曼联球迷都会对他们三人赞不绝口。不过，为他们铺垫的是那些球艺精湛的球员，如出色的后卫托尼·邓恩、球队核心人物派特·克里兰德以及诺比·斯泰尔斯。这是一支标志性的球队。而劳、贝斯特和查尔顿都交相辉映，凭借其实力当选为欧洲足球先生。丹尼斯是在 1964 年，博比是在 1966 年，而乔治是在 1968 年。这只是向世人证明他们是多么出色。每个星期六去老特拉福德球场，观看三位一体组合同场献艺的梦想成真。唯一让人失望的是，那支球队本应赢得更多。我们在五年中输掉了四次足总杯半决赛；不过，我们赢得了 1963 年的足总杯、1965 年和 1967 年的联赛冠军，并且 1968 年最终在温布利球场赢得了欧洲冠军杯。我并不是说非要天佑曼联赢得每场比赛，因为那时有很多强劲的对手，但是那支球队有能力去赢得更多奖杯。

这些年来，足球评论家们对乔治·贝斯特谈论很多。我认识他时，他只是一个瘦小的少年，他来自贝尔法斯特，怀揣着为曼彻斯特联队效力的梦想。在他成为一线球员之前，就有一些关于他在训练中表现不错，以及他如何让老球星出洋相的传说。当时，球队曾经在体育场后面训练，有一次乔治不断传穿裆球使哈里·格雷格上当，哈里威胁说，他如果再这样做，他就要以其人之道还治其人之身。有很多关于乔治将会表现不俗的报道。这有点像瑞恩·吉格斯，人们在他为曼联踢球之前就谈论他，因为在他十五岁时，大家都看到了他的未来。乔治就是这样，人们都知道他是冉冉升起的明星。

马特将其从曼联少年梯队中直接提携，乔治的处子秀是在 1963 年 9 月，对阵西布罗姆维奇足球俱乐部队，当时他年仅 17 岁。他遭遇威尔士后卫格雷厄姆·威廉姆斯，这是一个相当坚韧顽强的小伙子，乔治又一次踢出穿裆球过人，而且总的来说，他表现得相当不错。马特一直等到圣诞节再次起用他，这一次是对阵伯恩利足球俱乐部，他发起猛攻，打进了自己的曼联处子球。此后，他几乎是不可弃用。我就是在这个时候认识乔治的。晚场比赛后，我常开车去接他，然后把他放在斯特雷特福德保龄球馆，他会在那里流连忘返。当时他还没有学会开车，所以总是让我捎他一程。当然，我以前经常在老特拉福德球场看他踢球，而每当乔治拿到球时，就会把观众弄得神魂颠倒。他的确是一名神奇的球员。他瘦骨嶙峋，但全场过人，甩掉对手，然后回来，再过掉他们，他是位表演大师。

总是有人问：三位一体组合中——丹尼斯·劳、乔治·贝斯特和博比·查尔顿谁更厉害？我觉得难以回答，因为他们各有所长。丹尼斯是一名优秀射手，但也可以踢中场，并且特别擅长争夺高空球，他在禁区中就是一枚炸弹，总是能够精确制导。球迷们爱他，戏称他为“王”。而在更衣室里，他是一名插科打诨的好手，和帕迪·克雷兰德是好朋友，他们俩形影不离。我记得关于丹尼斯的一件事是，每当受伤时，他就不看球队比赛。如果他不能上场，他就讨厌看足球，他宁愿待在家里。

博比可以非常潇洒地踢进漂亮球，他的双脚简直就是不可思议，无论哪一边都能接住球。他是当年的巴斯比宝贝之一，凭实力奠定了自己球队前锋的主力位置。慕尼黑空难之后，他踢了一段时间的左边锋，随后固定在了中场位置。在曼联队和英格兰队，他可以踢锋线上的任何位置。博比在个性上不像丹尼斯那样活泼，他是一个相对沉静的人物。在慕尼黑惨案发生之前，我并不认识他，但我相信他以前要活跃得多。失去了那么多朋友，其中许多人还是朝夕相处的伙伴，我想这改变了博比的性格。

乔治是一位神奇的盘球大师，也是优秀的铲球大师。他愿意为球队吃苦耐劳，的确是名超级全能球员。有一些关于他被后卫盯住并被铲倒的故事，但他罕有受伤。考虑到他的块头，他这个人很皮实。

真正使乔治出名的是 1966 年的本菲卡①客场之战。那天晚上，贝斯特摧毁了他们，把他们彻底摧毁了。这是他一鸣惊人的起点。人们过去都叫乔治为“第五个披头士②”。我认为马特，或所谓的足球界，都未曾遇到过这种性质的明星球员。乔治是第一位现代足球巨星。

后来，确实变味了。乔治开始胡闹和玩失踪。大多数球员喜欢他是因为他的才干，但他的古怪行为最终也的确使一些大腕球星感到怨恼愤恨，特别是博比，对他感到厌倦。乔治和马特之间的关系一直很特别，但是连马特也对他感到失望。他在英足总面前竭尽全力捍卫乔治。曾经有那么一段著名的时间，乔治根本就不露面，而马特自己干自己的。乔治有一次在伦敦与一名女演员一起玩失踪，而马特想必也拿他没办法。乔治会走进马特的办公室，信誓旦旦地答应他所说的一切，然后出来后又我行我素。他非常尊敬马特，但就是管不住

---

① 本菲卡：里斯本与本菲卡体育俱乐部队。
② 第五个披头士：乔治・贝斯特的足球轨迹几乎和披头士音乐轨迹完全重合。当年曼联战胜拥有尤西比奥的本菲卡，让葡萄牙人首次对贝斯特惊呼“第五个披头士”。

自己。

我在1980年接任主席时，乔治已经是俱乐部的标志性人物。如果他打电话要票看比赛，总是受欢迎的。尽管他并不完全靠谱，但我们还是邀请他到老特拉福德球场出席我们举办的某些大型活动。如果邀请了乔治出席某个重要活动，就总有点忐忑不安，因为实在没把握他是否会赏光。

我唯一记得的使乔治不高兴的事，就是董事会在老特拉福德球场拒绝给他授予一份品行证明书。这是在20世纪80年代初，在他落难后再来到俱乐部的时候，我觉得他没有完成整个试用期，并且他有时会让俱乐部走下坡路，所以他不是被颁发品行证明书的最佳人选。乔治对此感到非常失望，但是，尽管如此，乔治还是热爱俱乐部，即使他时不时地制造麻烦，但他的足球初恋始终是曼联。

我父亲和马特合作的巅峰时刻无疑是1968年欧洲冠军杯的胜利，这是曼联历史上最著名的夜晚之一。我们在半决赛中击败了皇家马德里，但这场比赛我无法去看，因为我必须工作。虽然我是老板的儿子，但并没有任何特权。决赛是在温布利球场对阵本菲卡队，这次我能看比赛，就绝不能错过。那是一个令人难以置信的夜晚。我参加的是一次官方聚会，其实就像一次家庭聚会。我带着我的未婚妻去了，我的弟弟、妹妹也在那里，当然，还有我的父母亲。我们的座位非常不错，靠近中场线，而父亲在皇家包厢里，坐在首相哈罗德·威尔逊身旁。

在决赛前的日子里，我不会说俱乐部的气氛是过于自信，但有一种强烈的感觉，从慕尼黑到现在已经十年了，这就是我们的天数。还有一种恐惧感，因为这可能是马特赢得俱乐部最高荣誉的最后机会。他到了这个阶段已经厌倦了，考虑退休，所以他正在耗尽岁月去赢得它。他本应该在1966年就赢得欧冠。

我们在半决赛中输给了贝尔格莱德游击队——我们决不应该输掉的一场比赛。我们在四分之一决赛中击败本菲卡，在他们自己的主场以五比一大胜，而在我们的主场以三比二击败他们，我们真的觉得这一年应该是属于我们的一年。然而我们在这里参加决赛，也许是马特为数不多的机会之一。所以，有些紧张，但是我们的信念是我们应该赢。

不过，我们的对手本菲卡队也的确非常强劲。这支球队十年来第五次打进欧冠决赛，之前四次他们两度夺冠。他们对优秀的衡量标准是，在 1966 年世界杯半决赛中，其大多数球员都代表葡萄牙对阵英格兰。他们拥有诸如何塞·托雷斯、安东尼奥·西蒙斯、何塞·奥古斯托、马里奥·科鲁纳，当然还有尤西比奥等极其出色的球员。但我们也有出色的球员并且毫不逊色。

观看比赛时，气氛令人难以置信地紧张。下半场我们在八分钟时领先，博比·查尔顿一记漂亮的头球破门得分。二十二分钟后，本菲卡队扳平比分，并在接近比赛结束时有机会赢得比赛，尤西比奥获得单刀机会，但是我们的门将斯特普尼超人般地截住了球。于是双方进入加时赛，我记得当时在想，哦，该死的，我们本来应领先，但现在还不知鹿死谁手。但在加时赛中，我们队表现得更强大。乔治·贝斯特很快得分，然后我们又进一球，接着又是一粒——我们在加时赛中击败了他们，最终以四比一赢得比赛。

我永远不会忘记这一幕：在他领取奖杯的途中，博比·查尔顿做的第一件事就是拥抱和亲吻我父亲。这的确是一个特殊的夜晚，在整场比赛中，大家的神经都绷得很紧，加时赛的激动和兴奋，掺杂着所有关于慕尼黑的情绪，尤其是对于比尔·福克斯和博比·查尔顿而言，他们俩都遭遇了空难，同时出现在赢得奖杯的这个晚上，他们俩都非常激动。马特也激动万分。这是可以理解的，因为他在 1956 年，成了第一个带队参加欧冠的英格兰俱乐部主教练，这违背了英格兰足球联赛的意愿，也就是在慕尼黑悲剧发生前仅两年，所以他一定带着这种内疚感。赢得 1968 年欧洲冠军杯是一种洗脱。虽然说人死不能复生，但这给俱乐部和球迷们带来了荣耀。这无疑是我作为曼联球迷的最奇妙的夜晚之一，我有幸看到我们三次赢得这座奖杯，每次都是以其魔术般的方式获得。

对我父亲来说，这也是一个特别的夜晚。毫无疑问，这也是他最伟大的成就。作为终生的曼联球迷，为俱乐部艰辛地工作了十年，然后是欧洲冠军，第一个赢得欧冠的英格兰俱乐部，这是他最自豪的时刻。而跟他的好友马特联手做到这一点，更显得非常特别。

比赛结束后，球队回到伦敦西区的酒店参加庆祝晚宴。我记得，当球队步入大厅时，乔 · 洛斯和他的管弦乐队正在演奏一曲《祝贺》，餐厅里的气氛很热烈。非常有趣的是，博比 · 查尔顿没有来参加庆祝活动，他在房间里倒头酣睡。我认为他沉浸在一种情绪之中。

第二天，大家都乘火车回到了曼彻斯特，去参加胜利大游行。我看到报道说，大约有三十万人夹道欢迎，不过，我觉得人数可能更多，这是一番令人难以置信的景象。我和那些夫人们、来宾们坐在敞篷大巴后面的一辆马车上，队员们都在敞篷大巴上，但我们仍然能感受到这种气氛。这是值得纪念的一天。对曼彻斯特联队来说是值得纪念的一年。

第三章　加入董事会

1969 年新年伊始就引爆一个重磅炸弹：马特·巴斯比宣布他将在赛季结束时辞去主教练之职。在向媒体发表的声明中，他给出其理由："曼彻斯特联队不再仅仅是一个足球俱乐部，还是一个机构，其需求超出了一个人的能力。"这时，马特即将过其六十岁生日了，这是一个主教练回顾自己的历程的好年代，再想想他所经历的一切——在医院里已经为他进行了临终祈祷，但他从慕尼黑空难中恢复过来了，然后在接下来的十年中拼死拼活地重建一支球队。他自然是很疲惫，所以我觉得他退役的决定是正确的。他为俱乐部奉献了自己所有的一切，理应在我们的欧冠胜利后获得受之无愧的爵士封号。父亲一直古道热肠地促成马特受封爵士头衔，我敢肯定他会抓住每一个机会，去游说经常在体育赛事中遇到的首相哈罗德·威尔逊，提到有关马特册封的事宜。

马特具备主教练的诸多素质，并且都在实践中发挥得淋漓尽致。他首先是一名成功的球员，很有修养，是他所在的时代的优秀传球手。具有讽刺意味的是，他曾效力于我们两个最强劲的对手利物浦队和曼城队，他把这种经历带到了俱乐部——在马特当主教练时，曼彻斯特联队总是以某种风格比赛。

当你和马特时代的球员们交谈时，他们都异口同声地说，马特是老板，他们大家都尊敬他、信任他。他像位中学校长一样对待他们所有人，其中有些人也许有点怕他，他虽然很凶狠，但他很公平。当他不得不放弃一名明星球员时，我从来没有听说过任何人与他有过对抗。他会把他们叫到办公室来，循循善诱地让他们自愿说出他们踢得不是很好。“我想你是对的，孩子，”他会说，“也许休息一会儿对你有好处。”那个球员在离开办公室时，还会感谢马特给他自我调整的时间。

为了感谢他为曼联所做的一切，马特被邀请加入了董事会，开业不到两年的红魔纪念品商店也归他名下，商店坐落在老特拉福德球场的前院，就在办公室的下方，出售诸如徽章、照片和钥匙环等小物件。1968 年 7 月 23 日，董事会做出决议，准予马特租赁商店二十一年，这其实是父亲和董事会其他成员奖励马特在两个月前赢得欧冠的一种方式。马特为这家商店支付的价格是两千英镑，并获准继续在老特拉福德球场做生意，每周租金极为低廉，为五英镑。这笔交易没有公开。

这并非是我父亲第一次奖励马特。早在 1965 年，为了表彰马特出任主教练二十周年，我父亲授予他优先选择权，按票面价值一英镑的价格，购得俱乐部的五百股普通股。由于俱乐部一万五千股普通股中只有四千先前已经发行，这意味着马特现在拥有曼联百分之十一以上的股份，成为第三大股东。然而，直到 1973 年，马特才决定接受他的股票期权，并委托给其家人。多年来，Busby（巴斯比）家族已经售出其曼联的股份，但非常有趣，并也需要指出的是，这些股份在 1998 年，也就是在马特接受这些股份后二十五年内，其市值超过了一亿英镑。

马特的副手是吉米·墨菲，当人们谈论起“巴斯比的时代”时往往会忽略他。在我还是个小伙子时我就认识吉米，当我去看比赛时，有时会在更衣室里看到他。他是个彻头彻尾的足球人，他在慕尼黑空难前后所做的一切令人瞩目。因为当时他是威尔士国家队的主教练，正带队比赛，所以吉米不在那次致命的飞机旅行之中。当他回到老特拉福德球场时，他走进办公室，马特的秘书艾尔玛·乔治告诉他这次撞机事故。吉米如遭五雷轰顶，因为他帮助培养和引进了几乎所有的巴斯比宝贝们。那些球员就像他调教出来的孩子一样，但他极端崇拜邓肯·爱德华兹。博比·查尔顿曾讲起一个故事，是在1953年加入曼联时，吉米·墨菲到车站接他，在回到老特拉福德球场的路上谈论邓肯·爱德华兹："我发现了这名球员，博比，他可以打全场，他是世界上最好的头球球员，他的左脚和右脚一样运用自如，他绝对是超级棒，当我把他打磨得更加细致时……"

马特在医院待了几个月才康复，所以吉米不得不在慕尼黑空难之后支撑着球队，让他们重新振作，引进青年队和预备队队员。他甚至带领球队参加了那年的足总杯决赛，这是难以置信的成就。

吉米是个性情中人。他有时会口不择言，而他对球队的训话更是充满传奇色彩。有一个故事说的是威尔士队迎战德国队，他打开更衣室的门，让球员们听听外面德国观众的呼喊声，然后又砰的一声关上门说："就是那些家伙把我们的房子炸了！"

吉米晚年陷入了困境，俱乐部给他一份球探工作来帮助他摆脱财务困境。他直到1989年去世时还在为我们工作。我相信吉米觉得他的成绩从来没有得到充分的承认，他在老特拉福德球场待了这么多年，却总是生活在马特的光辉下。但当你和曾在吉米手下踢球的老球员们交谈时，他们都对他钦佩有加。毫无疑问，马特也很尊重他。当马特在1945年接管曼联时，他第一个任命的就是墨菲，吉米在曼联从战争结束到慕尼黑空难期间获得的成功中，发挥了举足轻重的作用。

据我所知，接管曼联教鞭的候选人只有唯一一个人，马特推举维尔夫·麦吉尼斯。维尔夫已经是俱乐部预备队的主教练，并且在 1966 年世界杯上，成为阿尔夫 · 拉姆齐的英格兰队智囊团队成员之一，因而具备一定的经验，但他从来没有执掌俱乐部队，更别说像曼联这样的俱乐部。他那时还很年轻，只有三十一岁，还是个小学生时就加盟曼联，和博比 · 查尔顿与邓肯 · 爱德华兹在同一个青年队踢球。遗憾的是，他的职业生涯在二十二岁时过早夭折，当时他在预备队对阵斯托克城队的比赛中摔断了腿。但马特认为维尔夫当主教练的前景还不错，应该给予其机会。董事会接受了他的建议，维尔夫于六月份上任。他签下为期三年的合同，接手了一支有人说在走下坡路的球队。不过，看看丹尼斯 · 劳、帕特 · 克莱兰德，似乎已过了自己的巅峰时期，但实际上他们刚过而立之年，按现代足球来说，他们还在当打之年。事实上，在 1969 年马特退役后，球队几乎连续第二次进入欧冠决赛。但 A.C. 米兰队在半决赛中击败了我们，部分原因是丹尼斯 · 劳一记完美的射门被判没有越过球门线。

然而，一些像比尔 · 福克斯这样的球员即将要结束自己的职业生涯，而招募来的人才可能与过去的标准不一致。这并不像 20 世纪 50 年代曼联连续五年赢得青年杯赛那样。但是考虑到马特的年龄和他的经历，也许要求他继续打造成功的球队是太过分了。

1970 年 3 月，父亲把我安排进曼联董事会。他提出的目标是我应该开始学习做生意，但其实是别有用心。我仍然在威姆斯洛橄榄球队效力，有两次撞成严重的脑震荡，均住院一周。我父亲一直打算，当我不打橄榄球时，就让我进入董事会。我有一种感觉，他说服我放弃这项运动，是因为伤病，对此他有点担心。在我满二十五岁的几个月后，我就成了足球史上最年轻的董事之一。

到那年仲夏之末，我疗养了一段时间，从脑震荡中恢复过来，我还想继续尝试一下橄榄球比赛。随后的一整个赛季，我并没有受伤，但在接下来赛季的第三场比赛，1971 年 9 月在滑铁卢的比赛中，我又一次被击倒，又回到了医院，就是这样。我父亲请全国顶尖的神经外科医生理查德 · 约翰森大夫为我会诊，他告诉我，如果我不停止打橄榄球，就可能像一个头部受伤被打得东倒西歪的拳击手那样度过余生。所以我不得不放弃，再也不能打球了，这令我心碎，尤其是那年我们球队表现得非常不错。我打的最后一个完整赛季是当年非常著名的《周日电讯报》联赛，我们获得英格兰北部赛区第二名。然后在接下来的一个赛季里，我开赛不久就受伤了，我们球队在四分之一决赛中，在特威克纳姆客场击败小丑橄榄球俱乐部，然后进入新设立的全国杯赛的半决赛。在接下来的赛季中，威姆斯洛橄榄球队获得了英国北部的冠军头衔。所以对于俱乐部来说，这是一个非常成功的时期，我很荣幸能成为俱乐部的一员。我与橄榄球失之交臂，但至少现在我可以把更多的时间花在看足球比赛上。当然，这并不能阻止许多记者利用我的橄榄球历史来攻讦我，说一些诸如“他对足球不是很感兴趣”“他是橄榄球运动员”等此类的话。这些年来，我不得不忍受那些无稽之谈。

当我被任命时，我是目前为止曼联董事会中最年轻的成员，董事会人员有我父亲、副董事长阿伦 · 吉布森、吉布森的好友比尔 · 扬、马特和我叔叔登齐尔 · 哈龙。我的叔叔曾在纺织行业工作，娶了我父亲的姐姐。登齐尔还真是个角色，在董事会任职直到 1985 年辞世。

有个有关于登齐尔的特别有趣的故事。在我出任主席不久，球队在 1981 至 1982 赛季结束时到温哥华旅行。一天下午，我们都在日光浴。我和一两名工作人员以及导游在一起。登齐尔当时七十岁出头，穿着百慕大短裤，戴着单片眼镜在稍远处进行日光浴，并看着一本书。导游问我：“那边的那位先生是谁？”

我答道：“我叔叔。”

“他看起来很有绅士风度，”导游说，“他在战争期间干什么？”我认为这个问题是源自于当时正在进行的马岛战争①。

我答道：“我还不太清楚，等会儿可以问问他。”

于是，太阳大概在五六点钟时落山了，登齐尔收拾好自己的东西，戴着眼镜，走回酒店。我提醒导游说：“现在是个机会。”所以他走近登齐尔，“对不起，哈龙先生，”他说，“千万别介意，我想问你曾经在海军服役吗？”登齐尔回答说：“我一直偏爱自己的胸部。”然后继续步行到酒店。

我打算在董事会成员位置上待上十年，刻意保持低调，观察各种事情是如何运作的，观察我父亲和马特这样的人物是如何工作的。我情不自禁地埋头学习这一切。我了解了一个足球俱乐部的全套工作流程，比如批准转会、球员出售、听取主教练的报告、阅读和解释足球联赛的规则和条例、处理球迷投诉、建设规划、设置座位价格、人员任免和薪资。

董事会会议通常是每月一次，在星期二傍晚举行，接着共进晚餐，我们继续进行讨论。在体育场所有的行政设施建成之前，这些宴会在兰开夏郡板球俱乐部举行，因为那里有一间烧烤室。整个氛围都很悠闲，大多数会议都是热忱而亲切的。还有其他的议程，比如在比赛当天招待客人，以及去了解客场赛程。作为董事会成员，还会每年参加一到两次大型聚会，如年度基层委员会晚宴，这是为那些在比赛日为俱乐部工作的服务人员而举办的。

我在曼联董事会的头几年，俱乐部挣扎着寻找后马特时代的解决方案。在维尔夫执掌教鞭的第一个赛季里，他带领曼联闯进足总杯半决赛，联赛却只拿到了令人失望的第八名。我喜欢维尔夫，他对自己从事的事业满腔热情，且在俱乐部内非常受欢迎，但最终我对他期望过高，拔苗助长了。别忘了，他是赶着鸭子上架，被要求执教的球员几年前与他还是同一球队的队友。有

---

① 马岛战争：即英阿之间的福克兰群岛战争。

些人，像博比 · 查尔顿，与他年龄相差无几。事实上，维尔夫只大博比两周，他们在足球学校是队友，并且在同一天签下曼联的第一份合同。还有很多其他小伙子一直都是维尔夫的队友。他突然之间被抛进了更衣室，赋予所有这一切的权力，这就像要求一个小男孩在课堂上突然成为老师一样，对他来说真是勉为其难。维尔夫不得不做出一些艰难的决定，比如把博比和丹尼斯逐出球队，有些球员因此结束了职业生涯。

在联赛杯输给阿斯顿维拉足球俱乐部，一支当时第三级别联赛的球队，这决定了维尔夫的命运。1970 年圣诞节刚过，维尔夫就被要求下课。我认为董事会并不是要将维尔夫一抹到底，因为他没犯很多错误。他们给了他机会，但没有奏效。他们肯定感到内疚，因为他们尽力挽留他，让他做预备队教练的老行当。他坚持了几周，但我想他一定是太伤自尊心了，坚持不下去了，他接受了在希腊的一家俱乐部当主教练的提议。可惜的是，维尔夫没能在主教练的位置上干出一点名堂来。我知道他离开曼联时很伤心，但他绝不会怨恨或心存芥蒂，他一直是忠心耿耿的曼联人。

随着维尔夫的去职，由马特接管球队负全责直到赛季结束似乎成为共识，这样董事会将有充裕的时间去寻找最佳的替代人选。这段时间的考量是，我们需要经验丰富的主教练，而马特的首选是乔克 · 施泰因，他连续多年担任凯尔特人队的主教练，并且十分成功。起初施泰因很感兴趣，但当他的妻子宣布她不打算南下居住时，这桩交易就黄了。所以只好如此。

在过去那些日子里，主教练的选择更多取决于马特而不是我父亲，凡事只要涉及足球赛事，我父亲总是甘拜马特的下风。这也是当初马特建议维尔夫当主教练时，我父亲的想法所在，嗯，马特是知道这件事的分寸的。对于维尔夫的替代者也是一样，弗兰克 · 奥法雷尔再次进入马特的法眼。弗兰克是莱斯特城足球俱乐部的主教练，表现不俗，带领球队进入了足总杯决赛，仅以微弱劣势败给曼城队，并升入了英格兰顶级联赛。所以当时他看起来是个好赌注。另一项加分的是他的西汉姆足球俱乐部的历史传承。普遍的假设是，任何来自西汉姆队的人均具有一定的执教理念，因为球队的很多前球员已经成为称职的主教练——马尔科姆·阿利森、戴夫·悉士顿、约翰·邦德和其他人。于是，马特开始运作一周后，在一号高速公路旁边的服务站，弗兰克、马特和我父亲，在我父亲的劳斯莱斯后座上举行了秘密会议。这是1971年6月，弗兰克受聘。

一切有一个好的开始，我们在圣诞节时已经居于联赛榜首。弗兰克的第一次签约也很出色，引进了马丁·巴肯，一名来自阿伯丁的很有教养的中后卫，后来的很多年，他一直是俱乐部的中坚力量。弗兰克还成就了年轻新秀萨米·麦克罗伊的一线队处子秀。然而，在赛季的下半程中，一切都非常糟糕，我们连输七场，最终以第八名收场。

弗兰克是一个非常睿智和温文尔雅的人，典型的爱尔兰人，具有绅士风度、正派并且值得尊敬。但球员们发现他有点超然不俗。他们说他花在办公室的时间比在训练场上的时间多。援引有些人的话说，他来到曼联时是陌生人，离开时也是陌生人。情况并不属实。我听说博比代表球员去看望我父亲时，说球队成员不高兴，但他们认为这不会发生在弗兰克身上。

1972年12月16日，在塞尔赫斯特公园球场上以灾难般的零比五完败水晶宫队之后，董事会决定在五年合同过了十八个月后解雇弗兰克。我当时列席了会议，当告知弗兰克此项决议时，他非常不高兴。弗兰克后来说的话是——阳光明媚，这是一个行刑的好日子。

随着弗兰克的去职，俱乐部在三年内两次失误。但是能怎么办呢？任命的人都是当时认为可用的最佳人选。而且两次任命都很理智——维尔夫从里到外了解俱乐部和球员，而弗兰克在莱斯特城足球俱乐部时身手不凡。两个理论上合理的赌注，根本就没有奏效，这令董事会非常担忧。有些人把这归因于马特，因为他还在俱乐部，给他的继任者们蒙上了阴影。马特卸任后当了总经理，维尔夫的头衔是首席教练，所以马特仍然在老特拉福德球场设有办公室，并且每天都来上班。我认为这对于被首次任命为主教练的维尔夫来说是自然而然的，以便他在有任何问题或需要建议时，能随时找到马特。

弗兰克最为纠结的，也是他所形容的一种不可能的局面是，他说感觉到马特在曼联无处不在。马特很可能没有参与或试图干预，但这并不能阻止其他人去接近他，并且，我敢肯定，许多年长球员会背着弗兰克与马特交谈，这一定使他有时感到被挖了墙脚。不过，我觉得这最终还是要取决于主教练个人，因为据我所知，汤米·多彻蒂和马特之间没有任何问题，而当亚历克斯·弗格森爵士上任时，他从不质疑为什么马特仍然留在老特拉福德球场；事实上，他对此表示欢迎。事后说马特本应撇清与俱乐部的千丝万缕的联系是很容易的，但是说起来容易做起来难，他在这里待了好多年，这就是他的生命，他是个特例。

第四章　汤米·多克（多彻蒂）

在弗兰克离开的数天之内，他的继任者汤米·多彻蒂到任。鉴于维尔夫和弗兰克都是马特任命的，汤米则是经我父亲同意任命的。我想没有别的任何人会考虑这一点。汤米于20世纪60年代初，在切尔西足球俱乐部开始其执教生涯，凝聚了一支令人兴奋的年轻球队，包括特里·维纳布尔斯、皮特·博内蒂、罗恩·哈里斯（“刀斧手”）和彼得·奥斯古德，然后到了新东家阿斯顿维拉足球俱乐部和波尔图足球俱乐部。由于处于赛季中期，任何交易都必须迅速有效地完成，所以较为有利的是，汤米当时没有参加俱乐部管理，不过，他不得不辞掉苏格兰国家队教练之职。

据称，汤米执掌曼联后就大刀阔斧地清除旧的中坚力量。的确，他的重中之重是要以正确的风格，通过踢出富于进攻性的和吸引人的足球，为俱乐部获得成功。他认为最好的方法就是清除一些老球员，于是他就做出决定。到1973年，博比·查尔顿和丹尼斯·劳都离队了。没过多久，在1974年1月，乔治·贝斯特就步了他们的后尘。贝斯特此时的行为已经极度失控，他经常缺席训练，有人指责他在喝了几杯后就上场比赛。

汤米终于受够了，也希望他离开。很自然，这些问题均提交至董事会，我们决定支持汤米，终止了和乔治的合同。没有人想失去像乔治·贝斯特这样的球员，但是如果他真的具有破坏性，别无选择，我们只能支持主教练。

因此，在短短六个月的时间里，三位与20世纪60年代曼彻斯特联队的荣耀和魅力最有关联的球员都走了，再也穿不上红色战袍了。贝斯特和劳为其他俱乐部效力，其中劳以自由人的身份穿过城市来到缅因路球场，而博比因此退役，这让他的很多队友们都感到惊讶，因为他们说他在训练中表现得非常不错。博比·查尔顿去执教征战于乙级联赛的普雷斯顿俱乐部。有一段时间，他甚至再次穿上足球靴，为俱乐部出过几次场。

很明显，一个新时代已经开始，而汤米早期在转会市场上非常活跃，引进了一批新球员，其中有许多苏格兰人：亚历克斯·福赛斯、吉姆·霍尔顿、乔治·格雷厄姆、斯图尔特·休斯顿和前锋卢·马卡利。马卡利是以二十万英镑的转会费从凯尔特人队挖来的，他继而成为某种曼联传奇，为我们踢过四百多场比赛。我记得他在对阵西汉姆队的处子秀中进球，他晃过博比·摩尔，射进追平的一球，比赛最终的结果是二比二。

汤米具有非常坚强和热情奔放的性格，可有时有点狂野。他和我父亲相处得很好，能使我父亲笑口常开。他将球队管理得井井有条，当我们几乎到联赛排名底部时，他接替了弗兰克·奥法雷尔，拯救我们脱离降级的厄运。

然而，在1973—1974赛季，灾难降临。这一次我们是以可能的最残忍的方式降级了。我们本赛季倒数第二场比赛是曼彻斯特德比，这是一场我们必须取胜的比赛，但正是丹尼斯·劳臭名昭著的脚后跟进球，以几乎是希腊悲剧的方式终止了俱乐部的宿命。我们连续三十六年征战英格兰顶级联赛的旅程就此终结。

从来没有想过要辞退汤米。每个人都认同他已经尽了最大的努力，我们将重返顶级联赛的行列。

而这正好是已经发生的事情。我们和汤米一起相辅相成，我们凭借一支令人兴奋的球队巧妙运用边锋，踢着具有吸引力的足球，从而东山再起。

当汤米首次上任时，我们的足球并不是那么令人兴奋，实话实说让人有点绝望，真是步履艰难。事实上，走下坡路对曼联是件好事。这给了球队卷土重来的信心，他们自此之后再也没有重蹈覆辙。我真心认为，从长远来看，任何一个球迷都不会为我们衰退的事实感到遗憾。当然，在乙级联赛的赛季中，他们会大显身手。那个赛季我们在主场的平均观众是四万八千人次，打破了各个赛场的出席人数纪录。汤米也有时间为球队打上自己的烙印，引进一些新的年轻才俊，如从赫尔城足球俱乐部转会的中锋斯图尔特·皮尔森、来自特兰米尔流浪足球俱乐部的斯蒂夫·科贝尔、从米尔沃尔足球俱乐部收购的左边锋戈登·希尔、从青年队晋级的吉米·尼科尔，全部都是才华横溢和令人兴奋的球员。

可悲的是，在乙级联赛期间，有一群足球流氓在整个赛季的所有比赛中都追随着我们。总体而言，老特拉福德球场看球的环境很安全，治安维护相当不错。我不记得有太多真正糟糕的事件。其一是在 1969 年欧冠中对阵 A.C. 米兰队，当时有人从西看台（斯特雷特福德看台）扔了一块砖头砸向米兰的门将法比奥·库迪奇尼，击中后脑勺，把他打倒在地。比赛暂停五分钟，以便球员接受治疗。不幸的是，斯特雷特福德看台的球迷充斥着暴力元素，以他们的污秽和辱骂的行为而著称，包括向球场投掷杂物。这实在是太糟糕了，以至于在 1971 年，俱乐部被迫在球场后端的球门后面设置特殊障碍物。几年后，又决定将围栏扩大到整个球场，以防止人群冲入。但一般情况下，老特拉福德球场是安全的，而且治安良好，主要是我们在客场比赛时少数球迷表现不佳，因此落下了坏名声。

当曼联跌至英格兰第二级别联赛时，我自己的职业前景则在上升。1974 年，我被任命为肉类贸易零售部门的总经理。

那年我二十八岁。零售部门由大约六十家我们自己的店铺组成，分布在柴郡和兰开夏郡各地。我们还在全国各地约六十家其他现购自运门店，以及在一百家左右出售肉品的沃尔沃斯连锁店开设肉类专柜，这也包括苏格兰和威尔士。所以这是一项大买卖，我经常旅行到全国各地去看望地区经理，造访各种商店和商场或现购自运门店内的肉类专柜。曾经一度，我管控着一千万英镑的营业额和一千名员工。这是非常重大的责任，并且，我真心喜欢。不过，最重要的是，这对于未来的天降大任则是非常不错的训练场。

在老特拉福德球场，局面很快有了好转。我们在 1975—1976 赛季以乙级联赛冠军晋升到甲级联赛，并在我们重返后的第一个赛季，竭尽全力打进了足总杯决赛。我们对阵南安普顿队，是夺冠的大热门，应该是必胜无疑。直到今天，我都不能相信斯托克斯那个制胜球至少越位一码。这是令人失望的一天，至少可以这么说。但第二年我们弥补了这一缺憾，再次杀入决赛，并以二比一击败了利物浦队。那天我们运气不错，以一个漂亮的进球率先得分，然后，他们几乎是立刻扳平。我们的第二个进球是来自马卡里偏离目标的射门，球撞上了吉米·格林霍夫的胸部折射进门。利物浦队在我们的第二个进球后给我们施加了很大的压力，但我们还是坚持住了，并取得了一场难忘的胜利。

足总杯决赛永远是个大日子。我喜欢去温布利球场。这种兴奋来自于整个场面的累积效果：乘兴而来、期待和预测比赛本身。可悲的是，现在我不敢肯定足总杯决赛是否还有与过去相同的声望。如今，最受瞩目的当属冠军联赛和英超联赛，因为所有的资金都大把大把地灌输到其中和那些吸引人的巨星的口袋中。如果你是最顶尖的球队之一，你就想跻身于冠军联赛之中；如果你在积分榜中间，你就想争夺排名和电视转播分成；如果你跌入底部，你就会绝望挣扎以求不被降级。在当今的足总杯上，主教练们并不总是能排出最佳阵容，联赛实在是太重要了。我看不出这有什么变化。

虽然我也觉得有必要做出一些改变，但一些新规则没有多大的帮助。过去，如果比赛打平，就一直会重赛，直到分出胜负。现在，尤其后几轮都是一场定胜负的。我觉得这使比赛失去了某些魅力。不过，我确实理解背后的理由，那些实力较强的球队不能像他们所希望的那样给予足总杯更多的关注，特别是他们参加欧冠联赛或者是争夺联赛冠军时更是如此。

在过去，如果决赛本身打平，两支球队都得在星期四晚上再次回来重赛。曼联就是以这种方式对阵布莱顿队和水晶宫队，赢得两场决赛的。但现在这种情况不会发生了。你得去温布利球场，当天就得出结果。这很好，但遗憾的是，任何决赛的结果都必须由点球决定。

对我来说，最大的错误是到温布利球场举行半决赛。这纯粹是商业决定，而不是足球决定。球迷们过去根据半决赛的抽签，常常期待着漫游到国内各个不同的比赛场地。现在，在半决赛之后，他们仅仅是在几周后又回到温布利球场进行决赛。漫游国内顶级球场观看超级球赛的那种神秘性、独特性和刺激性的感受已经荡然无存。这是一个遗憾，因为足总杯曾经一度和赢得联赛冠军一样重要，对于许多人来说，这也是赛季中最精彩的时刻。如今，我不知道这些是否还能重现。

星期六晚上接到的一通电话使我从足总杯夺冠的巨大高潮中跌回到了地面。电话是汤米·多克打来的，他告诉我的事完全出乎我的预料。他与球队理疗师劳瑞·布朗的妻子有染，而绯闻会在报纸上被大肆渲染。我的第一个问题是："你告诉谁了？"他说尚未告诉任何人。我说："好吧，在我向我父亲汇报之前不要告诉任何人，看看我们能采取点什么补救措施。"我放下电话，立刻就打电话给父亲，我父亲对这个消息感到震惊。我认为董事会任何成员都不知道汤米和玛丽·布朗的风流韵事。

在经过最初的震惊之后，我父亲的第一个念头是：我们不想失去汤米，可我们该怎么处理呢？当我们与马特讨论这件出乎意料的事情时，他有不同的看法，因为他听闻过其他关于汤米的传言。说是汤米参与了在黑市上倒卖杯赛决赛的门票，并向与他和奖杯合影的球迷索要钱财。马特听到了这些传闻，以及其他据说是幕后进行的事情，他觉得这是最后的稻草。我父亲则更有保护意识，仍然想拯救汤米。

我记得，在接下来的几天里，汤米·多克和其他人来参加各种各样的会议和讨论，了解到的结果是：汤米在劳瑞白天上班时去看望玛丽·布朗，甚至找借口让他在训练场待了更长的时间，以便他能够与玛丽幽会。这使得董事会很为难，因为球队理疗师总是与球员亲密接触。他们每天都在一起工作，他们几乎就是形影不离，如果某人的妻子卷入其中，没有哪名球员会喜欢。他们会互相支持，所以我们觉得他们在这件事上更支持理疗师而不是主教练。马特对这种局面不太高兴，而我父亲觉得，他不能为无可辩解的事实辩护，但不得不让汤米离职这件事令他很难过，因为他觉得汤米正和我们一起着手大展一番宏图。我们刚刚赢得了足总杯，踢出了令人兴奋的足球，但在这种情况下，也要做出合情合理的决定。不过，与大多数曼联球迷谈起汤米 · 多克的时代，他们都会记得他并且对他充满喜爱。他们喜欢我们踢球的风格。

第五章 股票交易

我父亲给时任女王公园巡游者足球俱乐部（QPR）教头的戴夫·塞克斯顿打电话表达聘请他担任曼联主教练的意向，后来，戴夫·塞克斯顿说他只考虑了二十秒就同意了。1977 年 7 月 14 日，汤米·多克被扫地出门刚过两周，戴夫·塞克斯顿即与新闻媒体见面。镜头里没有其他人。戴夫·塞克斯顿是我们的首选，其原因有二。首先，这部分是受到马特的影响，由于所有那些发生在汤米·多克身上的事情，所以我们想要的是一个性格迥异的人选，戴夫·塞克斯顿刚好符合这一要求；其次，他作为教练成绩极为出色，率领切尔西队赢得了 1970 年的足总杯和之后赛季的欧洲优胜者杯。他在 QPR 的业绩也非常出色，奠定了该俱乐部有史以来所获得的最高联赛名次，仅次于鲍勃·佩斯利的利物浦队，屈居亚军。

我个人很喜欢戴夫·塞克斯顿，他是一个好人，一位绅士。他举止优雅，博览群书。我认为他没有多少时间来应付新闻界，他能顽强地坚守其生活方式，他对训练和比赛对阵有着自己的真知灼见。在某些方面，当你研究他过去的纪录和我们选择他担任这个职位的原因时，你可能会希望事情的发展能比实际好一些。

这些迹象很早就出现了，比如他决定放弃球迷挚爱的戈登·希尔，而引进米基·托马斯。戈登是一名非常令人兴奋的左边锋球员，他大概每三场比赛就能踢进一球，非常实用。米基·托马斯永远也不会像那样多产。他会整天为你跑前跑后，但他不是球门前的戈登·希尔。实际情况就是向你说明戴夫·塞克斯顿是如何考虑比赛的。他的足球风格不像汤米·多克那样令人兴奋，这是肯定的。

另一名球迷挚爱的球员也离开了，他就是斯图尔特·皮尔森，不过，为戴夫说句公道话，这名球员的膝盖已经严重受伤。然而，我们确实是使用了某种妙计，从我们的对手利兹联足球俱乐部签下了乔·乔丹和戈登·迈奎因。此举非同凡响，但他们转会的价格不菲——乔·乔丹是三十五万英镑，迈奎因是五十万英镑。他们的拼搏精神和战斗风格深得球迷的喜爱。

在戴夫执教的第一个赛季里，我们以令人失望的第十名的成绩结束了欧洲优胜者杯的比赛，经历了一段艰难的日子。九月份，我们客场对阵圣埃蒂安足球俱乐部队，受到群体暴力事件的困扰而打成平局。麻烦出现在开赛前四十五分钟，场内拳脚交加、互掷瓶子。防暴警察进场，几名曼联球迷最终住院。几天之后，欧足联（UEFA）禁止俱乐部参加余下的比赛，我记得每个曼联人都很震惊，而圣埃蒂安队进入下一轮。这是曼联历史上第一次面临这样的制裁，我父亲大怒。多年来，他总是大声疾呼，批评我们球迷中的流氓分子，但这一次，他很快就指出，我们是严厉监管和对手球迷恐吓的受害者。看起来我们的确是为过去的不良行为付出了代价，而并非仅仅是为在圣埃蒂安发生的事情。

感觉受到不公正的待遇，我们立即上诉，欧足联恢复了我们的赛程，但我们不得不到距老特拉福德球场二百英里之外的地方去打主场。这项裁决非常古怪。最后，我们选择的，或者说他们毛遂自荐的场地是普利茅斯的家乡公园球场。三万五千名曼联球迷到场，我们以二比零获胜。我没有去，因为我在马耳他度假，但我记得电话不断地打来以跟进比分。

下一轮我们对波尔图队时表现很差，以零比四的成绩惨败。山重水复疑无路，第二回合却柳暗花明，那几乎成为老特拉福德球场最奇妙的夜晚之一。拥挤的体育场内的气氛异常火爆，在比赛期间我还以为我们会奇迹般地死里逃生。但似乎每当我们进球了，胜券在握，波尔图队就又会卷土重来，以至关重要的客场进球压住我们，即使晚上的比分是令人窒息的五比二，但我们还是出局了。

到 1978 年年初，我已经在曼联董事会任职八年了，尽管去年我父亲将自己的大部分股票转让到我和我弟弟罗杰名下，我们俩每人相当于持有俱乐部百分之十六的股份，而父亲自己的俱乐部股份则减少到百分之十八，但我仍然认定是时候该强化我的地位了。我拜访我们的副主席和俱乐部最大的个人股东艾伦·吉布森，出价购买其手中的一千一百三十八股。我收购这些股票后出现了赤字，从银行借了二十万英镑，把房子典当作为抵押。我将我的意图告诉了父亲，他并没有试图让我打消这个念头，反倒认为这是个好主意。“如果这就是你想要做的，”他说，“就干吧。”我的计划是希望有朝一日能管理曼彻斯特联队，而拥有最大控股权将有助于确保实施这一计划。

艾伦似乎很乐意把他的股份全部卖给我。这时，他年事已高，虽然他在其父于 1951 年驾鹤西去时继承了一笔丰厚的收入，但现在已经到了 1978 年，艾伦过着非常舒适的生活。我认为在他生活的这个现状中，二十万英镑他还是会欣然接受的。当然，艾伦的父亲是大名鼎鼎的詹姆斯·吉布森，曼联的传奇人物。詹姆斯是一位富商，他在 1931 年圣诞节期间，在俱乐部连球员工资都付不起时捐了一大笔钱，从而挽救了俱乐部。他就任主席，詹姆斯·吉布森一直任职到去世，并提携艾伦进入董事会。

虽然我认为购买艾伦的股票是一笔不错的投资，但显然也有风险，尤其是借了那么多钱。我宁愿冒这个险，尤其是在俱乐部支付最低股息之时。例如，在 1977 年和 1978 年两年中，股息总额仅为三百二十三英镑。而在当时，拥有足球俱乐部股票的价值在于其声望，以及拥有投票权和控制权，而不是作为收入来源。当然，所有人都希望在俱乐部更为成功时股票升值，但我最初购买股票时，我从来没有想象过曼联会像后来那样在财务上大获成功。

在购买了艾伦·吉布森的股票之后，我个人在俱乐部的股份大幅增加，我现在持有一千九百零四股，成为最大单一股东。至于家族的总持股，现在则高达百分之七十四。这种情况导致我父亲有了重启其早期计划的意向，即通过认股权发行的方式为俱乐部筹集资金，也就是公司按现有股东持有老股份的比例，以优惠价格向其发售新股。早在 1976 年 10 月，我父亲和马特就会见过伦敦商业银行佳活宾信的代表，纯粹是探讨在想要筹集资金时需要做些什么准备。介绍是由曼彻斯特大学的市场营销学教授罗兰·史密斯主导的，他既有良好的城市人脉，也是路易斯·查尔斯·爱德华兹父子公司董事会的成员，我父亲就是这样与他认识的。很久以后，史密斯成为英国宇航公司主席，并在我们于 1991 年上市后，在曼联扮演了重要的角色。

在第一次探讨时，人们对认股权发行的想法有一定程度的反对，于是就沉寂了一段时间，但我有一种感觉，是我从吉布森那里买的那些股票导致父亲另有看法。接下来的事情就成为我在曼联时最有争议的一段插曲。

在前几年取得了可观的利润后（1977 年，俱乐部创下了一百万英镑的利润纪录），我们从内部账户中得知，我们在 1978 年的境况很糟。事实上，我们继续亏损了二十九万英镑，这主要是因为乔·乔丹和戈登·迈奎因的转会费很高，我们共耗费了八十五万英镑。这是一笔数量很多的钱，而当时我们所有活动的成本都剧增，父亲发现曼联有必要筹集更多的资金来竞争和购买更多球员。其设想是通过发行一百万股每股面值一英镑的新股，以筹集大约一百万英镑，但需以配股为基础发行，以保护当前股东的利益。每位股东按其当前持有股份的每一股比二百零八股新股，以每股一英镑的价格，均有优先选择权。当然，作为持有曼联百分之七十四股份的股东，这意味着爱德华兹家族必须支付七十四万英镑，才能保有其现有股份。

起初有人反对这个计划，特别是马特，他坚持认为俱乐部不需要这样筹集资金。但还有什么替代方案呢？为了筹集这样大笔的资金，你要么出售股票，要么从银行获得贷款——这是马特的首选——否则就会透支。可银行愿意借给你一百万英镑吗？可能不会，因为你是为了购买球员而贷款。同时，当时是两位数的通货膨胀率和高利率时代。按照这些利率，我们计算出这笔贷款每年将付出大约十万英镑的利息，还不会减少借入的本金。此外，我们家族还要或多或少地承担其责任，以保证该计划获得成功。我们家族还同意承销发行的股票，包销任何其他股东未购买的股票。因此，最终的想法是，直接配股是筹集资金的最公平、最简单和最有效的方法。

然而，还有其他不同的声音。一位当地商人和俱乐部的终身球迷约翰·弗莱切成立了一个行动小组，提出动议，阻止我们继续进行配股。我们别无选择，只能在高等法院自我辩护。最后，法官听取了案件双方的充分论据，他在判决中明确允许配股继续进行。

遗憾的是，这时此事已经闹得沸沸扬扬，报纸上出现的各种报道引发了许多令人不快的、带有偏见的指责。在某些方面，曼联这种运作方式已成众矢之的。我明白父亲感到难受的是，争议是以爱德华兹与巴斯比博弈的方式提出，甚至报纸的头条出现了“曼联不联”的报道。他觉得此类情况有损于俱乐部的形象。但我们坚持按既定方针办，坚信这是正确的做法。在 1978 年 9 月，董事会一致通过了这项提议。英足总也研究了这项计划，并没有提出反对意见。我们并没有忘记所有的争论和反对。事实上，我们在 12 月 18 日召开了一次特别股东大会，当面向董事会提问。仅仅半小时后，该计划获得压倒性的三十七票赞成，只有三票反对。

指责配股的论点之一是，爱德华兹家族为了获得个人财富和获得更多权力而做出巨额抛售。但是，在俱乐部最终筹集到的一百万英镑中，爱德华兹一家总共投入了一百万英镑的四分之三。在 1978 年，有多少人愿意为当地足球俱乐部投入这么多钱？你总是听到球迷们想让投资者进来并把钱投给他们的俱乐部。我们已经准备好了这样做，在俱乐部亏损时，我们把自己的钱投入到了我们赖以生存的地方。

为了获得自己的权益，我还不得不另外借了四十万英镑。加上我以前收购吉布森股票的借款，我的个人债务超过了六十万英镑。当事后诸葛亮回想起来，轻描淡写地说一说，这很容易，这就是爱德华兹家族赚大钱的方式。这是一场豪赌。我记得当时我妻子对此很不高兴。我也认为我母亲因我父亲把那么多的钱投入俱乐部感到不高兴。这些都是我们做出的决定，因为我们认为，从长远来看，这是明智之举。没有人能预见足球将以何种方式发展：英超联赛的到来、电视转播费以及其他一切。我不但没有迅速获利，反而债台高筑。到 20 世纪 90 年代初，由于利息费用不断增加，我的贷款增长到了九十五万英镑。

我必须承认，当时我背负的这么多债务的确是一个沉重的负担，在那段时间里，我成为烟鬼，以帮助应付压力。这的确很艰难，因为如果银行随时要求偿还债务，我就会陷入困境。但我从不后悔我的决定，一点也不。不过，有多少次我一直在思考，我做的事情正确吗？一直到我们俱乐部在 1991 年上市时，我才终于还清了债务，把我的房子从银行里赎了回来。

配股是在 1979 年 1 月份进行的，结果不是很成功。回顾过去，一家足球俱乐部当时以这种方式筹集这么大笔的资金是相当具有革命性的。不幸的是，在这一切结束时，我父亲和马特分道扬镳。配股并不是唯一受到责备的问题，因为最终马特没有反对这个计划，更不愿通过投反对票而分裂董事会。事实上，这个问题可能夸大了挥之不去的猜忌。马特一直对他的儿子桑迪没有被邀请加入董事会表示不满，因为几年前，父亲和马特达成一笔交易，同意支持将对方儿子选入董事会。我在 1970 年被选入董事会，但桑迪还没有被选入，马特总是为此责怪我父亲。我不知道桑迪没有入选的原因，我只知道这个决定影响了他们的友谊，这也着实让人感到惭愧，因为近三十年来，他们一直是如此亲密的朋友和盟友，但这将永远不复存在了。

第六章　上位

戴夫的第二个赛季，即 1978—1979 赛季，并不比第一个赛季好到哪儿去，我们以第九名的成绩结束了联赛。在某些场次的比赛中，甚至可以听到来自看台上的不满声。你可以分辨出球迷们对所踢的足球感到不满意：过于谨慎。与汤米 · 多克执教时他们所享受的兴奋，有着天壤之别。听到球员被喝倒彩真令人沮丧。

与我们糟糕的联赛排名形成对照，球队在足总杯上取得了连续的成功，我们四年来第三次打进决赛。我们的对手是阿森纳队，比赛本身是对我们沉重的打击，甚至比惨败于南安普顿队还要糟糕。还有四分钟，我们零比二落后，完全失去了悬念。突然之间，我们在一分钟内进了两个球。然后，阿森纳队立即回敬，阿伦 · 桑德兰把球踢进了网里。真是难以置信。本以为能进入加时赛，我欣喜若狂，但突然之间我又跌入谷底，一切已经结束了。这是我足球生涯中最残忍的时刻之一，但这就是体育的本质：不可预测，永远也不能想当然。

1979 年，球队开始备战另一个艰难的赛季，戴夫 · 塞克斯顿大手笔地进入转会市场，以创俱乐部纪录的八十二点五万英镑，签下中场球员雷 · 威尔金

斯，这就是他任切尔西队主教练时签下的那名十五岁的球员。这是一个很高的价码，但雷是切尔西队的队长，也是英国的国脚。他给人的感觉是，总是把球踢出边线，他似乎更喜欢横向带球而不是向前突破，缺乏侵略性。后来的继任者罗恩·阿特金森并不倚重他，由于这个把球踢到边线的嗜好，他给雷取了个绰号为“螃蟹”。但是雷和我们在一起待了五年，是球队的中坚力量。

新赛季充满了以往的跌宕起伏。特别令人满意的是在 1979 年 11 月，我们以五比零战胜诺维奇队而踞联赛榜首，但是在戴夫·塞克斯顿的执教下，大部分比赛并不是特别具有观赏性，观众数量已经开始下降。我们在足总杯也是厄运连连，在第三轮主场对托特纳姆热刺队时轻而易举地就被淘汰出局。对我们的球迷来说，有观赏性的足球一直都很重要：他们已经习惯了最好的，而现在仍期待着。虽然难以踢出有攻击性的足球，但这一直是我们的目标。

在幕后，我父亲把所有的时间都花在了曼联上，是年，他把家族肉类公司的一部分卖给了企业家詹姆斯·格列佛。父亲现在已经六十多岁了，不能像早年那样在生意上投入大量精力，并开始出现一些健康问题。他的体重超过了十八英石①（大约二百二十八斤），医生给他开了心脏药片。事实上，生意开始赔钱了。路易斯·查尔斯·爱德华兹父子公司设有两个部门：我负责打理的零售部门，以及批发部门。零售部门盈利，而批发部门赔钱。利润从 20 世纪 70 年代早期开始下降，到 1978 年，公司总共亏损十七点二万英镑。我怀疑，由于父亲对曼联的承诺，父亲只是在偶尔闲暇之时才照料自己的生意，他的初恋始终是曼联。

他的弟弟道格拉斯也可能是花了太多的时间投入其从政生涯中，他曾既是曼彻斯特的荣誉市长，也是大曼彻斯特郡的高级治安官。于是，格列佛仅只在适当的时候才到两边的公司走动。作为董事会成员，他们也就关于出售计划

---

① 英石：英国重量单位，一英石相当于 6.35 千克或 14 磅。

征询了我的意见，并得到广泛支持，不过，作为联合主席，是由我父亲和叔叔做出了最后决定。他们在买断后保留了大部分公司股份，但现在他们对公司业务的日常参与已经结束了。

父亲也认为格列佛在曼联董事会中占有席位是有道理的，由于其商业经验，他将是非常有用的补充力量。直到20世纪80年代中期，格列佛仍留在董事会，尽管他的主营业务在伦敦，但他参加了大部分董事会会议，并尽可能多地出席主场比赛。

至于我，又当了一年零售主管。当我在老特拉福德球场出任主席时，我再也不想整天关注肉类公司的工作了，所以我去拜访格列佛。他同意我当一名非执行董事，我就在这个位置上干了几年。

料理完家族企业后，我父亲现在面临着一场全新性质的暗战。由于媒体对富于争议的配股高度关注而给俱乐部带来压力，来自格拉纳达电视台时事节目《世界动态》的那些刨根问底的记者们已经开始挖掘我父亲作为曼联主席所从事的交易。我记得当这档节目在1980年1月播出时，它极具攻击性。有人指责说，他们给年轻球员的父母提供了贿赂基金和回扣，以引诱他们把这些球员带到老特拉福德球场。坦率地说，我真的不知道是否发生过这样的事情；我并没有参与其中，也根本就不了解是否有这样的事发生。我唯一想说的是，无论我父亲做什么，始终都是为了俱乐部的利益。或许在当时的足球圈内，大家对这种做法心照不宣。

也有关于父亲肉类公司的严重指控，有人暗示说是贿赂了市政官员以获得利益丰厚的合同。许多人对节目内容感到震惊，无可争辩，这是“电视审判”的第一个例子。毫无疑问，我父亲感到受害颇深，可以理解，这对于我的整个家庭而言是一段非常痛苦的时光。

有人劝我父亲不要对这档节目发表任何公开评论，但我确实知道，他聘请了一家律师事务所来审核他的商业交易和私人文件，以便准备好为针对他提出的所有指控进行辩护。不幸的是，我父亲再也没有机会来澄清他的名誉。在

《世界动态》播出四周后，他在家中因心脏病发作而辞世。他正准备上床睡觉时，我母亲听到一声巨响。她跑到楼上，结果发现他躺在浴室的地板上，已经咽气。这对我们所有人来说都是一个巨大的打击。他享年仅六十五岁。

我一直坚信，这档节目播出后产生的压力促使了我父亲死亡——节目播出带来了不断加剧的紧张气氛。他知道节目播出已经很长一段时间了，因为电视里的人都在告诉他。虽然他仍然相信他会被证明是无辜的，但他恐惧到最后会玷污他的一世英名。我看到他在节目播出前几周身体状况就开始恶化。

那时我很痛苦，因为我父亲为曼彻斯特联队做出了很多贡献，我敢肯定，如果他能长寿，他就会继续做善事。就在他去世前，他准许一项新的工程开工，斥资一百万英镑，修建位于南看台中部现有行政套房的扩展建筑物。此举不仅提供了更多私人包厢，而且还提供两间大厅，供普通球迷和球迷俱乐部开展社交活动。我父亲与曼彻斯特联队同呼吸同命运，而我童年的部分最美好的回忆就是他在比赛日带我去老特拉福德球场，我坐在董事包厢内。

父亲的追悼仪式是在曼彻斯特的耶稣圣名教堂举行的。看到他的众多朋友和同僚前来做最后的告别，真让人感动。马特亲自宣读告别词，其文稿全文首次在此公布：

尊敬的市长大人，主教阁下，各位大人阁下，女士们，先生们，我们今天在这座非常美丽的教堂里见面，是为了向曼彻斯特著名的儿子——路易斯·查尔斯·爱德华兹先生致敬，能向诸位讲话，本人荣幸之至。

我们大家如此熟悉的、亲切的路易斯，约在六十六年前出生于一个天主教家庭，其父母充满爱心，他是五个孩子之一。

路易斯在严厉而高效的基督兄弟会管理下的拉萨尔学院接受教育。后来在其家族企业当学徒，这家企业由其父创办，从事肉类行业的批发、零售和制造领域的业务。

正如我们很多人的遭遇一样，战争迫使路易斯放弃了平民生活，因此，令他一直非常骄傲的是，路易斯应征加入非常著名的第十四／第二十国王骠骑兵团，他大部分战争时间是在中东服役。

尽管战后的日子困难重重，他还是与那些同志一起，回到了百废待兴的事业中。路易斯，凭借其吃苦耐劳的辛勤工作、杰出的能力和商业头脑，成为国内最大之一，当然是英国北部最大的肉类公司的联合总裁和总经理。

然而，最重要的是，他是一位伟大的家庭主男，深爱着自己的家人，而他又得到最忠实的夫人和家人的挚爱。

他是一个快乐、热情、慷慨的人，总是乐于帮助那些不如他那样幸运的人们。

他以给予慈善机构成千上万英镑的慷慨捐赠而闻名。就在数周前，他以不菲的开销，向二百五十名他幽默地称为“同病相怜的养老金领取者”的人派送圣诞包裹。诸如此类的例子不胜枚举，他默默无闻地把大笔资金捐赠给相应的慈善机构。

然而，他在国内和国际上最为知名的是他与足球的联系，尤其是他对挚爱的曼彻斯特联队足球俱乐部的非常成功的领导和管理。

无论他随着球队旅行到球队比赛的任何一个地方，他快乐而和善的人格，以及他对胜利者或失败者所展示的热情与真诚，都使他赢得了他遇到的所有人的钟爱。

无论是对于球队的所有成员，抑或是对于俱乐部的每一位员工而言，他都不仅是一位主席，更是一位父亲。

我们感到非常悲伤的是，在最近播出了一档电视节目后，路易斯遭遇了如此的烦恼，在他生命中的最后几周内，他不断被媒体追逐和骚扰，而根据医学专家的意见，这无疑加速了他的死亡。这档节目对像路易斯这样具有令人钦佩的素质的人，进行如此的恶意中伤，以如此集中的恶毒攻讦如此善良的人性。这档节目，在很多人看来，似乎是故意图谋中伤路易斯的良好品格，以同等考量来看，他们肯定是已经发现了有关路易斯的全部善行。

在这个家族的成员们收到的众多来信中，人们以极大的愤慨和厌恶表达了这些意见，而所有这些来信均十分愤慨地谴责这档节目是非常不公正、不公平和不负责任的三流报告报道行为。他们还以同样的力度谴责相关电视管理当局，指责他们表现得极为缺乏体面和良好品味，以及同样程度的不负责任。

在此，我们众多亲朋好友莅临这座美丽的教堂，向我们深爱的朋友致敬，这就足以证明我们所有亲朋好友对路易斯的挚爱、钦佩和尊敬。

他的辞世对其家人、朋友、俱乐部乃至足球界来说，均为巨大的、不可替代的损失。

父亲去世后，众多报纸的头版和后页都刊登了大字标题的文章，称他为“曼联先生”。毫无疑问，曼彻斯特联队的球场和财务稳定，就是我父亲呕心沥血的活生生的证明。父亲以高度的责任感，从商业上促使曼联进入当代的联赛大联盟。与马特的足球技术相结合，父亲打造出一个欣欣向荣的金融帝国，而这个帝国的一切都是以其健全的赢利原则为基础的。就在他去世前几个星期，他还告诉曼彻斯特的记者大卫·米克，他最大的心愿就是使场外活动能像比赛日一样，尽可能多地为俱乐部赚得收益。这样，他所热爱的曼彻斯特联队将能够经受住任何风暴，同时还能保持收入，以继续为球迷扩建设施和购买顶级球员。这肯定是我下决心继承父亲的事业并大刀阔斧地予以发扬光大的原因所在。

由于我父亲是突然去世，所以根本没有就继承人的问题制订任何计划。多年来，他和我从未真正讨论过他的雄心壮志对我有什么意义。我认为他希望我有朝一日能接任，这是一种暗示，但没有明确的步骤使我接替他担任主席。

有趣的是，自从我父亲放下肉类生意后，他就开始依赖我作为信息来源，因为我仍然是零售总经理。他还开始向我咨询很多与足球技术相关的事务，比如，他问我对我们签下雷·威尔金斯有何看法，并且，他日益想知道我在董事会会议上的意见。到目前为止，我已经进入董事会十年，最近还买了那些股票，我持有相当多的股份，父亲一定已经意识到我是何等的雄心勃勃。我会永远记住大卫·米克在我父亲去世后告诉我的话，他说："路易斯只有在和你讨论之后才会做出决定。到最后，他总是说马丁表示要如何、如何……"所以，我确实认为他是在为我的继任做铺垫，我的思维深处一直都有这样的想法——总有一天我会喜欢这份工作的。不过，我认为他并不是准备退休，他本可以再干很多年，直到把我扶上马，再送一程，但当他去世时，他留下了人人都觊觎的曼联高层的权力真空。

我父亲去世后几周，俱乐部秘书莱斯·奥利弗代表董事会来看我。他们已经召开了一次秘密会议，认定我可能尚未做好充分准备以继任主席。他们认识到有朝一日我会准备就绪，然后接管，但在短期内，他们觉得马特应该承担这些责任，而我应该跟着他学习。我和莱斯说我不同意这个决定，我觉得我已经万事俱备。毕竟，我在董事会工作了十年，了解其工作方式。

从经营肉类生意零售部门到在剑桥大学学习哈佛市场营销课程，我对自己信心满满。到了三十四岁，如果你还没有准备就绪，你将一事无成。对于经营曼彻斯特联队，我已经准备就绪。我年轻、热情，我已经决定这就是我的命运。

莱斯把这个消息带回了董事会，就在1980年3月22日上午，在对阵曼城队的第一百场德比战前几个小时，在老特拉福德球场举行了董事会会议。董事会决定我担任主席，马特担任俱乐部荣誉主席。这是一个艰难的决定，因为董事会满怀信心预计俱乐部将由马特接管，而我会等待接班，当这没有发生时，我想他们认为他们需要安抚马特。授予其俱乐部荣誉主席的头衔，是向他这么多年来为俱乐部所做的全部工作和服务表示敬意。这是董事会做出的良好姿态，我完全赞同。这也是折中，这意味着马特仍然在职，如果我需要帮助，随时可以和他商量。

不可避免的是，这个新职位对马特的潜在影响力和权力造成了损失，但我认为他没有感到被边缘化。我也从未有过这样的印象：他并不是百分之百地支持我。如果马特真的怀恨在心，他肯定不会有丝毫流露。他是真正的绅士，多年来我对他钦佩有加，如果这有可能的话。他的确具备这样伟大的胸怀。在生活中，你不会遇到很多让你怀有敬畏之心的人。马特绝对具有这样的特质，他执教的大部分球员都会告诉你同样的感受。他身上笼罩着一种冷静的权威感。我更愿意喜欢作为普通男人的马特，并对他非常尊敬，我越是了解他，认识到他的成就，我就越是尊敬他。

马特仍然在俱乐部保留了一间办公室，在老特拉福德球场仍然是一个高度引人注目的人物。我过去很喜欢他在那儿上班，你总能知道他什么时候会来转悠一番，因为你能闻到他抽烟斗的味道。我经常在午餐时见到他，这时他在烧烤室吃东西。“嗨，马特爵士。”我说。我总是叫他马特爵士，而不再是马特叔叔。当然，随着岁月渐渐地流逝，他的出现不那么频繁了。

我觉得支持者们一直认为我很幸运能接替我父亲，这个职位天生是属于我的。但别忘了，我花了很大一笔钱买下了这些股票，成为俱乐部的大股东。我想要掌控俱乐部，并通过努力实现了这一点。我的观点一直是：以我的行为而不是我的所得来评判我。当然，如果你给球迷们写着我和马特名字的选票，那结果就绝对没有异议了。我是无名鼠辈，马特是大名鼎鼎的英雄。从足球角度来看，他从 1945 年白手起家到建立一家俱乐部。毋庸置疑，马特是伟大的教练，但我并不真正赞同足球主教练就必定能够成功地经营足球俱乐部的理论。并且，马特当时已年逾古稀，这一因素也要考虑。事实上，我接手后不久他就染病了。鉴于马特的年龄，以及我的年轻和扎实的商业背景，我觉得，为了俱乐部以及我个人，现在正是我出任主席的最佳时机。所以，在三十四岁之际，我成为足球联赛中继沃特福德足球俱乐部的艾尔顿 · 约翰之后最年轻的主席和甲级联赛中最年轻的主席。

出任曼彻斯特联队的主席对我来说是一个非常特别和骄傲的时刻，因为首先我是名球迷，曼联是我唯一支持的球队。从 1958 年起，当我父亲应邀加入董事会时，这支球队就一直是我生活中的重要部分。我对俱乐部的整个历史了如指掌，我立马就能说出赢得 1908 年冠军或 1909 年足总杯冠军的球队的名字。还有我崇拜的英雄：劳、贝斯特、查尔顿。曼联是我的球队，而有多少支持者不希望他们有朝一日能管理自己的足球俱乐部？

我对在曼联将会遇到的挑战做好了准备，但多年来，我一直经营家族企业的零售业务，管理着全国各地一千万英镑的营业额和一千名员工。所以，对于我来说，从管理一家繁忙的公共公司的大部门到接管曼联实际上是一件比预期中要容易得多的工作。不管是在公关和个人形象方面，还是在业务规模方面。曼联当时的营业额仅为二百万英镑，员工人数仅为一百五十二人。

这根本就没有难倒我。曼彻斯特联队在 1980 年时还是一家大型足球俱乐部，而并非后来那样的全球性品牌。而足球的情况则截然不同。这是一个天空广播公司入驻之前的、不似当下的媒体世界。现在你所做的一切完全都被放大了，报纸、电视、广播和社交媒体的头版上的报道铺天盖地。你面对的是疯狂的媒体。

因为我是在整个赛季过半时接任的，我不想参与比赛事宜。我认为我没有必要这样做，因为很明显，戴夫 · 塞克斯顿致力于赢得联赛冠军。如果戴夫找我，表示想要招募一名球员，则是另一回事。不过，我还记得有几次董事会会议，我们讨论了踢足球的风格，对于戴夫这是一个不能触碰的问题，因为他个性非常敏感。其实，我们在 1979—1980 赛季中完成得不错，仅次于利物浦队，获得了联赛亚军，并得到了参加欧洲联盟杯的资格。

作为主席，你的目标始终是赢得联赛冠军；如果失败了，你想赢得足总杯。英格兰联赛杯[1]始终是次要的。那时没有冠军联赛，只有欧洲冠军杯，唯一能

① 英格兰联赛杯：联赛杯自创办以来，因不同时期接受不同的冠名赞助，这次名为列度活士挑战杯（1986—1990）。

参加欧洲冠军杯的途径就是赢得国内联赛。我们已经十三年没有做到这一点，而且还要再过十三年才能再次做到。我们在足总杯取得了相当大的成功，进入了几次决赛。我们就是无法赢得联赛冠军。当我接手时，我的目标就是让俱乐部在球场上取得成功——作为一名球迷，这可能是我想到的比什么都重要的事情；还有就是从我们的宿敌利物浦队那里夺回国内主宰地位。我知道重新拿回国内俱乐部第一把交椅的位置，还需很长时间，但我有信心我们能做到这一点。

我的另一个目标是使曼联以更加商业化的模式运作。当我接任主席时，俱乐部的财政状况非常稳健，但我觉得还能做得更好。你可能不会相信，他们甚至连预算都没有。其论据是：如果你不知道你将要打多少场比赛；不知道将要打多少场额外的杯赛；这些比赛是主场还是客场；会有多少球迷到场，你如何去做预算？

我觉得我们需要从某个地方着手，即使我们接受最坏的情况，我们也需要大致了解当年的利润情况。所以，这是我的第一个目标，可完成这个目标确实相当困难。后来，我们实施了一个三年计划，再接着是一个五年计划，这更具挑战性。但我们做到了。这一切都是为了建立和落实一个财务结构，以管理业务，并使俱乐部在财务上尽可能取得成功，从而不断地发展基础设施和签约最佳球员。

当然，这意味着我们必须尽可能密切地关注支出。例如，球队过去常常在主场比赛前，在柴郡一家豪华旅馆以七百英镑的价格，度过周五之夜。我并不认为这是一种特别有用的花钱方式，所以很快予以废除。但我入主老特拉福德球场，并不是旨在大刀阔斧地砍掉一切。这并不是说，是的，我们把这也砍掉，把那也砍掉，或者是削减到员工头上，但随着时间的推移，我只是确保诸如球员工资和谈判这样的事情没有失去控制，以及球员们不只是得到他们想要的，或他们的经纪人努力争取的东西。我的财务控制更主要是为了确保我们睿智地花钱。

我接手曼联时，还没有像现在一样的创收机会。我们的收入源自于比赛日门票，而别的来源则不多。当时有一些地面广告，我们确实遇到了奇怪的比赛日赞助商，但是它以非常低调的方式完成了，我们只有有限的房间以招待任何企业客人。扩建地面层是后事。没有球衣赞助，这是 1982 年才出现的情况，更不用说电视转播费等收入。我们在电视集锦上每年赚得两万五千英镑，和足球联赛里其他九十一家俱乐部一样。我们甚至连自己的纪念品商店都没有。

我还发现，正是主教练一直把持着与球衣制造商的交易谈判，当时的制造商是“海军上将”，钱直接流入供球员们分享的资金库，俱乐部没有得到一分钱。

在我入主后不久，我与“海军上将”公司重新谈判了一项新球衣的交易，好像是每年一万五千英镑。戴夫·塞克斯顿大怒，脸色铁青，因为我已经接管了谈判。我还阻止了钱进入球员资金库，这实际上是俱乐部的钱。如果这种做法一直延续到今天，尤其是考虑到最近的那笔七点五亿英镑、为期十年的阿迪达斯球衣交易费,你能想象出会是什么情况吗？所有那一切资金都会流向球员。那就是当年的运作方式。

尽管在马特时代，需要先得到董事会的批准然后才能购买球员，但当时一直都是主教练和俱乐部秘书处理转会和球员谈判。秘书的权力很大，他几乎管理整家俱乐部。主教练在幕后也很有影响力。例如，我们的秘书莱斯·奥利弗就非常尊敬马特。当引入薪酬制首席执行官后，控制权的重点从主教练和秘书转移到他们手中，所有这一切才真正开始改变。例如，当罗恩·阿特金森在 1981 年成为曼联主教练时，他从来没有处理过球员谈判或工资问题，那时就已经确立了这其实是我的职责。

这么大的变化对于莱斯来说始终是一个敏感问题，因为这意味着他的角色有所改变，不过，他在俱乐部日常运作中仍然扮演着非常重要的角色。我和莱斯相处得很好，也非常尊敬他。他是个诚实的人，完全值得信赖，工作非常认真。他是个虔诚的宗教信徒，也是当地教会的平信徒牧师。他喜欢与曼联相关的一切。当他 1988 年退休时，为了不失去他那所有积累的知识和经验，我邀请莱斯加入董事会，之后的很多年，他做出了很有价值的贡献，直到 2006 年去世。

有趣的是大家都对莱斯很友好，并且很熟悉，他们都对他直呼其名。我从来没有这样做过，我总是叫他奥利弗先生，因为我十二岁时就认识了他。我和老特拉福德球场的所有员工都很有交情，因为他们中许多人已经在此工作了很多年。莱斯·奥利弗在从事办公室工作之前是我们的一名球员；吉姆·巴克尔是在我父亲手下工作多年的餐饮经理；还有肯·默雷特，后来接替莱斯作为俱乐部秘书，在俱乐部度过其大部分职业生涯。

还有售票处的亚瑟和配电房的凯斯，他们俩都是自 20 世纪 60 年代起就在老特拉福德球场工作，以及我的私人助理宝琳·坦普尔、肯·拉姆斯登，肯从办公室小文员干到售票处经理、比赛秩序册编辑、新闻官、助理秘书，直到俱乐部秘书。我们有很多人在这里干了很长时间。的确，他们中的一些人甚至看到了我出生！在这方面我们是一个家庭俱乐部，笼罩着真实的家庭气氛。

继任主席后，我想保持那种家庭气氛。反正这一直都是我的风格，我本人非常闲散。作为主席，我父亲对待工作人员非常和蔼和友好，他喜欢和他们一起喝一杯，以及诸如此类的事情。肯·默雷特告诉了我，他有一次跟随球队到海外旅游，其间，父亲总是在晚上坐在酒吧里。他总是说："来吧，肯，陪我喝一杯吧。"他会花几个小时喝酒聊天，非常惬意。相比之下我可能稍显疏离，但每到重大决策，我必征询大家意见。我没有必要向大家显示我的权威性，不需要。这里的每个人都在为曼联倾尽全力。我们大家团结在一起，我们都有同样的雄心壮志和同样的目标：让曼彻斯特联队成为这个国家最成功的俱乐部。

第七章　罗恩时代

很快我就适应了作为主席的新角色。事实上，我的责任是让一切都充满活力：当然，球队是至关重要的，体育场、球迷、定价、餐饮也是如此。你必须管理和平衡整个业务。然而，在外界看来，任何人真正看到的只有球场上的博弈，这就是评判你的方式。我们这个赛季完成得不错，所以我沾沾自喜，并向戴夫·塞克斯顿保证，他会得到我的支持以招募任何他觉得满意的球员，以加强下个赛季的阵容。

我们试图收购的一名球员是阿森纳队的里亚姆·布拉迪。这位爱尔兰国脚极具足球天赋，而戴夫听说他想离开伦敦。布拉迪在利兹有一个经纪人，我记得我和他们一起度过了一个傍晚，谈论里亚姆加盟曼联的可能性。会议结束后，我被告知他们会告诉我里亚姆的决定。最后他去了尤文图斯，这太令人失望了。至少里亚姆说，如果他留在英国，他唯一考虑加盟的球队就是曼联。

作为替代，我们以创英国纪录的一百二十五万英镑签下了诺丁汉森林队的前锋加里·伯特斯。伯特斯在森林队表现上佳，他们一起赢得两届欧洲冠军杯，但他却在曼联遭遇了一段噩梦时光，从没有证明其能力的机会。他几乎花了整整一年的时间才为我们踢进了第一粒球,这说明了当时的英格兰足球水平。

随着 1980—1981 赛季的开始，老特拉福德球场相关的几个建设项目正在不断进展之中，包括扩建行政套房。1980 年 12 月，我父亲在世时极力推动的造价一百五十万英镑的开发计划启动了。老特拉福德球场现有五个专用功能室:烧烤餐厅、斯特雷特福德包厢、特拉福德套房、欧罗巴套房和钻禧厅，各自截然不同。无论是烧烤餐厅还是特拉福德套房，都在每周工作日和比赛日向公众开放就餐。特拉福德套房还有区别于其他套房的额外功能区，包括令人印象深刻的俱乐部奖杯和纪念品陈列橱窗。其他房间在比赛期间同样也可用于娱乐，但也可以出租用于私人聚会。这个想法是为了将曼联足球场地打造成每周七天开放的场馆，并不仅仅是在某个星期六下午去看比赛的地方。这就是为什么在我担任主席的第一年，我们就开始了幕后足球场之旅。以一小笔费用预订一位导游陪同你参观。起初，这些巡游仅限于在比赛球场游览。后来我们逐步扩大范围，包括进入球迷们通常不允许去的地方，比如更衣室和球员休息室，以及观看荣誉榜。

在我上任的第一年，球场的确是破烂不堪，急需修理。我们收到很多对这种低劣质量的投诉，也有一些新闻媒体的批评。所以在赛季结束时，球场翻新并重新铺设，这是二十年来的第一次。我记得从办公室的窗口望去，车辆满载着球迷们前来帮忙，把一块一块的草皮堆在场外的地面上。这是相当瞩目的球场修复的开端。有一段时间我们总也不能完全将草坪铺正。于是，我们请来各种顾问，直到最终恰当地处理好球场，请来的顾问里包括来自苏格兰的约翰·苏特尔，他是运动场维护方面类似于雷德·阿代尔[①]的人物，曾为汉普顿公园球场和安菲尔德球场提供过服务。

你总是能根据球场的气氛来判断出何时情况变糟，并且，你还能仅凭感

① 雷德·阿代尔：美国油井消防员，在海湾战争期间他以 75 岁高龄参与扑灭科威特油井大火而世界闻名。

觉就知道观众对他们所观看的比赛不满意。这并不一定是结果不好，观众不满的是踢球的方式。伯特斯在球门前的困境似乎纠缠了我们整个赛季。在欧洲赛场，我们在第一轮就被名不见经传的波兰罗兹维泽夫足球俱乐部队淘汰出欧洲联盟杯。我们在足总杯也遭遇了困境。不过，从来没有过的是，我听到球员们批评戴夫·塞克斯顿。我不确定是因为他们喜欢他，还是他们觉得在球场上让他失望了。

更让人担心的是球迷们继续用脚投票，到场人数在不断减少。老特拉福德球场的空座位讲述了他们自己的故事。这就是我在1980—1981赛季结束后做出决定的原因，我得到了董事会的支持，他们乐意在大多数事务上服从我的领导，因为我们没能进入前五，所以必须做出改变。但这个决定并非轻而易举，因为我和戴夫相处得很好。我喜欢他的男子汉气概，他具有良好的道德和优秀的原则精神。我只是觉得四年后，虽然有过一次杯赛决赛经历和联赛第二的成绩,但他没有把握好。我们在球场上失去了些许激情,而他没有提高球队的水平。

当我打电话给他说任期已经走到尽头时，我想这对戴夫来说是一个巨大的打击。他根本没有预料到，尤其是我们刚刚以七连胜结束了赛季。虽然他坦然接受，但戴夫显然对这个决定感到忧心忡忡，鉴于其对工作的执着，这是可以理解的。但是作为主教练，被解雇是一种职业危害。并没有很多主教练能达到巴斯比或弗格森的境界，他们享有长久任期，而最后像英雄一样退休。当然，所有戴夫的员工都必须和他一起离职，因为有了新的主教练，那就是一朝君子一朝臣。

这是我作为主席首次不得不解雇一名主教练，这是一次非常不愉快的经历。但是我比大多数人都幸运，鉴于弗格森任职经久不衰，所以在我掌权的二十三年中只解雇过两名主教练。

对于选谁来取代戴夫·塞克斯顿，我的想法非常明确。当时特别成功的主教练是劳里·麦克米内米。他在南安普顿队所取得的成绩就非常了不起，并且，就我个人而言，我喜欢劳里，他是一个真正的足球专业人士，在圈内德高望重。我联系了劳里，他表示说很感兴趣；事实上，他还说了更多，他说他愿意做。后来他改变了主意，说他的妻子安妮不想离开南安普顿，因为孩子们正处于受教育阶段，还得换学校。这就是劳里没来的原因。在确定了郎·阿特金森后，于一次足球聚会上，我看到了劳里，他走到我面前亲自道歉说："抱歉，我让你失望了。"

我的第二选择是博比·罗布森，多年来，他在伊普斯维奇城足球俱乐部取得了很好的成绩，并在 1978 年赢得了足总杯，他们也曾赢了欧洲联盟杯。对于一个相对较小的俱乐部来说，在国内和在欧洲挑战顶级球队确实是算有所成就。我给博比打了通电话，聊了聊。虽然他很感激我的报价，但他解释说现在是艰难时刻，他觉得如果离开，会让伊普斯维奇失望。所以我回到了原点。

我名单上的下一个名字是罗恩·桑德斯，他刚刚带领阿斯顿维拉足球俱乐部夺得甲级联赛冠军，这是他们七十一年来的第一次。我又被拒绝了。我必须承认，到了这个阶段，事情就有点令人担忧了。球队刚刚去远东旅行，但我留了下来，觉得更重要的是敲定一位新的主教练。1981 年 5 月底，一位名叫约翰·马多克斯的记者联系了我，他在《星期日人物报》工作。罗恩·阿特金森与约翰接洽，给我传递了一条信息，说他非常想要这份工作。罗恩是西布罗姆维奇足球俱乐部冉冉升起的明星主教练。他执教的那支球队成绩斐然：在很短的时间内，他将球队打造成联赛的挑战者，他们是一支令人振奋、充满活力的球队，打进了许多进球。我记得在 1978 年一场令人难忘的比赛中，他们在老特拉福德球场以五比三击败了我们。

不管怎样说，罗恩是我名单上的下一个人选，但更重要的是他主动想要这份工作，这一点使我拿定了主意。约翰·马多克斯在他的家里为我安排了一次与罗恩的会面，我发现他非常热心，所以我们达成了协议。然后，我不得不打电话给西布罗姆主席伯特·米利希普，告诉他接近罗恩是我的主意，而且我已经见过他。伯特建议我们当面讨论这件事，因为他住在米德兰兹，而我正从北方南下，所以我们决定在离六号高速公路不远的福瑞特酒店见面。这是 5 月

31 日。我想伯特很快会意识到他无法挽留罗恩，无非就是补偿问题。我们最终在六点五万英镑的数目上达成共识，就是这样，罗恩于六月到职。

在他加盟曼联之前，罗恩的媒体形象非常不错，他们称他为“波强格斯先生[①]”，他的执教历程与歌曲非常相似，这也是罗恩在娱乐圈的角色的一部分。他老爱说他喜欢喝香槟等诸如此类的话，但现实中，当罗恩端着一杯香槟时，只是呷一口，而不是一饮而尽。事实上，他可能会在杯子里留一半。然而，罗恩在娱乐圈中却不可否认地闪烁着光芒。同时，他喜欢和球员们厮混在一起。罗恩曾是牛津联队的优秀中场球员，被昵称为“坦克”。他是一个彪形大汉，喜欢与队员们一起训练。

当一位新教练上任时，他总会有一些自己的、针对其想要的和想出售的球员的看法，而且在其任期开始时，通常会展开相当多的活动。我始终坚持在这样一个前提下开展工作，即主席在与主教练之间的关系中所发挥的作用就是支持他们。你委任他们来完成这项工作，所以你必须支持他们，直到你认识到事与愿违，他们可能不会再待多久为止；然后，其他人可能会加入，他们想另换一拨不同的球员。我记不起曾经阻止过主教练提出的转会。不过，可能会有一种情况，就是因为要给球员发工资的问题使得转会无法进行。如果你觉得购买球员会使俱乐部陷入财务风险，或因为支付的额度，或因为其他球员想要相同的个人条款，那么你就不能继续促成这项交易了。所以你得理智。在这方面，我始终拥有转会问题上的最后决定权，但一般来说，如果主教练想要一名球员而没有得到，这是非常罕见的。

罗恩很热衷收购的那个人是当时效力于布莱顿足球俱乐部的马克·劳伦森。我给了他们一个大价码，再加上我们的一名球员阿什利·格里姆斯。我们报价是九十万英镑，这在当时对于一名中后卫是笔巨款，但布莱顿拒绝了。接

① 波强格斯先生：1968 年美国乡村音乐中的一首著名歌曲，既是标题也是歌曲中的人物，能歌善舞。

下来我们听说劳伦森转会到利物浦了。我们收购弗兰克·斯塔普莱顿的运气很好。弗兰克是阿森纳的高产射手，但是他的合同到期了，他渴望加盟曼联。商定与弗兰克的个人条款是一件千头万绪的事情，也是我参与的第一个真正复杂的合同。我们在八月初会见了他的代表，四天后仍在讨论中。通常情况下，只需不到一天的时间就可以敲定全部事宜，但这次我很早就看出了苗头，合同会发生变化，新的问题，如肖像权开始出现。

在最终与弗兰克达成了个人协议后，我联系了阿森纳。他们转让他要价一百五十万英镑，这是我不愿意支付的数字。当我以九十万英镑报价被拒时，本案就提告到仲裁庭。如果两家俱乐部不能商定费用而球员同意转会时，即开始仲裁；双方各自举证，然后由仲裁庭裁定该笔费用。开庭日期定在8月20日，在曼彻斯特的米德兰酒店举行。在下午结束之前，他们做出了裁决，令我高兴的是，他们裁定的费用正好是我最初向阿森纳报价的费用。第二天，我们在记者招待会上宣布签约。

弗兰克成为我们的骨干球员。他堪称一名全能中锋，既擅长于领衔锋线，又能为其他球员提供帮助，其作用远远大于前锋。他正是我们当时急需的球员，因为罗恩认为他从戴夫·塞克斯顿那里接手的球队需要注入新的血液。

考虑到这一点，罗恩从老东家西布罗姆维奇挖来两名最佳球员——瑞米·莫西和布赖恩·罗布森。我们为瑞米付了五十万英镑，但挖罗布森却并不容易，因为他们不想出手。罗布森可能是当时英格兰足坛最有前途的球员，最后我们不得不付出英国球员转会的天价——一百五十万英镑才将他挖到手。罗恩对我说："无论你为罗布森付出多大的价码，都永远不会有遗憾，因为他还能踢很多年，他可以为你踢中场，再年长点，他将能够打中卫，他的确是非常不错。"布赖恩很容易受到古怪的伤害。事实上，在我们买下他之前，他三次摔断过腿，所以签下他还是有些风险。但他就是这样踢球的。我从不后悔收购他，布赖恩效力于曼联十三年，成为俱乐部的传奇人物之一，作为队长，带领球队勇夺三届足总杯和欧洲优胜者杯的冠军。在他职业生涯行将结束时，他还为我们赢得了几次联赛冠军。他具有极大的影响力，尤其是在亚历克斯·弗格森爵士执教初期。他是一名不折不扣的队长，不仅发号施令，而且还亲自示范，以身作则。

罗布森转会的不幸后果就是马特·巴斯比从董事会辞职，不过，他继续担任名誉主席。马特不愿意为了一名球员支付那么多钱，但转会费开始大幅上升。第一个百万英镑球员是 1979 年的特雷弗·弗朗西斯，大家都认为这很疯狂，但仅在两年后我们的转会费就达到一百五十万英镑。马特觉得球员的费用上涨太高了，或者至少超过了他乐于付出的薪水。但支持罗恩是我的职责，我们需要为即将到来的 1981—1982 赛季提升实力。罗恩雄心勃勃，想赢得联赛冠军。而我是新任主席，我也雄心勃勃地想赢得联赛冠军，所以我们联手努力争取。

第八章　我的第一座奖杯

我接任曼联主席时是不能拿薪水的，原因在于足总有严格的规定，我在接任曼联主席时是无薪工作。实际上，在那些日子里，足球俱乐部没有薪酬制首席执行官，尽管我几乎是同时做两份工作。作为主席，我负责董事会会议，并代表俱乐部参加所有其他与足球有关的会议。我还履行首席执行官的全职职责：支持主教练工作，处理所有球员的谈判、转会、合同、员工工资问题，以及进行俱乐部的日常运作。我父亲也是这样，作为主席为俱乐部耗费大量时间却没有得到一点薪水。要想受薪，我就不得不放弃董事会董事资格。所以为了赚得一份收入，我接受了足球界之外的非行政任职。一份是一家办公清洁企业，另一份是曼彻斯特的一家印刷公司，还有一家劳务招聘公司。

许多人长期以来认为，不允许任命董事会带薪员工是一种过时的、毫无意义的规定，而且允许薪酬制董事只是时间问题。我知道利物浦队想让他们的俱乐部秘书彼得·鲁滨逊出任首席执行官，并让他加入董事会。

所以，最终还是来自俱乐部的压力，迫使英足总重新考虑这种规则。在1981年11月，我和许多人投票赞成英足总的提议，即职业足球俱乐部可以设有一名董事会级别的薪酬制高管，前提是此类高管必须真正为其俱乐部全职工作。这是做出了自然而正确的改变。12月4日，刚好在曼联董事会下一次会议上，除了担任主席之外，我还被任命为英国足球史上第一批全职带薪首席执行官之一。因此，我辞去了其他的工作，因为我不想让这些工作干涉到曼联的运作。

我最初的薪水是每年三万英镑，第二年涨到了四万一千英镑。这些都是曼联账户报表中的官方数据，可以看作足球赛如何演进的指标而作为趣味阅读。例如，在整个 1982 年中，只有两名员工年收入超过五万英镑，这包括员工和球员。他们中许多人的收入还不到两万英镑。而如今是何等的变化！

几乎从一开始罗恩就带领球队踢出了激动人心的足球，并在他第一年任内，即 1981—1982 赛季以第三名收场。他还对未来做出规划，并以大手笔引进埃里克·哈里森，掌管曼联的青训系统，这对球队来说非常重要。两人是老朋友，在国民服役期间为皇家空军踢过球，而哈里森在埃弗顿足球俱乐部效力九年后，正在寻找新的挑战。当然，埃里克最伟大的成就是他在培养著名的“曼联 92 班”那群球员中扮演了举足轻重的角色，这些球员包括大卫·贝克汉姆、瑞恩·吉格斯、尼基·巴特、加里·内维尔、菲尔·内维尔以及保罗·斯科尔斯。但更多的是关于他们以后的成绩。当埃里克来到老特拉福德球场时，已经是 1981 年年底，我们的青年队配置已经相当不错，其中诺曼·怀特塞德、克莱顿·布莱克摩尔和马克·休斯的前景不可估量。

正是诺曼·怀特塞德以最快的速度形成了冲击力，他在 1982 年 4 月十六岁时升入一线队，成为自邓肯·爱德华兹以来最年轻的曼联球员。诺曼比马克·休斯小一岁，但比他成熟得多。诺曼已经是十六岁的男子汉。当他打破了贝利的纪录，成为出现在世界杯上最年轻的球员，以十七岁零四十一天的年龄代表北爱尔兰，于 1982 年在西班牙世界杯上首次亮相时，他的知名度如日中天。

不幸的是，诺曼的膝盖很早就有问题，因此他在曼联的职业生涯相对短暂。他的陨落也与俱乐部当时存在的饮酒文化有关，其中诺曼和保罗·麦格拉斯是罪魁祸首。罗布森也喜欢喝酒，但似乎并不像其他人那样影响他的足球。

同时，随着青年队球员不断突破升入一队，我决定在董事会层级上改变现状。我想引进新人让董事会更加年轻化，在思想上具有前瞻性，着眼未来。当我第一次接任主席时，董事会的其他成员都略显老态，我当时的大多数董事同人都从商业生涯中退休了，年龄均在六十开外。马特那时已经不当董事了，随后是比尔·扬和艾伦·吉布森。我认为比尔和艾伦并不一定想要离开。我请他们担任副主席，这样他们仍可得到额外津贴。我只是觉得我们需要新的更年轻的董事。其中之一是迈克·埃德尔森，自20世纪70年代初起，我们就是朋友，他是一个绝对的曼联狂热迷。他是一名本地商人，我觉得他年轻、热情，可以做出贡献。仍然还有一些经验丰富的老手辅佐我，如莱斯·奥利弗和我叔叔登齐尔·哈龙，但是我正在寻找年轻的新成员。

我继续执行这项政策，这时我把莫瑞斯·沃特金斯引进董事会。莫瑞斯是一名曼联球迷，他还为老曼彻斯特人踢本地业余足球赛，并为黑尔·巴恩斯村打板球。他是曼彻斯特詹姆斯·查普曼律师事务所的合伙人，曼联聘请该公司为法律顾问。他在1977年首次介入，就俱乐部终止与汤米·多彻蒂的合同提供咨询服务。

我们的关系很好，我和莫瑞斯在球员合同和转会方面的合作非常密切。所以对我来说，重要的是让莫瑞斯参加董事会会议并听取汇报，而不是让我随时向他汇报董事会的决议。我觉得他的增补非常有作用，多年来已经证明了他就是如此。合同对曼联很重要，不仅仅是球员合同，还有商业合同，还有很多与英超有关的法律工作；莫瑞斯带来了他所有的专业知识。他可真像个得力助手。

我还决定选博比·查尔顿担任董事。我的深层次想法是，博比是俱乐部的一名伟大球员，深得公众的好评。多年来，他作为俱乐部的形象大使，发挥了极大的作用，因为博比去到世界各地，他过去是、现在仍然还是得到人们的认可，扮演这一重要角色，他为董事会发挥了巨大的作用。我相信博比会是另一个良好的补充，这将使他仍然留在曼联大家族之中。在某种程度上，他填补了马特留下的空白，当然，马特仍然是名誉主席，当我们巡回以及客场比赛时，他仍然和我们一起旅行。每个人都始终对马特照顾备至，让他们两个联手的确是意外收获。

1982 年春季的另一项重大进展，是我们与电子元器件公司夏普之间的球衣赞助交易。曾经有一段时间，联赛不允许在俱乐部球衣上标注任何形式的名字或广告。到 1979 年时，这一切都改变了，当时利物浦与日立达成交易，成为第一家将赞助商标志装饰在球衣上的英国职业足球俱乐部。

有一段时候，我们就已经向外界表明，我们正在寻找我们自己的赞助商，并向商业界提出了一些试探性建议。当然，我们对此并没有掉以轻心，充分意识到曼联著名的红色球衣的重要性和象征意义，但同时俱乐部也必须始终尽可能多地寻找收入来源，这是一个尚未开发的领域。最终达成协议是因为夏普每年拨出一大笔钱用于广告支出。

其财务总监艾伦 · 怀特向公司总经理提出的论点是，如果到年底他们没有使用该广告盈余，最好是用于赞助曼联而不是收回到总部金库。怀特的论点占了上风，当夏普与我们联系并说他们对此感兴趣时，这就仅仅成了一个谈判的问题，我亲自和怀特进行了谈判。

最终达成的这项交易是两年价值五十万英镑，而当你现在考虑这些合同的价值时，看上去并不是很多，但在那时却创下英国俱乐部的纪录。当然，赞助商名称放在球衣的什么位置、字母的大小尺寸，都有严格的规则，并必须得到联赛的批准。

夏普有很长一段时间是我们的球衣赞助商，直到 1999—2000 赛季结束。的确，我认为这笔交易有助于提高夏普的知名度。这是一种极度互补的合作关系，因为即使公司是日本的，但其英国总部设在曼彻斯特。更确切地说，该公司总部设在牛顿希斯，这正是曼联足球俱乐部诞生的地方。当然，该赞助一揽子计划的一部分，涉及通过在老特拉福德球场和接待场所周围的广告场地来宣传公司。我还记得，当我们去日本旅行时，我们组织球队参观了夏普工厂。这对球员也有好处，允许他们从夏普的陈列室里挑选各种产品，以作为拍照和在指定场所公开露面的回报。

⚽

我们同时在寻求着不同的途径和方式增加营收，我们在 1982 年夏天探讨了在老特拉福德球场举办以女王为主题的摇滚音乐会的想法。凡是任何这种性质的现场活动，均需要申请许可证，所以，俱乐部秘书莱斯·奥利弗，我们的商业经理丹尼·麦格雷戈和我去特拉福德议会做陈述。出席会议的有一名律师叫约翰·赫吉尔，他其实是我在锡丁顿的一个邻居，我当时住在那里。他是议会的许可专员，严厉地拷问我们。

由于我们是用公司秘书的名字申请许可证，即便是丹尼·麦格雷戈把音乐会揽和在一起，也应该是莱斯回答所有的问题，但他对这件事情了解不多。

“那好，奥利弗先生，”赫吉尔身高六点六英尺，身材魁梧，他说，“你知道这场音乐会预计什么时候结束吗？”

莱斯说：“不知道。”

“你不知道，奥利弗先生？你举办流行音乐演唱会，可你不知道它预计什么时候结束？”赫吉尔不以为然地看了看我们，继续说，“奥利弗先生，音乐会的噪声强度是多少？”

“不知道。”

“你不知道，奥利弗先生？你居然不知道！你向议会申请许可证，而你却不知道噪声强度是多少，不可思议！”

这种提问持续了几分钟，每个问题都得到了同样悲惨的答案。

“奥利弗先生，这次音乐会你们设置了多少户外厕所？”

“不知道，赫吉尔先生。”

“你不知道？你对音乐会究竟知道什么呢，奥利弗先生？”

赫吉尔绝对是将我们置于死地。我们从未得到过举办音乐会的许可证，我们也没有到别的任何地方去办。直到 1991 年，我们才最终获准举行流行音乐会。罗德 · 斯图尔特[1]是第一个在我们的音乐会登场的歌手，随后纷至沓来的有“就是红合唱团（英国曼彻斯特的乐团）”和 M 族群合唱团等等。他们总是很受欢迎，这对我们来说也是天大的好事，因为我们一直所热衷的是，充分利用老特拉福德球场为俱乐部创收。

随着罗恩 · 阿特金森在工作上越来越游刃有余，我们开始争夺奖杯。我们在 1983 年 3 月的联赛杯决赛中以一比二的成绩输给了利物浦，但两个月后在足总杯决赛对阵布莱顿的比赛中得到了补偿。每个人都预计我们能赢，当雷·威尔金斯以一记漂亮的进球,让我们以二比一领先时,情况看起来就是这样。

比赛只剩下四分钟了，他们将比分扳平，不得不进行加时赛。两队的路都在脚下，生死时刻，布莱顿队获得了二打一的机会，看起来荣耀在召唤他们，我们的失败似乎不可避免，但是加里 · 拜莱的伟大扑救让球队起死回生。我在皇家包厢中观看着这一切如此进行，的确是有一种感觉，那就是我们已经摆脱了桎梏，他们本来有大好机会去赢得球赛。于是，我们绝处逢生，易地再战，我们在星期四晚上重返温布利球场，赢得非常轻松，以四比零狂扫对手，其中，攻击手罗布森一人独中两元。

这对我个人来说是一次非常特殊、非常重大的胜利，因为这是我担任主席以来的第一座奖杯。现在，我任职已经三年了，在俱乐部当了十三年董事，所以我的情绪高涨。这场胜利的更特别之处就是恰逢马特的生日，于是，他能

① 罗德·斯图尔特：英国摇滚歌手，世界上最出色的摇滚歌手之一。

够在这个夜晚，别具一格地与我们一起庆祝生日。第二天，我们全体人员带着奖杯回到曼彻斯特，参加市政厅招待会。这是多么美好的回忆啊。两年后，几乎还是球队的原班人马，又一次赢得了奖杯，所以这也清楚地告诉了他们赢得胜利的要素是什么。

我一直认为，加里·拜莱，我们最初杯赛决赛的救世主，是曼联有史以来最好的门将之一。当亚历克斯·斯特普尼20世纪70年代末退休后，他确立了自己作为我们球队门将的地位，总出场接近三百次。彼得·舒梅切尔几年前披露，他青少年时是以加里作为偶像在丹麦长大的。

我记得一个关于加里的故事。在20世纪80年代初，他与格拉纳达电视台台长戴维·普莱怀特的女儿约会。戴维也是著名演员琼·普莱怀特的弟弟，而她又嫁给了劳伦斯·奥利维尔。几天前，我们按计划要在斯坦福桥球场与切尔西队比赛，加里问我是否可以帮他一个忙。“你能替我照顾劳伦斯·奥利维尔吗？因为他是我的客人，来看切尔西队比赛，我想给他的不只是看台上的座位。你看你是否有可能把他带到董事包厢，替我照看他？”我说我会非常乐意这样做。加里不知道的是，我一直是奥利维尔的超级粉丝，他是我迄今为止最喜欢的演员。

果然，在星期六，劳伦斯爵士来了，我能照顾他一整个下午，真令我激动万分。经常有名人来看曼联比赛，但我从来没有特意地追星。但奥利维尔与众不同，那时他已经年逾古稀，身体很虚弱；尽管如此，他还能散发出一种明显的气场，很多人都想向他致意。我把他带进更衣室，与所有球员见面，并在比赛中和他坐在一起。我怀疑他是一名狂热的足球迷，来看球对他来说并非是出门逛一逛，他非常享受这种场合，并且他绝对是风度迷人。

那年夏天，毗邻南非的斯威士兰与托特纳姆热刺足球俱乐部进行了几场表演赛。当时南非仍处于种族隔离制度之下，英国俱乐部不允许去那里，但由于斯威士兰在边境上，许多南非人能够过境去观看比赛。

当我们在那里时，有人组织了两家俱乐部的员工比赛。董事们和各自的主教练罗恩·阿特金森、基思·伯金肖都上场。托特纳姆热刺队穿着他们的行头闪亮登场，而我们很多人穿着T恤。我很恼火，坚持要拿出一线队的行头，每个人都换上。我踢中锋，并踢进了几球。热刺队主席欧文·斯克拉尔上演帽子戏法。最终比分是八比四，托特纳姆热刺队获胜，我们表现不佳中尚有可圈点之处。我们让加里·拜莱的父亲罗伊守门，他年轻时是一名优秀守门员，并且在1961—1962年赛季中为伊普斯维奇队赢得了联赛冠军。但他肩膀上刚做了手术，不能鱼跃扑球，所以每次托特纳姆热刺队射门就得分。托特纳姆有个叫约翰·巴尔的家伙总是站在球门柱之间。约翰是巡回赛执行者之一，但也在英格兰足球南部联赛中担任守门员，他很年轻，身体健康，所以每次我们完成一次漂亮的射门，巴尔就会把球托出门柱之外。

比赛中我向着基思·伯金肖做了一个飞铲的动作，而他一整夜都一拐一瘸的。晚上稍后，我在餐桌旁坐在他旁边，他咕哝着说："如果我找出那个踢我的浑蛋……"欧文和我坐在一起，快笑死了，因为欧文知道是我弄到他了。

那次旅行是我首次见到欧文，我们成了朋友。我们年龄相仿，几乎是在同一时间出任各自俱乐部的主席。欧文一生都是托特纳姆热刺队的球迷，对1961年的双赢球赛充满了美好的回忆。就像我对曼联一样，他非常熟悉俱乐部的球员和历史。

在我执掌曼联的那些年中，我与阿森纳副主席大卫·戴恩也非常友好。戴恩也同样了解阿森纳的历史，同我和欧文的年龄相仿。联赛中其他大多数主席都要年长很多。我们三个人都差不多快到四十岁，对我们的俱乐部抱有同样的雄心，这对我们抱成团很有帮助。我认为欧文、戴恩和我成为最终组建英超联赛的主要人物并不是巧合。

尽管托特纳姆和阿森纳之间有着激烈的竞争，但欧文和戴恩是非常要好的朋友。他们两人都不喜欢热刺和阿森纳球迷之间的仇恨。我想在他们成长过程中，这种仇恨并不是根深蒂固的。当我年轻时，我支持曼彻斯特联队并崇拜其球员，但我也对其他球队的球员感兴趣。他们都是受人钦佩的足球运动员，那时的比赛不那么部落化。我一直记得大卫·戴恩告诉我，当他听说慕尼黑空难时，他是多么绝望，因为在慕尼黑空难之前，他去看了曼联与阿森纳之间难解难分的比赛，他见过巴斯比宝贝们。他保存着一本收藏有邓肯·爱德华兹照片和那场比赛的所有曼联球员的剪贴簿，我觉得他仍然还保留着。戴恩也是英格兰队的忠实追随者，尽管罗杰·拜恩、汤米·泰勒和邓肯·爱德华兹都是曼联球员，他们也为英格兰队效力，因此他在慕尼黑空难后感到绝望，他说他号啕大哭。

我记得我小时候去看马修斯和芬尼，并对他们充满敬畏；我还记得去埃弗顿看亚历克斯·扬。好吧，就算他不是曼联球员，但观看他踢球还是那么令人兴奋。我也同样想起了去看利物浦，并对伊恩·圣约翰赞不绝口。可悲的是，如今你再也得不到那种对对手球员能力的尊重。

我和其他首席执行官的关系也不错。事实上，我们大约有三到四个人，包括利物浦的彼得·罗伯逊、埃弗顿的吉米·格林伍德和阿森纳的肯·弗莱尔，我们过去常常互相打电话聊天，讨论问题。我们会互相告知关于转会、球员工资和奖金等一大堆不同的事情。我们都想与时俱进，掌控所有这些事情，不要让它们失去控制，所以我经常和他们交谈。

作为主席，我总是希望在力所能及的情况下，不断地将场地升级并进行改造。得益于我们成功的杯赛表现，我们才能够得到八十万英镑投入到球场改造中。部分站立看台进行了表面装修，接着是对餐厅、各个行政套房进行重新布局，现在从酒吧和餐厅都能看到球场的完美景色。我们还拨出五十万英镑整修私人包厢。

并非是唯利是图，你始终要为球迷做出改进，但同时也要关注提高收入。重要的不仅仅是座位，还有配套的设施：酒吧、餐厅和所有其他的一切。这就是为什么我们在今后两年里预留出十五万英镑,用于改善餐饮业设施整体标准。围绕球场有二十个地方要进行翻新，比赛日当天应有更多更好的食物和点心品种供应。

我们在足总杯的胜利也让我们能重返欧洲。在随后的 1983—1984 赛季中，我们在欧洲优胜者杯赛中表现不错，包括对巴塞罗那队的一次难忘的比赛，该队的明星球员是马拉多纳。

我们以零比二输掉了客场比赛，当时我们需要有三个净胜球才能晋级，但确实非常艰难。而 1984 年 3 月 21 日这个夜晚，则发生了我们在欧洲足坛留下的一个经典之战。罗恩 · 阿特金森还记得我在比赛那天告诉他的话：“今晚你在老特拉福德球场，会听到你在职业生涯中从未听到过的噪声。”我说对了，那天晚上球场的气氛令人难以置信。球迷的呼叫声在整整九十分钟内没有下降过。罗布森又一次大显身手，梅开二度——巴塞罗那的球员们根本无法对付他。然后斯塔普莱顿成为赢家。这是一个绝对不可置信的夜晚，三比零！最后比分是我们累计三比二获胜，并超越了所有的期望；多么了不起的回归，对于任何一个在场的人来说，这是永远不会忘记的事件。在稍后的比赛中还出现了一个紧张的时刻，当马拉多纳突破时被马克 · 休斯绊倒；看来绝对是点球无疑，但是裁判没有判罚。我们继续前进，终场哨声响起时，球迷们冲进球场，把罗布森抬到肩上。这些是你作为球迷不可能忘记的时刻。

不幸的是，在我们英雄般地对阵巴塞罗那后，我们在半决赛中被尤文图斯淘汰，这次实属运气不佳。我们在主场第一回合踢成平局，他们在第二回合以一比零领先，我们将怀特塞德作为替换上场，这时似乎扭转了局面，我们扳成一比一。在终场哨声响起之前，我们窃喜能进入加时赛，因为我们的势头强劲，但保罗 · 罗西一球制胜。在我们英雄般地拿下巴塞罗那之后，这非常令人失望，但这就是足球变化无常的特性。在我们的后卫中，有很多是带伤上场的。

我们在第一回合采取的就是权宜之计，但到意大利仍然没有竭尽全力。然而这是一个伟大的历程，我们的联赛状态相当不错：最终我们排名第四，距冠军有六分之差。是的，利物浦再次夺冠。

在欧洲输给尤文图斯后不久，意大利人为布赖恩·罗布森出价三百万英镑，创造了当时的世界纪录。我们拒绝了这一报价，我决不会放任失去如此重要的球员。

我们确实告诉了布赖恩有关的接洽事宜，尽管我们有权直接拒绝，因为他还得履行现有合同——这肯定是非常吸引人的提议；尤文图斯拥有米歇尔·普拉蒂尼以及其他球星。最后我们所做的，是与布赖恩及其经纪人坐下来协商，告诉他们说，我们觉得让他留在这里价值更大些。事实的确就是这样：我们给布赖恩提供了一份新的长期合同，而且合同条款极大改善，我认为他决不会后悔留下来。

然而，那年夏天，我们还是出售了雷·威尔金斯。A.C. 米兰已与我们接洽，报价是一百四十万英镑。我把这件事交给罗恩，他认为这是笔好交易。所以这纯粹是一个商业决定。通常像这种转会，一旦主教练和主席做出决定，就必须告知球员，然后由球员决定未来。如果球员无意转会，他们可以留下，但是大多数球员如果知道主教练准备出售他们，那么他就会想，我在这里有什么前途呢？明年会不会让我参加比赛？还有，别忘了 A.C. 米兰是欧洲的一家大俱乐部，雷可能会把它看作是职业生涯中的飞跃，能提供更好的个人待遇。换言之，这笔交易对双方都有利。

尽管也有些情感因素，但很多转会往往都是直截了当的商业交易。我记得看到前斯托克城足球俱乐部队长吉米·格林霍夫上一个电视节目，他谈到当他在陶工[①]时，主教练托尼·沃丁顿告诉他，曼联已经出价了。吉米喜欢斯托

---

① 陶工：斯托克城足球俱乐部。

克城足球俱乐部，他是这里的英雄，球迷都很爱他，所以他真的感到很震惊，托尼·沃丁顿居然准备卖掉他，他问他原因何在。很简单：年老失修的维多利亚球场的看台顶部被风暴吹走了，他们没有买保险。沃丁顿对吉米很坦诚地说：“你是我们最有价值的球员，但我们需要钱来建造新的看台。”吉米的第一反应是气冲冲地离开，他根本就高兴不起来，但当他稍稍平静后，他就想：这是曼彻斯特联队，最大俱乐部，托尼准备让我去。于是，常识占了上风。

当我收购布赖恩·罗布森时，西布罗姆主席伯特·米利希普告诉我，他们将要投资一百五十万英镑修建一个新看台。我开玩笑地建议说：“我希望你能以我的名字为看台命名。”后来过了一会儿，在山楂球场的董事室内，他告诉我，他们的确是将新看台命名为马丁·爱德华兹看台。

幸亏售出威尔金斯，我们从阿贾克斯足球俱乐部引进了谢斯柏·奥臣，从阿伯丁引进了戈登·斯特拉坎，我们才能够使球队精神稍微有点振作。我记得在四月中旬和莫瑞斯·沃特金斯一起飞到爱丁堡去见戈登和他的家人，以商讨他是否有可能转会到曼联。直到后来我们才发现，戈登已经签了一份加盟科隆足球俱乐部的预备合同，这份协议引起了巨大的麻烦。这使我和莫瑞斯不得不在 5 月初再次前往爱丁堡，看看我们是否有挽回的余地。正是这次与戈登和他的经纪人会晤，使我们接触了阿伯丁的主教练，一个名叫亚历克斯·弗格森的苏格兰人。亚历克斯渴望戈登能加盟曼联，因为我们出价是五十二点五万英镑，比他从科隆俱乐部得到的要多得多。最后，我们和科隆达成协议，曼联将与他们进行一场比赛，他们可以保留全部门票收入，这样整个事件就算解决了，解除戈登的合同还有甜头。有趣的是，我们实际上并没有踢那场球，因为科隆此后从未与我们接触以确定日期。

如果戈登的合同直截了当的话，那么曼彻斯特联队的历史可能看起来有些不同：我们可能从不会和亚历克斯进行面对面的接触，而正是在这些讨论中，我才充分了解了他，并理解他是如何执教的。我留下了深刻的印象，离开时积累了经验，心想有一天历史可能证明这是有用的。

第九章　从麦克斯韦尔到海瑟尔

我从来没有真正弄清楚大亨罗伯特·麦克斯韦尔是否真正有雄心收购曼彻斯特联队，或这一切是否仅仅是一个大的宣传噱头。他在 1984 年 2 月初通过罗兰·史密斯与我们联系，并再次动用他的城市人脉。说实话，我一直对此持怀疑态度，但因为他的名气和身份，我们决定与他见面。

一旦进行接触，我知道必须保密，最重要的是不能让媒体知道这则新闻。哦，是的，麦克斯韦尔在电话里说，我们必须做得悄声无息。可就在第二天，所有报纸都登出了这条消息；有人泄露了，在接下来的十天里，在小报的头条和背页出现了很多针对我们的荒谬猜测。这件事给我带来了不可承受的压力，因为这确实是夸大其词了。我的意思是，我还没有坐下来和麦克斯韦尔谈过，而有些报道说这笔交易结束了，曼联已经被他收入囊中。事情已经发展到令我迫不及待地想以某种方式结束这次会晤，旨在终结新闻媒体中流传的胡言乱语。

最后，我们安排了一个时间与麦克斯韦尔见面。我们于 2 月 12 日客场迎战卢顿足球俱乐部，趁此机会，我和莫瑞斯·沃特金斯整夜都待在伦敦的皇家兰开斯特酒店，以准备在第二天下午与麦克斯韦尔见面。如果没有准备，我们就没有筹码。在 13 日早晨，我们会晤董事会成员詹姆斯·格里夫以商讨整个局面，然后，与我们的财务顾问克兰沃特、本森会面。

我与麦克斯韦尔在位于利物浦大街火车站后面的他的办公室会面，这件事本身就有点蹊跷，因为苏联领导人尤里·安德罗波夫在前几天去世，新闻人员不断地从门口进来。麦克斯韦尔老说：“我必须处理这个问题，安德罗波夫死了，他是我非常要好的朋友。”他总是这样废话连篇。

在过去的几天里，无论是我们自己还是麦克斯韦尔，从来就没有提到过接管曼联的价格。直到与格里夫、克兰沃特、本森讨论后，我们才做出决定，如果麦克斯韦尔不打算为我和我兄弟罗杰的股份支付一千五百万英镑，则此事算是告吹。麦克斯韦尔到最后也从未向我们报价。在我们开会时，他再一次问我们要什么，当我们解释时，他又根本没有反应。

事实就是这样，会谈持续了大概两个小时，尽管没有达成一致，我们还是决定按道理应发布一份联合声明。莫瑞斯·沃特金斯告诉麦克斯韦尔说：“请给我个机会回到办公室，我会起草一份文稿。我们会发给你一份复印件以供批准，然后一起宣布联合声明。”我们开车回曼彻斯特，接下来我们听到罗伯特·麦克斯韦尔在收音机里说谈判已经破裂并指责我们。

我不知道麦克斯韦尔是否有钱。他是否认为他能廉价地得到曼联，或者只是为了宣传目的才这么做，谁知道呢？我根本就没打算出手。我在曼联这把炙手可热的交椅上还没坐多久。我只有三十八岁，我的大好前程就在我的前面。所以我根本就不在乎与麦克斯韦尔的交易失败。不过，如果你阅读当时的报纸，我就是那个拼命想卖掉俱乐部的人。情况并非如此。是麦克斯韦尔找的我。

当然，随着我们后来对麦克斯韦尔、养老基金丑闻以及其他一切事情的了解，我意识到这是一次侥幸逃生。如果麦克斯韦尔得逞，则可能导致曼联的毁灭。我必须承认，在参加那次会议时，我和莫瑞斯是适当谨慎的，我对麦克斯韦尔的印象，在下午的交谈过程中一直都没有改善。他太夸张，会谈中一半时间在打电话。他对他的走狗们吠叫：“给我接通克里姆林宫。”想以此来吓唬我们。他老是在“做这个”、“做那个”和问“你想要什么”。他很有说服力，午饭时他的餐桌礼仪令人震惊。我一点也不喜欢他。

大约在这个时候，联赛颁布新规定，允许主场球队把所有联赛比赛的门票收入归于己有。以前的门票收入总是在主场和客场俱乐部之间分享。自从举办足球联赛以来，情况就一直如此。多年来，我和我的许多同人主席们都主张变革。在我们看来，这一规定没有多大意义，因为在赛季中，每家俱乐部都在主场和客场互相比赛,那么为什么我们不在主场比赛时把自己的门票收入留下，而当我们在客场比赛时，让他们留下门票收入呢？当然，这项新规定对像曼联这样有大球场的俱乐部是有很大的好处的。话虽如此，一家像托特纳姆这样的俱乐部在主场比赛中所收的钱和曼联是一样多的，因为他们的球票价格更高。虽然西北部的上座率较高，但门票定价要便宜得多。无论如何，新的规则变化是非常重要的，给曼联带来了急需的额外收入。

1984—1985 赛季球队开局良好。马克·休斯现在已经在一线队建立了自己的地位，和弗兰克·斯特普莱顿一起组成了强大的锋线，我们恰当地融合了年轻人和老将的经验。但是我们仍然和冠军无缘，每一年都没有赢得联赛冠军，年复一年，这个包袱变得越来越重。更雪上加霜的是，我们的老对手利物浦继续称霸英格兰足球。令人痛苦的是，虽然我们表现得不错，但在漫长的赛季中，利物浦似乎总是拔得头筹，即使没有，他们也不会落后太远。他们还赢得欧洲冠军杯，这是令人生畏的。我们想成为第一名，但在三十多英里外的地方，利物浦是长期以来的主力军，此外，他们凭借天赋赢得胜利。

1985 年我们打进了足总杯决赛，对手是刚刚将联赛奖杯抱回利物浦城的埃弗顿。在联赛中我们排名第四，而埃弗顿在几天前还拿到了优胜者杯，他们的目标就是三冠王。毫不奇怪，他们是热门球队。这是一场势均力敌的比赛，胜负难以预料，直到我们的中后卫凯文·莫兰不幸地成为足总杯决赛中被罚下的第一名球员。原因是对彼得·里德的一次铲球过迟，我记得裁判是彼得·威利斯，一个又高又大的小伙子，六英尺五英寸，比所有球员都高，他指向了更衣室。为了做到公平，彼得·里德认为这不算一张红牌，而恳求裁判不要把莫兰罚下，为此，我一直很钦佩他。

莫兰被罚下后，比赛似乎放开了一些，而正是诺曼·怀特塞德踢出了获胜的神奇一脚，当时他从大约二十码之处一记不可思议的左脚抽射，球应声从球门角落突破守门员内维尔·索夏尔之手，弹跳入网。考虑到我们只有十个人，这的确是一次非凡的胜利。这也是怀特塞德身着曼联球衣时最伟大的时刻，是足总杯决赛中的制胜一球。

赢得足总杯的亢奋仅在一周后就变味了，当时在布鲁塞尔的海瑟尔体育场发生了悲剧。在利物浦和尤文图斯的欧冠决赛开始前，利物浦球迷针对意大利观众闹事而出现骚乱，造成体育场的一面墙倒塌，导致三十九名意大利球迷死亡，数百人受伤。当噩耗传来时，曼联正在澳大利亚踢巡回赛。几天内，英足总宣布所有英格兰俱乐部队都将退出欧洲赛场。随后，欧洲足联对英国俱乐部在欧洲比赛发出了“无限期的禁令”。

我始终坚持这样的观点，英国足总牺牲俱乐部，是为了通过进一步开展国际赛事，继续为自身的财力造福。原因在于，既然你限制俱乐部队，那你为什么不限制国家队呢？支持俱乐部的球迷也是支持英格兰的球迷。事实上，更常见的情况是，追随英格兰球队旅行的俱乐部球迷才是声浪的制造者。那么你怎么能证明俱乐部禁赛而国家队不禁赛的正确性呢？我发现这是一个非常奇怪的决定，因此我怀疑足总这样做是为了明哲保身。这个决定也是在没有咨询俱乐部的情况下做出的。禁令发布时我们才知道这件事情。

当然，这一禁令只影响了那些有资格参加欧洲比赛的球队。这不像现在的欧洲冠军联赛，每年由三到四支球队代表足球水平最佳的国家出战；当时只是埃弗顿队进入欧冠，曼彻斯特联队进入欧洲优胜者杯，而利物浦、南安普顿和托特纳姆有资格参加欧洲联盟杯。如果今天发生这样的禁令，肯定会对更多俱乐部产生影响。但这是一个巨大的打击，特别是在海瑟尔惨案之前的几年中，英格兰俱乐部不断赢得欧冠奖杯。我们最终离开了欧洲五年，这对英格兰球队的水平产生了巨大的不利影响。当曼联第一个被允许回到欧洲，参加1990—1991年欧洲优胜者杯赛时，我们竭尽全力在决赛中击败了巴塞罗那，但之后，英格兰俱乐部花了很长时间才恢复他们在欧洲精英之中的竞争地位。

我记得我们曾试图上诉反对这个决定。我们的论点是：你怎么能因为一次发生在国外的事故，而封杀所有俱乐部呢？更何况这是在所有其他俱乐部的控制之外的，并且发生在一个可能不适合举行决赛的体育场。我认为当时必须采取一些措施，但我们的感觉是，由于少数球迷的行为，欧足联用相同的尺度，把所有英格兰俱乐部都抹黑了。有关方面对我们的诉求充耳不闻。

面对着不能在欧洲踢球的前景，以及财务问题，我们决定推出自己的淘汰赛杯赛，即足球联盟超级杯，分成两个小组，每组三支球队：参加欧冠的埃弗顿、曼联自己、通过联赛获得欧洲联盟杯的利物浦队、南安普顿队和托特纳姆队，诺维奇队是作为联赛杯获胜者。从表面上看，这可能是个好主意，但实际上却没有吸引住球迷的兴趣，这比赛只持续了一年。

另一个海瑟尔惨案造成的连锁反应是，政府完全禁止在英格兰和威尔士的足球场中提供酒精饮料。我们对这个决定提出上诉，虽然我们成功地夺回了酒精饮料执照，但仍然不允许球迷在“球场周边范围内”喝酒。在比赛前半小时，这些裁决也适用于行政区、餐馆、窗口餐桌和私人包厢。我认为争论的焦点是，那些窥视到包厢的球迷有可能看到别人在喝烈性饮料，而他们自己被禁止在站立看台上喝酒，可以理解的是，这可能会引起某些恼怒。即使在如今所有座位区域都相对安全的年代，这些区域较之于站立式看台，更容易驱逐酩酊大醉的球迷，而这条规则仍然在用，对此我觉得很奇怪。毕竟，只有那些靠窗户的座位才直接受影响，而坐在后面的人可以喝到开球。我能理解不把酒精饮料带到站立式看台上，因为较之于在私人包厢里或餐厅里，把一个喝得醉醺醺的、不守规矩的人从球迷的海洋里弄出去的确非常困难，但是干脆拒绝再提供任何酒类服务，我确实认为这有点荒唐。

第十章　十点计划

我一直认为电视需要足球，就像足球需要电视一样。世界上没有哪种其他的体育项目能博得足球那样高的收视率。自 20 世纪 60 年代中期，英国广播公司播出开创性的《今日比赛》以及独立电视台播出的《焦点比赛》以来，足球比赛精华集锦系列节目就成为我们电视大餐的重要部分。球赛实况转播多年来还不算普及，但 1983—1984 赛季开始时达成了交易，会经常性地转播足球赛。托特纳姆热刺队对诺丁汉森林队的比赛，于十月初在独立电视台播出，而两个月之后，英国广播公司直播的首场联赛，就是曼联的比赛。

想起来也觉得很奇怪，早在 20 世纪 80 年代，俱乐部就对直播赛事极度紧张，原因在于直播可能会影响观众的上座率。如果他们可以在自己家里舒适地通过电视机观看比赛，球迷还会在风雨交加的下午到球场看球吗？这种担心导致了一个补偿计划：如果你自己的球队出现在电视直播中，你可以得到收入损失的补偿，这是根据该球队主场的平均票价计算的。然而随着时间的推移，人们发现，上电视实际上具有广告效应，不影响观众上座率。

不久之后，俱乐部意识到如果没有现场直播的比赛，他们简直就无法生存；即使这确实影响到了门票，但电视带来的资金也如此之大，简直使任何补偿都相形见绌。所以补偿计划最终被放弃了。

最初的协议是两年合约，每轮十场全部直播，由英国广播公司和独立电视台之间平均分享，但广播公司很快就意识到，足球比赛的收视率是非常不错的，所以想转播得更多。因此，在 1985 年年初，他们都接洽俱乐部签订新合同。然而，我的许多主席同仁们，像我一样，认为这件事是个很大的问题，因为我们认为英国广播公司和独立电视台虽然是竞争对手，但他们实际上是同谋，以压低版权的价值。他们的谈判代表有时会在同一辆出租车上会面，他们会寄给我们几乎是相同措辞的信件；在足球转播权竞价方面，绝对没有竞争。英国广播公司和独立电视台实际上起到卡特尔（产销联盟：垄断联盟）的作用。

在接下来的几个月里，俱乐部与英国广播公司和独立电视台的代表举行了几次会议，每次的讨论都很激烈。公开的新提案是一份价值三百八十万英镑、为期四年的交易，这一数字将分别在第二年和第三年增长百分之六，最后一年将增加百分之八。具体计划是每赛季十六场联赛现场直播，再加上联赛杯半决赛和决赛。还有一种选择，就是在其区域电视台上，转播若干场当地球队的比赛。各俱乐部对此一点也不满意，我记得我们之间叫喊最为激烈的是牛津联足球俱乐部主席罗伯特·麦克斯韦尔。他认为整件事绝对都是胡说八道，以及俱乐部在廉价抛售足球。在他看来，这个数字应该接近每年一千万英镑，尽管从最近的电视交易来看，这个数字听起来是微不足道的，但在当时，我们都认为这是一个异想天开的数字。无论我最近与麦克斯韦尔的交易有多么不愉快，人们都不能对他在这一问题上强硬的商业立场，以及他对足球之于电视公司价值的先见之明等方面挑出毛病。事实上，他的存在是如此令人敬畏，以至于有一个阶段，如果和麦克斯韦尔在同一房间，电视谈判代表则拒绝参加会议。

据我们所知，麦克斯韦尔的一千万英镑这个数字可能是凭空想出来的，但通过这些讨论，我们清楚明白的是，我们谁也不知道电视转播的足球究竟值多少钱。欧文·斯克拉尔寻求独立的建议，并聘请上奇广告（Saatchi & Saatchi）公司来做研究。这份报告考虑了足球比赛转播的附属广告收入，这显得非常重要，因为我们首次了解到了足球的价值所在。我们之前所知道的是，英国广播公司或英国独立电视台准备支付给我们的任何价钱，都是在试图压价。但他们所提供的报价，与我们逐渐意识到的真正价值是截然不同的。我们仍然需要打破英国广播公司和独立电视台的钳制，让他们分别出价。

希望电视公司会给我们更高报价的想法，很快就泡汤了。相反，他们采取了强硬的态度，于是形成僵局。而 1985—1986 赛季开始的时候，全国的电视荧幕上都没有足球比赛，这是自 1964 年《今日比赛》播出以来的第一次。

与电视公司的对峙对许多俱乐部造成了严重的影响。不仅电视台的收入枯竭，而且俱乐部也没有获得广告收入。赞助商需要借助电视这种模式，如果有人赞助比赛，他们希望自己的广告牌出现在电视上。坦率地说，剩下的这一切就是默默地咽下这枚苦果。过去，足球联赛中九十二家俱乐部得到的电视转播费是等额的，两万五千英镑，无论是曼联或者是斯托克波特、利物浦或者是特兰米尔。这样做是毫无意义的，因为绝大多数观众都希望观看到顶级俱乐部参与的重大比赛。我们带来了观众，我们带来了收入，因此我们有理由认为我们有权得到更大份额。

顶级俱乐部也有其他的抱怨。我们觉得我们对联赛如何运作几乎没有控制权，而且投票制度不平衡，有偏袒较低级别联赛之嫌疑。引进对顶级球队有利的规则非常难，因为其他级别的球队会联合起来阻止它。

一个很好的例子就是，当时我们想在球衣后背标注球员的姓名。现在看来这是一个显而易见的事情，但却遭到了反对，被投票否决了。反对可能是因为低级别球队不愿意在球衣印姓名上花钱。他们并没有像我们那样关注其商业价值，他们在考虑所牵涉的额外费用。你可以理解为什么，但这里有一种非常明确的感觉，就是本末倒置。

这绝不是一种新感觉。尽管 1985 年夏天是英格兰足球赛的创伤期——海瑟尔灾难导致三十九人丧生；布拉德福德的球场火灾，夺去了五十六人的生命；足球流氓和不断下滑的门票收入。自从 1983 年起，不满已经在蔓延，当时足球联盟委托诺曼 · 切斯特先生调查足球结构。其报告提出了一些建议，并谈到了重新配置联赛分级。该报告并不是呼吁完全打碎重来，而是谈论赛制的变革。

我们从切斯特的报告中得到启示，我和托特纳姆热刺队的欧文·斯克拉尔、阿森纳队的大卫·戴恩、埃弗顿队的菲利普·卡特、利物浦队的彼得·鲁滨逊，于 1985 年 9 月 29 日开会，讨论另起炉灶组建超级联赛的可能性。简言之，我们想控制自己的命运。原有的足球联赛太麻烦了，它已经存在了将近一百年了，而在那时几乎没有变化，所以变革是必须的。我们必须寻求一个切入点，而我们能够做的唯一方式就是加强实力和准备挑战。但我们始终明白我们必须与其他顶级球队联手。为此，我们还邀请了纽卡斯尔、曼彻斯特城和南安普顿的代表参加我们的讨论。

这不是我们一定想要分道扬镳的问题，我们想在现有联赛中获得控制权。当然，这是我的观点。我完全支持留在联赛之中，但前提是我们有自主权，对我们应得的收入份额和应享有的投票权都感到满意——这就是我在那个阶段想要的一切。因此，甲级联赛方面就提名菲利普·卡特、欧文和我，与联赛其他成员进行谈判，看看是否能找到解决办法。

谈判是秘密进行的，有时讨论非常热烈，通常以每个人都陷入争吵而告终。最后，12 月 18 日，在希思罗驿站酒店达成协议。参与谈判的人中，菲利普·卡特、欧文和我代表甲级联赛，水晶宫队的罗恩·劳达斯、桑德兰队的劳里·麦克米内米和布莱克本流浪者足球俱乐部的比尔·福克斯代表乙级联赛，而另外级别是由艾迪索特镇足球俱乐部的瑞格·德里佛、布伦特福德足球俱乐部的马丁·兰格、唐卡斯特流浪足球俱乐部的伊恩·琼斯等作为代表。职业球员协会的戈登·泰勒也应邀参与，主要是充当调解人。

经过长达六个小时的讨论，我们全体达成了所谓的《希思罗协议》，即《十点计划》。意识到保持联赛团结的重要性，较低级别的联赛准备同意我们的大部分要求。重要的是，该协议为电视转播和赞助费创造了一个新的共享公式：甲级联赛百分之五十、乙级联赛百分之二十五、三级和四级联赛百分之二十五。投票制度也按照我们的意愿进行了改变。我们可能仍然需要乙级联赛的支持，但基本还是取得了更加有利的优势。只要我们有想法，现在我们就有可能左右局面。

意味深长的是，甲级联赛将从二十二家俱乐部削减到二十家，而乙级联赛将增加到二十四家，同时引入附加赛以决胜负机制，来确定晋级名次。这一变革将在两年内分阶段逐步实施。另一件使我们多年感到不高兴的事是百分之四的联赛征税。每一场联赛征收百分之四的门票收入，以进入联赛资金库，这笔资金在赛季末均分给每家俱乐部。这显然对较大俱乐部影响更大，因为我们的观众更多。多亏了《十点计划》，我们设法把征收额减到百分之三。在足总杯和联赛杯中，参赛球队的保留金额也有所改进，从百分之三十三提高到百分之四十五。

在许多方面来看，《十点计划》是一种妥协。我们没有得到我们想要的一切，但是我们得到足够的力量让联赛团结起来。脱离联赛是核心选择，如果你不给我们这些变革，我们会另辟蹊径。

如果甲级联赛俱乐部没有得到他们想要的大部分，我们可能已经准备好沿着这条路线走下去。每当谈判变得棘手时，威胁总是如出一辙：你们想强迫我们分手吗？所以，如果《十点计划》没有达成一致的话，也许 1992 年创建英超联赛的事情，在六年前就会发生。

令人困惑的是，苏格兰的两家最大的俱乐部——流浪者和凯尔特人表示，如果我们决定分手的话，他们愿意参加我们的联赛。但是，甲级联赛低位排名球队不同意，因为这样会直接影响他们在联赛中的存活。在我看来，从安全的角度来看，这种想法始终是行不通的，如果涉及别的事情则另当别论。我认为警察不会因为潜在的球迷闹事而感到高兴。

《十点计划》从 1986—1987 赛季开始实行，多年来一直非常成功。我不认为较小型俱乐部因为大俱乐部行使更多权力而遭受了损失，他们仍然得到了一定比例的电视转播费，仍然获得部分联赛税款，仍然由于其联赛赛程，从资金库中获得款项，并且在杯赛中仍然可以与较大的俱乐部比赛。

在《希思罗协议》达成两天后，我们与电视公司的僵局终于打破，当时我们接受了英国广播公司和独立电视台以一百五十万英镑获得赛季剩余比赛的转播特许权，这个价格是令人沮丧的，是一个拼凑起来的协议，不过，聊胜于无。但是你可以看到电视公司对我们的控制，而我们仍然决心要打破这种桎梏。

从 1985—1986 赛季开始，缺乏电视转播的足球真令人遗憾，因为曼联的开端好得令人难以置信，我们赢了前十场比赛。我想每个人都开始得意忘形了：十连胜在以前仅仅有过一次，所以，每个人都认为我们肯定会获得自 1967 年以来的第一个联赛冠军。

令人惊讶的是，我们赛季开始前，放弃了得到国内最好前锋的机会。我接到了加里·莱因克尔的经纪人乔恩·霍姆斯的电话，加里效力于实力平庸的莱斯特城，比赛中进球如麻。他是一名非常令人觊觎的球员。霍姆斯告诉我说，他和加里要去利物浦走一趟。霍姆斯说：“加里打算与埃弗顿签约，可他更愿意来找你，但我们需要一个快速的决定，如果你未做出决定，他今晚将与埃弗顿签约。”我立即放下手头的所有事情，告诉乔恩把这件事交给我。遗憾的是，罗恩已经离开了家，我们不得不追踪他。我记得当时还没有手机。终于，我抓住他说：“罗恩，乔恩·霍姆斯一直在等电话。莱因克尔今晚要去埃弗顿签约。如果我们想要他，他会来我们俱乐部的。你意下如何？”我永远都会记住罗恩的回答。“哎呀，我已经有了怀特塞德、达芬波特、斯特普莱顿和休斯。”他说，“不，我并不真的需要他。”我给乔恩·霍姆斯打了电话，告诉他我很感激这个机会，但我们已经有了四个前锋。所以我们拒绝了莱因克尔，他去了当时的联赛冠军埃弗顿队，在那里他取得了巨大成功，他几乎帮助他们在那个赛季再次赢得联赛冠军，然后他转会到了巴塞罗那。

事后看来，不买莱因克尔显然是错误的决定，但我认为足球俱乐部主席不能对主教练指手画脚，说他必须得到谁和他不能得到谁。即使你认为这是错的，也始终要由主教练来决定。你可以提出你的意见。我想对主教练说，报价就在那儿，你想要还是不想要这名球员，这取决于你。我认为将教练不想要的球员强加给他是完全不负责任的。如果你最终把主教练不喜欢的球员引进俱乐部，球员上场时间必定受限，那么你就浪费了自己的钱财。此外，我认为任何一位称职的主教练，都不会接受主席告诉他什么样的球员必须上场。

十五场比赛之后，我们仍然保持不败，稳居榜首。然后我们开始不断受伤，状态急剧下降。罗布森是十月中旬首先受伤，当他最终在一月回到球队时，肩膀又脱臼了，直到赛季尾声才回归。罗布森的缺席给我们的中场带来了极为不利的影响，因为他的替代者雷米 · 摩西也受伤了，其他关键球员斯特拉坎和奥尔森也都受伤了。

另一个问题是马克 · 休斯不在状态，而他在赛季开始时得分颇多。球迷和媒体不知道的是，自从 1986 年初，他的经纪人就一直在和巴塞罗那讨论可能的转会事宜，我确信，马克对他未来的不确定影响了他在球场上的表现。休斯在夏天最终转会到巴塞罗那，这件事引起巨大的争议，球迷们被激怒了。休斯是一名非常受欢迎的球员，也算是一个从青年队崛起、受人崇拜的英雄，对我们产生了很大的影响。

真相是我们不想让休斯走。罗恩 · 阿特金森从来没有对我说："我想转掉马克 · 休斯。"但这是一个艰难的局面，因为巴塞罗那表现出了兴趣，而马克的合同在赛季末就到期。我们不能冒风险，让他以区区二十万英镑的价格离开，这个数字是根据欧洲倍加系统得来的，这和足球法庭裁决的一样多，并且是根据球员的工资计算出来的。因为当时马克的工资很低，巴塞罗那用 20 万英镑就可以带走他。为了保护自己，我们向马克和他的经纪人提出了一份新合同，其中包括增加工资和他们坚持的"买断条款"。他们也接受了我们乐意给出的新工资，因为这意味着我们根据新合同锁定了球员。巴塞罗那最终支付了一百八十万英镑的"买断费"。马克转会使我首当其冲遭受批评，每个人都指责我，但我并不想让他走。他是我最不想放走的球员，但我也需要保护俱乐部，如果我们按照原来的方式，让他坚持到结束合同，我们几乎一无所有。所以我赢不了这种竞争。最后是马克决定离开,他可以选择走人,或者履行他的新合同。

曼联以在沃特福德客场悲惨的平局结束这个赛季。比赛结束时，我和罗恩都在男厕所里，罗恩转向我说：“主席，我想也许我的时间到了，也许到了该走的时候了。”

我告诉他不要在冲动中急着做任何事，只是想一想。不错，那时候我们很不景气，但我觉得他现在考虑辞职还为时过早。是的，这是一个令人失望的赛季，我们以第四名的成绩结束联赛，比冠军队利物浦落后了十二分，但是我们优秀的开局表明，当我们满员时，我们还是可以有所作为的。

第十一章 辞旧迎新

就在本赛季最后一场比赛的前两天，即 1986 年 5 月 1 日，曼联博物馆首次向公众开放。博物馆的想法最初来自于我的叔叔登齐尔 · 哈龙，并且考虑了数年。照例，俱乐部没有保存大量的纪念品。我们在一些休息室里展出的或者储存的诸如比赛场刊和照片等东西非常少，但是，随着博物馆的建筑规程开始，我们就派工作人员出去购买各种各样的东西，我们在比赛日场刊和当地报纸上登广告索要材料。我们也得到了很多展品，这是过去代表俱乐部的球员家庭所捐赠的。我们最终获得了数量惊人的藏品，包括在我们的首次足总杯决赛，以及我们在 1908 年首次赢得联赛冠军时球员的用具。我们甚至设法弄到可追溯到 19 世纪 80 年代的物件。博物馆中最能引起我情感共鸣的部分是慕尼黑板块，因为我们的展品有某些球员的护照，邓肯 · 爱德华兹在飞机上展示所穿的运动夹克，以及从残骸中找来的其他碎片。

博物馆的盛大开幕式是一个值得纪念的时刻，我很荣幸能为这个价值十万英镑的项目剪彩。马特爵士和新老球员们一起莅临现场，还有一些特邀嘉宾，其中包括邓肯 · 爱德华兹的母亲，她特地到博物馆来观看为她儿子设置的陈列柜。后来，博物馆发挥了重要作用，在比赛日之外，把老特拉福德球场打造成工作日的休闲娱乐场所。无论你是巡游体育场，还是去博物馆，或者在红魔餐厅吃顿饭，这些有意识的努力，都让曼联一日游变得特别。

博物馆办得非常成功，并在十年后又投入四百万英镑进行扩建；现在已经增加到三层。1998 年 4 月，我们邀请贝利到曼彻斯特为新的博物馆进行开馆仪式。我以前与他未曾谋面，所以我们一起进餐对于我来说是一种特权，我必须说我非常喜欢陪伴他。他的性格十分迷人。博比 · 查尔顿告诉我，贝利是英雄迟暮，但当他终于来了，我觉得他很迷人。身为伟大的明星，无论走到哪里都会得到赞扬，他浑身散发出自信的气场，并且，他根本就不冷漠而且十分活跃。当他同意借给博物馆一些自己的球衣和奖章，以便开设其专柜向他致敬时，我非常高兴。

在 20 世纪 80 年代中期，老特拉福德球场有了不小的变化，我们在此期间花费了二百五十万英镑。球场一端的记分牌进行了实质性的改进；同时增加了很多新座位，建立了一个新的售票处，以及一栋新的办公大楼；更换了泛光照明系统并新建一个主入口。每当我们为体育场设计新的看台，或为任何其他项目进行规划时，我总是喜欢深入到建筑师的具体工作之中，我认为这是我的职责之一。我会花几个小时甚至几天，以弄清所有本质上的细节，把一切都规划好：我们想在那里设置多少个行政座位，多少额外的包厢，是否是五座、六座或八座包厢，餐饮是否应设在包厢里或在中央休息室之中，那里是否需要行政套房。

“家庭看台”也正式启用。鉴于仍然有足球流氓破坏球赛，我认为这是非常重要的举措，因为我想把老特拉福德球场打造成更友好的，具有家庭导向的看球地点。我认为这是一个相当有创意的步骤，成年人只有在孩子的陪同下才能进入看台。我还认为这将是对曼联未来支持者的鼓励。

随着整个场地开始翻新工程，我们非常重视球场的维护，并安装了一套地下加热系统。几年来，人们一直在不厌其烦地研讨顶级联赛球队是否应该采用这种系统，因为这在现在看来显得有点荒谬，如果天气条件恶劣，足球比赛可以取消。这种情况在老特拉福德球场发生的次数太多了，让我们非常尴尬，但我们希望在投资土壤加热系统之前先把球场弄好。这花了相当多的时间，因为我们不得不多次重新铺设表面层。最后，我们准备好可以安装土壤加热系统，结果，我们选择的系统经证明是失败的，不得不挖出来，再次没完没了地找另一种替代系统。

这些都是作为首席执行官所面临的、必须处理的问题。这是一项繁重的工作，我当时刚成家不久，有时很难兼顾工作和家庭生活。我在 1968 年结婚，当时还从事肉类生意，这更是一份朝九晚五的工作。但从 1980 年我出任曼联主席起，我就没有多少时间待在家里。在赛季期间，我连周末也工作，当然，有时我们会在周中比赛。还有旅行到客场的比赛和欧洲比赛，以及到伦敦参加所有联赛会议。我可能有点自私，因为我并不总是认为这对家庭有影响。但如果你一心扑在工作上，那就是你做出的牺牲之一。我决定全力以赴住在曼联，并取得成功。我有我的目标。最后的回报非常丰厚，但开始时很艰难。我确实错过了很多家庭生活中的美好时光，如果你问我的妻子和孩子们，他们可能会说，自己也错过了一些家庭生活中的美好时光——生日和其他重要的日子。

我确实试图两全其美，但我很少在晚上七点以前回家，而且在孩子们还小时，他们通常已经上床睡觉了。大多数商人都必须经历类似的事情，这有时会很棘手。

1986 年夏天，罗恩去墨西哥世界杯担任独立电视台的权威评论员。我理解他为什么同意接受这份工作，因为罗恩是一个著名的媒体人物，但我觉得他更应该留在老特拉福德和我们一起备战新赛季。例如，当他回来时，罗恩说他想签下特里·布切尔，但包括我在内的董事会成员都觉得这笔签约应在五、六或者七月就完成，在赛季开始时签约太过仓促。所以转会没能成功。新赛季我们的开局很糟糕，输掉了多场比赛，已经跌落到积分榜中游。球队正在挣扎之中，罗恩没有得到他刚来时在更衣室获得的回应。

压倒他的最后一根稻草是 11 月 4 日的英格兰联赛杯，我们以一比四惨败南安普顿。我本能地知道这是罗恩的结局。那天晚上，我和迈克·埃德尔森乘私人飞机飞回曼彻斯特，就下一步怎么办进行了深入交谈。第二天，我们下午一点在办公室召开会议。迈克和我在一起，还叫来博比·查尔顿和莫瑞斯·沃特金斯。就在那时，我们做出了换帅的决定。关于接替罗恩的人选，我想的是亚历克斯·弗格森。我在斯特拉坎的谈判中与他相遇，他给我留下了深刻的印象，我也注意观察了亚历克斯一段时间。任何人都不会无视他在阿伯丁的成绩：九座奖杯，其中包括三个苏格兰联赛冠军，在其八年执教任期内，他打破了两大格拉斯哥俱乐部——凯尔特人和流浪者经久不衰的垄断地位。但真正让亚历克斯一举成名的是击败皇马，赢得了 1983 年欧洲优胜者杯的冠军。

我的想法是：如果他能在阿伯丁做到这一点，那他能在曼彻斯特联队取得什么成绩呢？更重要的是，他年轻、雄心勃勃，有着强势主教练的名声。你简直可以看到他内心的火焰和热情。

当我提出亚历克斯的名字时，激起了毫无保留的热情。他是合适的人选，不需要更多的理由。另一名我们讨论的人选是特里·维纳布尔斯，几个月前，他带领巴塞罗那进入了欧冠决赛，也在之前的赛季赢得了西班牙联赛的冠军。但讨论他的时间不长，亚历克斯·弗格森爵士一直是我的首选，我们很快就同意选定他。

我们要做的第一件事就是在与罗恩解约之前，弄清楚亚历克斯的想法是否和我们的想法一致。我不想重蹈 1981 年的覆辙，当时劳里·麦克米内米、博比·罗布森和罗恩·桑德斯都拒绝了我，让我急得团团转，想找到一个人替代戴夫·塞克斯顿。我不想再经历那一切。这就是为什么在我们与阿伯丁正式接洽之前，要确定亚历克斯是否愿意加盟。

但是如何去接洽呢？我不太可能直接打电话到阿伯丁说：“你好，我是曼联的马丁·爱德华兹。我能跟亚历克斯·弗格森爵士说话吗？”迈克·埃德尔森建议假装苏格兰口音，自称是斯特拉坎的会计师阿兰·戈登。当接待员开始询问有关他的妻子和家庭等私人问题时，我们以为会被识破，但迈克最终接通了亚历克斯，并解释了其真实身份，然后把手机交给我。我很快做了自我介绍，问他是否愿意和我们见面。我没有多说什么，但亚历克斯直接就明白是什么意思。不然我为什么要打电话给他？他答应了，我们约定晚上去看他。我们的集合点是第七十四号公路旁边的汉密尔顿服务区停车场。

那天下午四点，博比、莫瑞斯和我都挤进迈克的捷豹 XJ6，一路向北。我们到达时大约是晚上七点，到处漆黑一片。因为亚历克斯没有汽车电话，我们不得不交换登记号码以便在黑暗中互相确认。

所有这一切有点像间谍活动。当我们看到亚历克斯时，我跳下捷豹，爬进他的车坐到他旁边的座位上。迈克紧跟在后面，几乎没能跟上。我们的目的地是格拉斯哥郊区的毕晓普布里格斯，亚历克斯嫂子的家，在此，一顿丰盛的晚餐已经为我们摆好。在一番寒暄后，我们告诉亚历克斯，我们希望他出任曼联新一任主教练,他表示说很感兴趣。我们并不需要过多介绍曼联。由于马特·巴斯比及其风格和巴斯比宝贝，苏格兰的每个人都知道曼彻斯特联队及其声誉；亚历克斯熟稔足球历史。这也不是强行推销。

那是动真格的，并不是面试。当我们与亚历克斯会面时，我们并不是打算去对他做出判断。我们已经了解他了，我们只是需要他。我们只是想确定他愿意接受这份工作。我们没有讨论任何条款或诸如类似的事情。而亚历克斯也没有向我们提出任何要求。虽然我清楚地记得他告诉我们，他的主席迪克·唐纳德曾经对他说：“亚历克斯，你离开这里能去的唯一一家俱乐部就是曼彻斯特联队。”因为几年前，托特纳姆热刺俱乐部试图把他挖走，但被他拒绝。当亚历克斯告诉我们时，我们知道这笔交易算是敲定了，我们知道迪克·唐纳德不会阻止他来曼联。

那天晚上，我们心情愉快地驱车返回曼彻斯特。第二天的工作太多，我并没有马上启动换帅计划。现在是 11 月 6 日，当有消息传出说我们想在董事会议室见他后，罗恩没有和球队一起进行训练。当我们告诉他决定解雇他时，他并没有感到非常惊讶。我想那一定是因为他预料到，并考虑过这种可能性。他耸耸肩，并抚慰性地握手，接受了决定。这是一个艰难的决定，因为五年来我们建立了良好的关系，但是我们必须把俱乐部放在第一位。那天晚上，罗恩邀请了所有队员和工作人员，到他家喝杯送别酒践行。

我得说，罗恩大度地接受了董事会对他的解雇，并且，他一直很感激他能有机会执教曼彻斯特联队。据我所知，他从未对我或俱乐部怀有任何个人恩怨。每次我见到他，他总是心情愉快，彬彬有礼，我从来没听他批评过我们没有挽留他。我一直认为罗恩和我相处得很好，我认为他在老特拉福德球场的岁月过得很愉快，无论是就我们踢足球的风格，还是就他引进的球员而言，这都是一段激动人心的时光。罗恩是攻击性思维：他喜欢边锋，喜欢球队踢出攻击性足球，并且总是鼓励球员们畅所欲言。我觉得他干得不错，我们从来没有跌出过前四，赢得了两次足总杯。但最终，第三或第四的排名是不够的。我们很接近，但并没有完全达到目标。因此需要亚历克斯带领我们更进一步。所以我根本不认为罗恩的任期是失败的。这是 20 世纪 90 年代突飞猛进的基石。

那天下午我和莫瑞斯·沃特金斯赶上了回阿伯丁的航班去见迪克·唐纳德。从 1970 年起，唐纳德就担任阿伯丁俱乐部的主席，他非常健壮，有点威严，但却是慈父般的个性，面色红润，秃顶。我记得亚历克斯告诉我，他曾是前交际舞世界冠军。我以前见过迪克一次，跟他相处得很好。莫瑞斯和我都很恭谦，“唐纳德先生，”我们说，“我们来这里是想说，我们想正式和你谈谈亚历克斯·弗格森先生的事。”我觉得他没有感到惊讶。他可能一直明白，迟早有一天他会接到我们的电话。事实上，他的儿子伊恩是皮托德里球场董事会的主要成员，曾跟曼联踢过几次球，打左后卫，我想这或许有点帮助。另外，迪克对曼联和马特·巴斯比非常尊敬，他肯定在想，嗯，这是英格兰最大的俱乐部来找亚历克斯，我不能挡他的道。我得到的印象是，亚历克斯与迪克情同父子，所以谈判进行得很顺利。迪克最关心的是阿奇·诺克斯的未来，他是亚历克斯的副手和知己；他担心如果他们俩同时出走，可能会引起俱乐部的某种混乱。大家一致认为，阿奇不会马上走，但迪克知道阿奇最终会跟随亚历克斯，确实，他在三周后离开。

这一切都进展很快：我们在 11 月 5 日确定亚历克斯将担任我们的下一任教练，到了七日早上，我就带领亚历克斯参观了训练场，并把他介绍给了所有工作人员和球员。然后，在当天下午两点三十分，我们介绍他跟新闻界见面。有人多次问过我，我们是否非法接触了弗格森。从技术上讲是的，但这是明智的做法。我们必须在解雇罗恩之前，确保亚历克斯愿意来。在那一天即将结束时，我们明人不做暗事，我们问亚历克斯的话就是，如果我能够搞定他的解约问题，他是否愿意转会过来，这一点我做到了。然后我去见迪克·唐纳德，请求允许我正式和亚历克斯交谈，而我们得到了许可。很明显，我们不得不同意赔偿，因为亚历克斯还在合同履约期间，而我们的赔偿数目为六万英镑。这是友好的解决办法。

当为俱乐部聘请新的主教练时，你的希望始终都是，他们能执教很长时间，建立一个王朝。无论是在主帅的任命上，还是在我们引进球员的过程中，我从来不考虑短期，一直是长期。当然，对瞬间成功的渴望是不可避免的，但你不总能实现。到亚历克斯担任教练时，我们从 1967 年以来就没有赢得过联赛冠军，而我的观点是，亚历克斯是一名年轻的主教练，而我是一名年轻的主席，我们有机会为将来的成功奠定坚实的基础。

然而，事后看来，在曼联担任主教练的角色可能比亚历克斯原本想象的要困难得多。他花了四年时间才赢得一座奖杯，花了七年的时间才赢得联赛冠军，我想在亚历克斯自己的心目中，想更早地实现这些目标。也许他不了解英格兰足球、英格兰联赛中的球员以及他自己做的事。就比赛节奏和质量而言，从苏格兰足球到英格兰足球之间有很大的级差，尽管在那些日子里并没有今天那么明显。从当前英超联赛的资金水平，以及所吸引的球员水平来看，这一差距已经明显扩大了。看看流浪者队，他们不再是曾经辉煌的生力军，他们在2012赛季已经降到第三级别联赛（尽管现在他们回到了顶级联赛）；或者再看看凯尔特人队，虽然说他们在冲击欧冠联赛的名额，但很少能够通过预选赛。

这仅仅只是因为那儿缺钱。来到英格兰，随着两国之间日益扩大的分歧，对亚历克斯来说肯定是一种文化冲击，意味着要带领曼联成功，所用的时间比预计要花的时间更长。

我记得，球迷和媒体对亚历克斯到来的反应是多样的、混合的，但其中肯定是没有愉悦感，我认为球迷们对他知之甚少。肯定不会像如今的一些大腕，如何塞·穆里尼奥，突然之间就成为曼联主帅那样。不过，亚历克斯拥有的东西就是好斗的名声。在某种程度上，对于主教练而言这不是一件坏事，只要能予以控制。就亚历克斯的脾气和那些摔飞的茶杯，戈登·斯特拉坎告诫其他球员说："我的天啊，事情现在会稍微改变一点点，你们总认为以前非常艰难，等这家伙来到这儿，走着瞧吧。"可怜的戈登一定认为他们在阿伯丁共事一段时间后，他能够摆脱亚历克斯；现在仅在老特拉福德球场一个赛季之后，弗格森再次以主教练的身份出现了。

尽管亚历克斯从一开始就强烈要求遵守纪律，但他并没有摔茶杯。他强化训练，要求球员们看起来干净利索——短发型，胡子刮得干干净净，并且在俱乐部的训练和比赛中身着正式的运动夹克。他希望每名球员以专业的态度，以符合曼联形象的行为方式，严于律己。他对这些方面要求很严，而作为主教练，他也必须这样做，因为如果允许标准偏差，就总有别的地方会出问题。所以在这方面我完全支持他。

主席能为其主教练所做的一切都是支持，特别是在团队建设方面。亚历克斯必须能独立行动，找出自己想要找到的东西，以完成已经开始的赛季。别忘了，亚历克斯被扔进了困境。当他到任时，我们在联赛中的排名位置不太好，仅列倒数第四，最终赛季完成时为第十一名。临阵换帅总是一种赌博，但绝望时期需要采取严厉措施。这是亚历克斯不得不面对的困难局面，在最初的日子里，我会定期与他会面。如果有什么问题，他总是来找我交谈。我们之间的大部分谈话都围绕着球员——在他的阵容中，他想要谁，他不想要谁。

很快，亚历克斯发现，如果按照他的要求来衡量，那么一大堆罗恩·阿特金森时期的中坚力量都是多余的，弗兰克·斯塔普莱顿、阿瑟·阿尔比斯顿、凯文·莫兰和格雷姆·赫格都走了。通常，俱乐部会因那些球员出走而遭受影响，因为你已经为其支付了转会费。但是，如果现任主教练不想要他们，就会想转掉他们，但较之于有人真正想要他们并进行接洽，这样处理球员并不容易赚钱。如果亚历克斯想要一名球员，我的工作就是去谈判转会。

1987 年夏天，亚历克斯想买的两名球员是韦夫·安德森和布赖恩·麦克莱尔，他们成了弗格森手下首批签约的曼联球员。韦夫当时在阿森纳效力，但已经同意转会到我们这边。我为他出价二十五万英镑。阿森纳董事会想要五十万英镑，但我坚持我最初的报价，然后对簿公堂，就像处理弗兰克·斯塔普莱顿那件事一样。再一次，结果还是一样：我们以所报的价格得到了球员。虽然这是阿森纳近年来第二次和我们法庭相见，但我从未与这家俱乐部闹翻过。很明显，他们对这两位球员的评价都比我高，如果他们想对簿公堂，那也没问题，但你就得接受比赛规则。很有意思的是，在这两个案例中，我的估值都得到了认同。

布赖恩·麦克莱尔来自凯尔特人队，在他来之前的最后一个赛季，他是苏格兰联赛的射手王。我们为他支付了八十五万英镑，这个数字再次由法庭裁定。当麦克莱尔出场时，他是一个不折不扣的前锋，在前场拼搏。确实，在其第一个赛季中，他成了自乔治·贝斯特以来，第一个在单一赛季中，为曼联打进超过二十个联赛进球的球员。然而，最终他还是踢中场，他作为一名球员，为我们效力了十一年，赢得了很多奖牌。然后，他曾在马瑟韦尔和布莱克本从事教练工作，布赖恩于2001年回到曼联出任预备队教练，最终接管了俱乐部的青训体系。作为球员和教练，麦克莱尔都忠心耿耿地为曼联服务。

麦克莱尔和韦夫·安德森是对球队实力的极大补充，但遗憾的是，在这年夏季，我们错失了英格兰最优秀的天才球员之一。沃特福德俱乐部教练格雷厄姆·泰勒明白，他手中的天才边锋约翰·巴恩斯迟早会被更大的俱乐部买走。他给亚历克斯打了电话，给这名球员报价九十万英镑。亚历克斯谢绝了，宁愿坚持要目前的边锋杰斯珀·奥尔森。我知道亚历克斯一直在后悔那个决定。说句公道话，他到曼联才几个月，没有足够长的时间来判断杰斯珀是否是更好的选择。相对于粗狂硬朗的英式足球而言，杰斯珀也许是稍显瘦弱。相对来说，巴恩斯则要适合得多，当然，他去利物浦也有辉煌的职业生涯。也许巴恩斯的交易倾向来得太快，如果是一年以后，我肯定我们会接收他的。

十二月份，赛季中途，我们以八十二点五万英镑的价格签下了后卫史蒂夫·布鲁斯。我记得几年前，在我们签下了史蒂夫之前，在古迪逊公园球场，看了他代表吉林汉姆足球俱乐部对阵埃弗顿的杯赛，他的表现绝对是令人震撼的，时而防守，时而进攻，满场都是他矫健的身影。当我告诉罗恩·阿特金森这个人我们志在必得时，罗恩也认同史蒂夫有潜力。我们听说的第二件事是他去了诺维奇。然后，亚历克斯看上了他，想要收购。当时罗伯特·蔡斯出任诺维奇的主席，他可是最不容易对付的人，所以这是一次艰难的谈判。但真正的问题是他的身体状况太差了。史蒂夫的膝盖特别糟糕，老特拉福德医疗团队的建议是：我们不应该收购该名球员。我给亚历克斯打电话，解释了情况。亚历克斯说：“是这样，我只能告诉你，他为诺维奇竭尽每一丝力气踢球。”所以我们决定冒险，并从不后悔。史蒂夫也从未让我们失望，他是一个意志坚定、非常有毅力的人，很少错过一场比赛。当他受伤或疼痛时，仍坚持踢满全场。他是条硬汉子，只是想着踢球。

随着麦克莱尔的不断进球，曼联以亚军的成绩结束了亚历克斯的第二个赛季，这也是他完整执教的第一个赛季。但我们仍以九分之差落后于冠军利物浦队。较之于以前赛季的落后排名，第二名显然是有了很大的进步，但是我们与利物浦的差距真的太大了。

有时我被问道，亚历克斯是否明白他初来曼联时所面临的挑战。我想他肯定会明白的。如果你还记得的话，他在其刚开始曼联生涯时就说出了那句著名的金句——“想把利物浦从高处踢下来”。我认为那是推动他拼搏的雄心。他想把曼联打造成龙头老大。

利物浦实际上赢了所有的头衔，这其实是在揭我们的疮疤。我还得陪着笑脸与利物浦主席约翰·史密斯爵士，以及他们的首席执行官彼得·鲁滨逊一起参加联赛会议。我记得有一次，当时利物浦队在一个周末赢得联赛，我们在接下来的星期二要召开联赛会议，大卫·戴恩对约翰爵士说“恭喜”，而约翰爵士说：“恭喜什么呢？”

“赢得联赛冠军。”大卫说。

“哦，这么回事。”约翰爵士回答说。利物浦就是这样显示其优势。

再回想 1983 年，我出任主席后首次在温布利球场与利物浦进行决赛，约翰爵士在午餐时向我走来。他说：“马丁，需要我带你去更衣室吗？”我不想说我父亲当主席时，我已经去过几次，我只是说：“谢谢你，约翰爵士。”午饭后他来找我，我们沿着边线一起走时，我遭受到利物浦球迷的可怕辱骂。当我们来到更衣室时，约翰爵士转过身来对我说：“你知道吗？我这样走的次数比走到我家花园后面的次数还要多。”我想要征服的就是这种态度。利物浦是我们的宿敌，我们一直在努力争取击败他们，并以他们多年来的方式称霸联赛。这始终是我的雄心壮志，亚历克斯与我有着共同的想法。

第十二章　全面作战

1988年2月8日，足球联赛商业部主任特雷弗·菲利浦邀请托特纳姆的欧文·斯克拉尔、利物浦的彼得·鲁滨逊和我到伦敦参加晚宴。我们不清楚会晤的原因，到达时天色已经完全黑了。晚餐时，菲利浦透露，联赛管理机构已经收到了来自英国卫星广播公司（BSB）独家转播联赛的报价，他希望我们谈谈对此的看法。虽然我们欢迎打破英国广播公司和独立电视台垄断性经营的机会，但我们表现得极度谨慎。我们认为这太冒险了。英国卫星广播公司仍然处于起步阶段，其收视份额很小，无法确保新频道会成功。

尽管我们有所保留，但联盟决定继续向英国卫星广播公司出售其权利，九十二家俱乐部中的大多数都支持这一决议。于5月12日向媒体宣布这项交易。所涉及的数字确实令人印象深刻：未来十年两亿英镑。英国卫星广播公司想要推出自己的专门体育频道，并确定了足球以及电影频道作为其吸引用户的核心，该公司需要保证观众基数，但这项计划即将受到阻挠。

首先是伦敦周末电视台，然后独立电视台的伦敦及其周边地区负责人格雷格·戴克，认为英国卫星广播公司的协议是一枚重磅炸弹。面对着在可预见的将来，电视台没有足球节目播出的前景，他联系了我和联赛中大俱乐部的其他主席。我们同意于6月16日在伦敦与他会晤。出席者有我、欧文·斯克拉尔、大卫·戴恩和约翰·史密斯爵士、彼得·鲁滨逊和菲利普·卡特。正是在这次会晤中，戴克宣布了他对抗英国卫星广播公司交易的计划，其方法是与我们这些俱乐部签署独立电视台的独家转播权协议。而戴克所担心的是，英国卫星广播公司可能会与剩余的俱乐部签约。这是一场大胆的豪赌。然后戴克打出了他的王牌。事实上，按照英国卫星广播公司的出价，每年我们每家俱乐部能得到十五万英镑。戴克说，独立电视台准备每年为五家大俱乐部的每一家支付一百万英镑，为期四年。这是一笔数目惊人的款项，而且肯定了英格兰足球比赛的权力基础，是以大俱乐部为核心的。多年以来我们一直感觉自己所得的份额不公平，这次终于得到了我们搞足球应得的报酬。我们也意识到，如果不把甲级联赛中所有其他俱乐部都动员起来，我们无法真正接受这一报价。因此戴克要求我们，再拉五家有实力的俱乐部入伙。

戴克对我们的回应感到很高兴，他正式以书面的形式告知了我们报价。从此时开始，事情的进展逐步加速。7 月 6 日，我在老特拉福德球场主持了一次会议，在那次会议上，戴克提出了一套扩大到十家甲级俱乐部的新建议。现在，随着俱乐部的数量增加了一倍，我们认识到这必然会意味着资金的减少。事实上，现在对未来四年的出价达到六十万英镑。这十家俱乐部是由原来的五家再加上阿斯顿维拉足球俱乐部、纽卡斯尔联足球俱乐部、诺丁汉森林足球俱乐部、谢菲尔德星期三足球俱乐部和西汉姆足球俱乐部组成的。独立电视台同意每赛季转播二十场比赛。同时，在合同的最后一年，独立电视台将有优先选择权，以协商 1991—1992 赛季之后四年的电视转播权和最佳出价匹配权。

为了从英国卫星广播公司的协议中解脱出来，我们共同起草了一封致足联秘书的信函。信中写道：“我们不愿参与拟议的与英国卫星广播公司之间的安排，但相反，我们打算与其他替代的广播公司进行自己的单独安排。请确认，联盟不会对本函签字方，在制定和执行任何独立安排上设置障碍。”我们的立场是再明确不过了。

现在我们不得不说服其他的甲级联赛俱乐部，他们已经做出错误的决定，与英国卫星广播公司签了约。事实证明这并不是太困难，因为他们对我们有说服力的观点持开放态度，即独立电视台是迄今为止更老牌的广播公司，能提供更多的资金，并拥有全国观众群。当你想要销售一种产品时，你希望它能被尽可能多的人看到。相比之下，没有人真正了解英国卫星广播公司的来头。他们没有任何保障。这是一个全新的机构，在十年后还会存在吗？天知道。

越来越多的甲级联赛俱乐部加入我们的阵营，在英格兰足球圈内感觉反响很好，足球联赛的领导们也开始反击。他们宣布，我们无权就电视版权自主谈判。根据联赛条例，我们希望达成的任何协议均须通过足联管理委员会的审批。他们甚至称我们为叛乱者，可你想想看，我们五家大俱乐部正在挑战足联的权威，想必读者们都可以理解原因所在。他们还试图向我们发布禁令，禁止我们与独立电视台进行谈判。法律条文满天飞。但在紧闭的大门后，他们陷入了恐慌，担心我们可能会分道扬镳，自成一家超级联赛，事实上，这正是我们再次考虑并进行法律咨询的事情。

为了安抚我们，也希望把我们重新拉入怀抱，足联秘书格雷厄姆·凯利（Graham Kelly）在 7 月 12 日给我和我的同人“叛军”主席们写了一封信。他的建议是，英国卫星广播公司资金中百分之八十分配给甲级联赛俱乐部，百分之十分配给乙级联赛俱乐部，百分之十分配给丙级和丁级联赛俱乐部。这个姿态已为时过迟，我们现在不打算放弃原来的主张。

8 月 2 日，我收到了一封英国卫星广播公司的来信，证实他们已经撤回了电视转播足球的报价。尽管他们仍然得到乙级、丙级和丁级联赛俱乐部的支持，但没有顶级球队，他们知道自身根本就没有足够的吸引力。鉴于英国独立电视台是唯一的玩家，在 8 月 8 日达成了一项协议，当时足球联赛中所有俱乐部的代表，都聚集在伦敦的坎伯兰酒店。协议给予独立电视台独家权利，每赛季转播联赛中的十八场比赛，外加录像的精彩集锦系列节目。协议价值每年一千一百万英镑，为期四年。

以我之见，特别是当看到英国卫星广播公司在几年后陷入财务困境，被其强势的对手天空电视台吞并，我们与独立电视台之间达成协议是非常正确的决定。我们当然要坚持我们的立场，迫使足联放弃一项我们从没报以希望的协议。今天回顾起来，如果我们不能说服足联放弃与英国卫星广播公司合作，那么顶级俱乐部分离出来组成英超联赛，很可能在 1988 年就已经发生了。

⚽

回想 1985 年，曼联投资了一个当地的篮球队——沃灵顿维京队，后来更名为曼彻斯特巨人队。如果你关注欧洲的顶级球队，比如皇家马德里和巴塞罗那，也包括很多东欧俱乐部，他们都有一个篮球队，在其国家篮球联赛中比赛。因此，当我们洽谈收购维京人时，我觉得这将是一个令人感兴趣的补充，我们经营了三年，在此期间，该球队拿下了全国冠军。

虽然球队本身的购买成本相对较低，但英国篮球联赛的明星们主要是美国球员，他们在国内没有更好的发展，所以来这里效力，他们中有些人的工资相对较高。遗憾的是，我们没有足够多的球迷带来收入来为其买单。我们的球迷从来没有真正接受过这种联赛，因为他们觉得我们无视目标，而去关注与足球不相干的事情。随着时间的推移，球队的损失逐渐上升，以至于最终我们发现它没有未来。

球队在大曼彻斯特郡，特拉福德的斯特福德体育中心进行主场比赛，我们曾一度想要在老特拉福德球场隔壁建一座八千座位的体育馆。其设想是，体育馆还可以成为曼联预备队比赛的主场，或者偶尔举办流行音乐会。然而，由于欧洲足球禁令仍然有效，我们不得不密切关注我们的财务状况，并且，我觉得所涉及的费用过于庞大，我们负担不起。

这些年来，我们调查了许多项目，比如在球场旁边建一家酒店的可能性，相当于今天的足球酒店，但这些设想中优先考虑的还是球场。每次我们研究这样的建筑项目时，我们都会说："等一下，我们是不是应该用这笔钱来修缮老特拉福德球场，或者用在球队上呢？"我敢肯定，如果球迷有选择的话，他们宁愿把钱花在一个优秀的前锋身上，而不是花在酒店或篮球场上。

篮球队的主席是一个名叫阿米尔·阿尔·米达尼的人，他出生于贝鲁特，是一个黎巴嫩房地产开发商的儿子，曾就读于曼彻斯特商业学校，并在这里生活。我们觉得他可以成为董事会的另一名有用的补充成员，他和我们在一起共事了好几年，当时已成为俱乐部最大的股东之一。

在曼联 1988 年那届董事会中，阿尔·米达尼并不是唯一的新面孔。尼格尔·伯罗斯在金融业工作，专攻养老金方向，是由我的商业经理丹尼·麦克格雷引荐的。丹尼认为尼格尔可能有兴趣购买一些股票并加入董事会。我见过尼格尔几次，他从小就住在布莱克浦，一直是曼联的忠实球迷，他常从家乡旅行过来看比赛。他还是曼联午餐俱乐部的赞助人。尼格尔当时还很年轻，但已经是一名成功的商人，我视其为有用的新生力量。

最近的另一项重要项目是推行俱乐部会籍计划。这是我们对政府宣布通过立法要求球迷携带身份证的回应。这个问题多次在联赛会议上被提出，但总体看法极为消极。就个人而言，我完全持反对意见。我能理解政府希望消灭足球流氓的愿望，使球场更安全，但这样做的方法是错误的。每个人进门使用身份证这个过程，会使人觉得侵犯了个人自由，并且非常耗时。当然，实施这项计划的成本将落在各家俱乐部身上。我们根本就看不出它对任何人有什么好处。我们认为俱乐部会员制方案是监控买票者的最好方法。球迷们对此并不满意，可能是因为他们觉得这是曼联从他们身上搜刮钱财的另一种方式。加入会籍的费用是五英镑，但还有额外的好处，比如联赛门票优惠和优先购买杯赛门票。

1988—1989 赛季开始，我们落后于主要的竞争对手，并出现了对亚历克斯不满的最初传言，尤其是针对他引进的诸如拉尔夫·米尔恩等球员，他是以十七万英镑的价格从布里斯托尔城足球俱乐部转会过来的，几乎谈不上是“银

河巨星”。我认为球迷们觉得这些球员尚未达到曼联的档次。那个赛季我们必须或多或少地硬挺下去。

球迷们同样对亚历克斯似乎乐于放走像戈登·斯特拉坎那样的球员感到不满。亚历克斯和斯特拉坎之间有过一段时间的纠葛，但与上赛季的一系列奇怪的事件无关。亚历克斯向我明确表示他想挽留斯特拉坎，所以我与该球员会面达成了一份新合同，戈登告诉我他很乐意签约。我还听说的一件事是，斯特拉坎透露他有意去法国的朗斯足球俱乐部。亚历克斯打电话问我究竟是怎么回事。我告诉他，我的理解是，我们已经同意斯特拉坎的条款，得知他想与朗斯签约。我岂止是惊奇，简直是大吃一惊。但事态的发展是，朗斯立即解雇了他们的主教练，这笔交易告吹了。斯特拉坎回到老特拉福德球场，但他与亚历克斯的关系已经无法挽回，当利兹联队俱乐部接洽时，亚历克斯迅速转出该球员。

诺曼·怀特塞德和保罗·麦格拉思因不同的原因离开。从亚历克斯执教伊始，他就下决心要消灭俱乐部里的饮酒文化。怀特塞德和麦格拉思是罪魁祸首，但也有其他一两个。作为主席，我从来没有完全意识到问题有多严重，因为罗恩·阿特金森从未向我提出过这个问题。麦格拉思后来写了一本书，他坦率而诚实地谈到了他与酗酒的斗争。麦格拉思和怀特塞德都是球迷的最爱，但当亚历克斯对他们的狂饮行为失去耐心时，这并没能挽救他们，他们两个都离开了。怀特赛德转会到埃弗顿，遗憾的是，他仅仅只坚持了一个赛季，在他26岁时，他不得不因严重的膝伤而挂靴。麦格拉思的表现要好得多，他在阿斯顿维拉的比赛中焕发了第二春，同时成了杰克·查尔顿麾下爱尔兰国家队的重要成员。

尽管结果不是我们想要的，但当球迷开始回归，我仍然对亚历克斯充满信心。他已经开始在球队身上打上了自己的烙印，我们还签下了很多优秀球员，如安德森、麦克莱尔和布鲁斯等。亚历克斯在幕后还推动了另一个改变，将他的老门将吉姆·雷顿以四十五万英镑的价格从阿伯丁挖来，尽管他曾向迪克·唐纳德承诺不挖走他的任何球员。但我们必须这样做，因为我们现在的守门员加里·沃尔什遭受了严重的伤病，而他的未来状况也不确定。我完全意识到我们不能和还在履约的球员联系，我和亚历克斯开车去了苏格兰，安排和雷顿在坎伯纳尔德附近的七十三号公路旁边见面。当雷顿发现我们时，他跳进车里，我们开车去了亚历克斯的一个亲戚家里。当我们沿着安静的街道行走时，亚历克斯指着房子,告诉我们后门是开着的,说他稍后来找我们。与间谍活动同出一辙。

球迷们最喜欢的马克·休斯也回来了。他去了巴塞罗那，但在那里并没有取得什么特别的成功，所以他们把他租借到了拜仁慕尼黑。德国俱乐部很高兴与马克合作，但他想回来，而亚历克斯视休斯和麦克莱尔为我们的锋线双煞。这就像是浪子回头了，大家都很高兴。我们花了一百六十万英镑让他回来，而当初是以一百八十万英镑把他卖给了巴塞罗那。卖掉一名球员，然后再把他买回来，这样的事情不是经常发生的，但是马克离开时还很年轻，所以这样做很有道理，并且我们需要他。另外，我们当初从来没想让他走。

我们也希望在那年夏天签下重要的合约。亚历克斯知道我们已经有了进球得分手，但缺乏给他们提供助攻的创造性天才，所以找到保罗·加斯科因作为解决这个问题的球员。保罗的事全部谈妥了；我们已经与纽卡斯尔俱乐部商定了费用，我跟他们的时任主席戈登·麦基格进行交涉，然后与保罗的经纪人谈个人条款。亚历克斯在度假前也亲自和保罗谈过，他对这名球员转会老特拉福德球场信心十足。后来，我们接到电话说他要去托特纳姆。事后我们听说托特纳姆为他的父母额外奉送一辆汽车和一栋房子，他们准备在最后一刻不惜一切代价得到他。

我们非常渴望得到加斯科因，但到手的鱼却漏网了。这在足球界屡见不鲜，有得必有失——你只需要确保你赢的比输的多，因为你不可能得到你想要的每一名球员。然而，加斯科因是一个例外，一名特殊球员，想必你一定想知道，如果他来到曼联而不是热刺，并且是在亚历克斯的执教下，事情会如何发展呢？

事实证明，这是一个令人失望的赛季，我们排在联赛的第十一位，而寥寥无几的亮点之一，是被媒体戏谑地称为“弗吉弟子”们的一群年轻球员的崛起。其中有得心应手的全能球员托尼·吉尔、中场罗素·比尔兹莫尔、优秀的左后卫李·马丁、从东部郡联赛俱乐部希斯顿收购的，令人振奋的边锋朱利亚诺·迈奥拉纳（三万英镑的转会费使业余球队免于破产），和十九岁的前锋马克·罗宾斯，这些名字至今仍能引起球迷的共鸣。

上佳之选可能还要算李·夏普，他来自托奎联足球俱乐部，收购价为十八万英镑，这在当时对于一名十七岁球员来说是一大笔钱。亚历克斯和阿奇·诺克斯看过他踢球，非常认可他的天赋和能力。当时托奎联足球俱乐部的主教练是西里尔·诺尔斯，他曾在热刺队踢过后卫，我们担心他可能会向伦敦俱乐部通报夏普的潜能，所以这笔交易很快就完成了。李在我们这里是非常成功的，他好几年都是我们左边锋的首选。他非常强悍，体格健壮，擅长于传中。我永远记得1990年联赛杯的第四轮，他在海布里球场对阵阿森纳时的帽子戏法。那天晚上他表现得非常出色。

李是一个小酷哥，女孩们迷恋的漂亮男孩——在他的个人生活中有很多艳遇。亚历克斯在某种程度上有些担心他的一些社交活动，李算得上是亚历克斯在任期内，第一个引人注目的高调球员——吉格斯和贝克汉姆之前的海报宠儿。但不幸的是，他成了小报作家的最爱，再加上伤病的挫折，他从来没有达到其天赋所应达到的高度。

就像巴斯比宝贝的传奇一样，没有任何一家俱乐部能像曼联那样，与青年球员的成功是如此强烈地关联到一起。亚历克斯当然明白，当他第一次来到老特拉福德球场，在观看了青年队训练，并了解了他们的踢球方式之后，他得出的结论是球探系统和俱乐部的青年政策急需改变。曾经有一段时间，我对亚历克斯随后强调的问题很担心，因为罗恩和许多主教练一样，都倾向于将注意力集中在一线队。请注意，罗恩留下的青年队配置遗产还不错：他将埃里克·哈里森作为青年队教练招募到俱乐部中。

在亚历克斯执教早期，他曾打电话叫埃里克到他的办公室，告诉他，他对俱乐部对年轻球员的培养不满意。埃里克对自己的工作进行了辩解，指出了像诺曼·怀特赛德和马克·休斯这样的成功典型。亚历克斯承认这些都是优秀的球员，但希望培养出更多的年轻球员。由此可以看到他对从初级阶段开始培养人才的渴望；他的理解是，一项强有力的青年队培养政策，就意味着今后的一支强大的一线队。

当时，亚历克斯觉得曼城在招募和培养当地年轻人才的方面领先于我们。他的解决方案是大幅度增加球探的数量，这一想法是先控制曼彻斯特，然后再扩大到全国其他地方。这就是亚历克斯未雨绸缪的出色之处——激励球探，发现最佳年轻球员——这一点我完全支持他。不管亚历克斯想为青年队要什么，我们如数满足他。他在这一努力中得到了聪明能干的布赖恩·基德的支持，他于 1988 年重返俱乐部，担任青年队培训官。我和布赖恩相处得很好，我始终觉得他热情洋溢。他在帮助招募很多儿童学员方面发挥了重要作用，这要归功于他作为前曼联球员的名誉和血统，他是 1968 年欧洲冠军杯夺冠的英雄之一。那天刚好是他十九岁的生日，所以布赖恩既是那个球队的小伙子，也是彻头彻尾的曼联人。因此，他知道年轻人能够给俱乐部带来什么。当时，在青年队的配置中，诺比·斯泰尔斯也在为我们工作。有作为俱乐部历史一部分的老队员加盟终归是件好事。这是球迷们可以与年轻球员互相联系在一起的纽带——他们可能会看到球队潜在的未来。

一些所谓的“弗吉弟子”从来没有成为一线队的常客，但他们确实代表了某种令人兴奋的和重要的东西。这表明亚历克斯已经准备好让年轻球员进入一线球队，给他们一个机会。这是一种姿态，这是俱乐部的气质的一部分，回到过去的巴斯比时代，当青年足总杯被引进时，土生土长的年轻人，经常在一起以某种方式赢得比赛。曼联的球迷们总是喜欢看到年轻的当地球员得到机会，即使长期来看他们并没能立足。亚历克斯在青年政策方面完全融入了曼联的道路，从长远来看，这带来了巨大的回报。

第十三章　出售曼联

1989 年 4 月 15 日，曼联主场迎战德比郡足球俱乐部。我们以零比二的成绩输了，这一结果在某种程度上概括了我们当时的处境——一支挣扎中的中游球队。不过这一次，结果是完全无关紧要的。比赛开始没多久，有消息说在足总杯半决赛中，利物浦和诺丁汉森林之间出现了问题，这场球赛是在谢菲尔德星期三的希尔斯堡体育场举行的。当时我们对发生的整个事态尚不是完全清楚，直到后来很久我们才知道发生了什么，真是太恐怖了。因过度拥挤，九十六名利物浦球迷死于一场可怕的踩踏事故。当时，许多人认为这是利物浦球迷迟到和醉酒的结果。当然，在那以后我们了解到了很多情况。警察仅仅是被动地处于守势，他们显然在当天犯了大错误，却花了数年时间，才最终证明了球迷们的清白。

在希尔斯堡惨案发生后不久，亚历克斯和我特意去了安菲尔德，代表所有与曼联相关的人，向利物浦俱乐部表达我们的悲伤和个人支持。

我们静悄悄地抵达以示敬意，远离媒体的关注，给希尔斯堡灾难募捐基金带来了一笔不小的捐款。这场可怕的悲剧，可能会降临到任何一支球队的球迷身上。事实上，如果我们没有在前一轮输给诺丁汉森林队，在那个宿命般的下午，面对利物浦的将是曼联，我们的球迷也可能会陷入那场可怕的悲剧中。这就是为什么在接下来的赛季开始之前，我决定将老特拉福德球场的球场容量减少五千五百人，以作为一种安全措施。人们最大的担心是，由于拥挤的原因，在希尔斯堡发生的事情可能会发生在任何地方。很明显，我们将失去一些收入，但我觉得我们必须采取这种措施。

政府也迅速对这场灾难做出了反应，责令泰勒大法官开始全面审查。他的临时报告于 1989 年 8 月发表，并于 1990 年 1 月发表了最后一份报告。该报告试图确定事故发生的原因，并就今后体育赛事的安全问题提出建议。

泰勒报告给英国足球带来了巨大的影响，其主要建议是所有主要的体育场都应取消站席，全部装上座椅。这是一项非常不受球迷欢迎的决定，很多球迷都喜欢站着，但我认为这是正确的决定，因为自那以后就没有发生过重大的悲剧。当然，这将意味着俱乐部付出巨大的代价，尽管政府实施了各种各样的援助方式，但曼联并没有得到太多的帮助。事实上，体育部甚至还停止了一笔原本用以重建斯特雷特福德端（西看台）的二百万英镑（足球信托基金）的拨款。政府认为我们富得流油，有足够的资金自己建设这个项目。由于勤俭持家，我们被公认为是现金充裕，而现在我们则为此受到惩罚。

实际上，我们当时几乎没有现金，而我最关心的是，我们如何支付所有这些改造项目的款项。然后，出乎意料的是，答案似乎以一种不太可能的方式出现了，给出方案的人叫迈克尔·奈顿，曾经当过老师。

有一天，我在办公室里正忙于日常事务，这时，我接到来自博尔顿流浪者足球俱乐部主席，也是迈克·埃德尔森的朋友巴里·查托的电话。巴里说他想介绍个人给我认识，问他是否可以带这个人过来在老特拉福德球场共进午餐。那时我不想卖掉我在曼联的股份，但足球的气氛看起来很凄凉。1985 年，我们出现了布拉德福德火灾和海瑟尔惨案，俱乐部仍然被禁止参加欧洲比赛，所以我们没有从欧战得到任何资金，然后又发生了希尔斯堡惨案，同时还了解到，我们要把额外的所有资金都花在球场上。俱乐部都在苦苦挣扎——这的确是英格兰足球的低潮期，因此，奈顿可能觉得这将是他提出建议的适当时机。

坦白地说，我从未听说过迈克尔·奈顿，对他一无所知。他年轻，只有三十七岁，曾经当过老师，后来依靠房地产赚了大钱，最近金盆洗手了。他对拥有一家足球俱乐部也很感兴趣。我们在 1989 年 6 月 30 日认识时，我才了解到这些情况。

我永远不会忘记那次会面。在我们谈话时，我开始发现，奈特的提议似乎太好了，难以成真。他承诺，他将亲自支付重建西看台的资金，并准备买断我的全部股权——当时我的股权是百分之五十左右。随着《泰勒报告》即将推行，我知道我们必须拆掉西看台，将其全部转换为座位——凭足够的常识猜测，这将是无法改变的。所有修建座位的方案肯定是要实施的。除了后面的少数座位之外，当时的西看台全部是站立式的，我们估计这个区域要花一千万英镑才能完全重建。到接近年底时，我们才了解到今年的利润将是一百四十万英镑；就凭这点利润，进行任何大型的再开发项目都是非常困难的。奈特的提议涵盖了成本，一下子消除了我们对球迷的安全的忧虑，以及翻新球场（以符合规则）的担心，更不用说收购我股份的事了。因此这的确是一笔有吸引力的交易，而且不仅仅是为了俱乐部，他还提出要清算我自 1978 年以来一直背负的债务。十一年后，这笔债务和利息已经超过九十万英镑，这显然是一笔使我感到苦恼的款项。鉴于这一点，以及承诺为新建的西看台投资，可以理解的是，我想听到更多。

会议结束后，我们商定在我度假归来时举行进一步的会谈。第二次会议于 7 月 21 日举行。我来到格拉斯哥，奈顿用他的私人直升机接我飞到他家，基洛禅城堡（Killochan Castle）。我们在那儿长谈至深夜，因为我想估量一下他感兴趣的程度。大约午夜时分，我们把手言欢，就我的股票定价一千万英镑达成协议。奈顿现在享有优先选择权来购买这些股票。

在这一阶段，除了我和奈顿之外，没有人知道关于这笔拟议交易的任何事情。我吐露这个信息的第一个人是莫瑞斯 · 沃特金斯，他表示马上就想和奈顿见面。在我拜访基洛禅城堡三天后，我介绍了他们两个认识。我必须说，莫瑞斯对事态的发展感到惊讶，但他理解我在考虑奈顿提议时的动机。他也同意保持沉默，但是当球队去日本进行赛季前巡回赛时，奈杰尔 · 布伦斯无意之间听到了我们之间关于奈顿的对话，并询问我此事。我没对他撒谎，而是信任了奈杰尔，但前提是，因为我还没有告诉其他的董事，他必须保密，他也确实这样做了。

从日本回来后，我认为告诉剩下的董事会成员的时机成熟，我是在 8 月 18 日告诉他们的。我和他们每个人单独见面，他们的反应和莫瑞斯的反应极为相似——惊讶交织着震撼，因为他们都不知道发生了什么。这样做是我的特权。在经历过麦克斯韦尔那件事后，我无意再次经历那种媒体的闹剧。所以我认为最好是把这件事控制在内部，直到我确定会发生什么事情，等待奈顿的资金到位来完成交易。我不仅确信事实就是如此，而且还采信了独立的法律咨询，确认资金属实。奈顿得到了两名球迷的支持，他们严肃而有实力，分别是派克钢笔公司的商人斯坦利 · 科恩和德本汉姆公司的前任董事长罗伯特 · 桑顿，后者是在城市中备受尊敬的人。所以我非常自信自己做出了正确的决定。然而，在一周之内，曼联历史上最臭名昭著的事件之一让我感觉到，也许我犯了一个可怕的错误。

我们在 1989—1990 赛季的第一场比赛是在 8 月 24 日，主场对阵阿森纳。几天前，我召开了一次新闻发布会，宣布奈顿享有优先选择权购买我的股票。尽管当时我们不是一家上市公司，但我觉得披露该要发生的事情是符合公众利益的，而且可以预先防止任何可能的泄密。在与阿森纳比赛的早晨，奈顿急切地想向老特拉福德球场的忠实球迷介绍自己，他告诉我说他打算去球场。我强烈反对这样做，并且对整件事情我都感到很紧张。虽然拟议的交易已经公开了，但还没有最后敲定，所以我的建议是不要，什么也不要做。他置若罔闻，就在开球前几分钟，他要求广播室（PA）通过播音系统宣布他将成为曼联的新东家，并哗众取宠地穿上曼联的球衣，跑到球场上，在摄影师的簇拥下，摆弄着球，并把球踢进了一个空网。这一表演得到了观众的欢呼声，但在后台，反应却截然不同。我实际上并没有看到奈顿的恶作剧，我还在董事会议室招待来访的客人，但后来我在新闻上看到了。这是一个标志性的时刻，但当时我被气得七窍生烟。这笔交易尚未敲定，他就迫不及待抢班夺权了。

这确实是表明奈顿的人品不算好的第一个迹象——他很鲁莽，他的决定让我很担心；其他人也有同样的想法。这是他所能做出的最糟糕的举动之一。甚至连奈顿本人事后也承认这是一个错误。他为什么这么做？天知道，也许是出于宣传目的。不管是什么原因，我在脑海里提出了巨大的疑问，以至于我还产生了严重的怀疑。

对于我们的球迷来说，他们中的许多人可能一开始是欢迎奈顿的——这是一个新加盟并做出承诺的人。让我们面对现实吧，他们中的很多人并不是马丁·爱德华兹的忠实粉丝。他们可能在想：我们在四年内没有赢得任何冠军，所以爱德华兹不是答案，也许这个人是。也许他们中的一些人在想：爱德华兹，这个贪婪的浑蛋，他什么也没为我们做，就轻而易举地拿走一千万英镑。很多球迷对亚历克斯不是很满意，也许他们认为奈顿来了会换教练。

不过，在很大程度上，我倾向于成为球迷抗议的对象，这很公平——作为主席，你应该对俱乐部所发生的事情负全责。我在联赛中的一些朋友有时觉得事态太过分了。欧文·斯克拉尔在他的自传中把我描述为俱乐部的“替罪羔羊”，并回忆起在老特拉福德球场的一场比赛中，当时他看到两名曼联球迷试图对我进行人身攻击。我清楚地记得那个场景：他们来到董事包厢尖叫和谩骂，因为以前经常会遇到一些这样的情况，所以我没有太过在意。甚至到了 20 世纪 90 年代中期，因为球迷们的辱骂，我尽量避免在球场上公开露面和演讲。

我过去经常收到很多恐吓邮件，有些是恶言相骂的，有些是针对我的家人的。不幸的是，人身攻击伴随着整个工作领域。有些人乐在其中，可我不能说我是这样的——我没有那么厚的脸皮，但除了继续尽自己最大的能力去做好工作之外，实际上我别无选择。这就是我所能做的。作为主席，我不能把自己藏在幕后; 我处在众目睽睽之下，他们可以发泄自己的郁闷，相信我，他们会的。

在这次闹剧亮相后不久，奈顿的信誉以及其收购曼联的企图开始瓦解。就在奈顿如期要确认交易的前一周，科恩和桑顿戏剧性地撤回他们支持。他们从来没有明确过撤回的原因，但我的感觉是他们不想让奈顿独自接管曼联。我认为相比于奈顿之前许诺的，他们想要更强大的权力，而这正是他们出局的原因。不管真相如何，奈顿别无选择，只能寻求新的支持者。为此，他的会计师编制了一份关于曼联的报告，并分发给了几位潜在的投资者。当我们听到正在发生的事情时，我们震惊了。奈顿四处兜售的这份报告，实质上这份报告包含了关于俱乐部的机密信息，并且有可能落入我们竞争对手的手中。

所有这些都是一个尚未拥有俱乐部的人的所作所为。这是非常严重的问题，也是我和董事会的最后一根稻草。一旦我们得知他正在艰难地筹集资金来支付我的款项时，我们不禁要扪心自问，他究竟要怎样才能兑现为新建西看台提供资金的承诺。整个事态一团糟，我想让他撤回他的选择。

很快，我们采取了法律措施以阻止奈顿发布他的机密报告，法官授予俱乐部一项临时裁决。他兜售文件试图筹集必要的接管资金，这可能导致任何人拥有曼联。这种行为是在贬低俱乐部的名声。我们由于法庭的裁决而感到释怀，董事会开始研究如何阻止奈顿行使选择权。这时我才非常强烈地感觉到，如果奈顿接管，一些董事会成员将会辞职。

有人建议董事们应接受独立的法律咨询，莫瑞斯 · 沃特金斯负责寻找合适的大律师。到了这个阶段，事态或多或少地超出了我的控制范围。因为是我个人受理与奈顿的合同，董事会不得不采取单独的法律建议，不过，他们让我完全知情，而我也完全支持他们的行动。说来真怪，当董事们都回来向我报告所发生的事情时，莫瑞斯说：“非常有趣，马丁，因为我们遇到的大律师说他和你是学前班同学。”

“哦，真的吗？”我说，“他叫什么名字？”

“格兰姆斯，”莫瑞斯回答，“很明显，你曾经让他吃你的卷心菜。”

董事们还召集安斯巴彻斯商业银行的服务人员来帮助他们。几年之后，就是在安斯巴彻斯商业银行的帮助下，俱乐部在股票市场上市。所有这一切都给奈顿带来了越来越大的压力。俱乐部的每个人都反对他，而且在媒体上，对这笔交易是否会如期进行，以及他是否有此等财力进行了数个月的猜测后，球迷们现在也不希望收购进行。10 月 9 日，我在曼彻斯特郊区第六十三号公路边的诺富特酒店与奈顿见面，当时有莫瑞斯 · 沃特金斯和我一起。尽管奈顿坚称他有足够的资金来完成这笔交易，但我告诉他，事情已经做得太过火了，我建议他撕毁合同。

如果他这样做了，我就准备让他在董事会占有一席之地。这很有可能是歪打正着，因为在短暂的停顿之后，他同意了。到那时，我认为奈顿已经厌倦了这一切。他经历过极度的痛苦，遭受过很多反对和负面的压力，他也收到过恐吓邮件。所以我怀疑放弃选择权，而进入董事会的提议对他来说是一种解脱。他可能会想，好吧，我可以继续战斗，我甚至可能会赢得这笔交易，但我出师不利，败退到此，人们现在不想要我，而且我很可能无法扭转他们的想法。最终，这才是正确的做法。

奈顿最终在曼联董事会待了三年。同人董事中有一两个从来没有真正接受他，主要是因为他的所作所为，但我个人从未和他发生过争吵。在性格上，我觉得他很和蔼可亲。他有点特立独行，也有点像个梦想家。

不可避免地，我在奈顿这段插曲中遭受到了猛烈抨击。毫无疑问，这是最糟糕的时刻。这引起了极大的破坏，招致了许多负面的宣传，并给我的批评者提供了大量的谈资。这不是我特别值得骄傲的，也不是我特别喜欢回顾的时刻。也就是说，这是一个我必须认真接受的教训。这是勾销我的债务的机会，如果他们想要的话，也是其他股东套现的机会。还有，如果他们知道，我拒绝了为重建西看台所提供的巨额投资，球迷们会对我做些什么呢？我只是不能不假思索地摈弃它，即使从未以这样的方式接受过，但我最关心的还是曼联的利益。

第十四章　成功的种子

在奈顿惨败后，俱乐部又陷入了萧条。我们确实需要振作起来，于是做出决定，为球队投入大量的资金，以避免像前一赛季那样步履维艰。在1989年夏天，我们共引进了五名球员——几乎是半个球队。这是一个重大的改组，也是一个重要的时刻，因为这批球员中，很多都在曼联20世纪90年代初的成功中发挥了巨大的作用。

加里·帕利斯特无疑是一笔关键的买卖。奇怪的是，这是我唯一没有亲自谈判的交易。当时我正在度假，当我得知我们最终付了多少钱时，我大吃一惊。帕利斯特当时在米德尔斯堡足球俱乐部，并且他们并不想出售他。不过，亚历克斯拼命想签到加里，而在我去度假之前，我们商定由他去办这件事。亚历克斯和莫瑞斯·沃特金斯一起去谈判。加里还在履约期，而米德尔斯堡坚持要二百三十万英镑，不肯妥协，这是曼联曾经为球员支付过的最大一笔资金，也是英国后卫球员创纪录的费用。我正在度假，当他们打电话给我说付了多少钱时，我想，该死的！这有点让人感到震惊。事后看来，这是一笔好生意。与史蒂夫·布鲁斯一起，这对球员成了曼联历史上最好的防守搭档之一。

保罗·因斯是我们的另一名非常重要的球员。他参加过1990年的足总杯决赛、1991年的优胜者杯决赛和1992年的联赛杯决赛，也是1992—1993赛季首个联赛冠军和1994年双冠王球队的主力队员。因此，因斯在很大程度上是那些早期成功的组成部分。我们以一百七十万英镑从西汉姆将其收购，在交易实际完成之前，保罗穿着曼联球衣露面，几乎没有和他的老东家或球迷表示客套。我记得，每当我们去西汉姆踢球时，因斯总是受到恶意的辱骂。

在曼联，保罗是自封的“老板”“都督”，我认为亚历克斯根本就不喜欢这种封号。当我们在季前赛中与格拉斯哥流浪者队踢球时，曾有一个有趣的故事。西恩·康纳利[①]与流浪者队主席大卫·穆雷非常友好，那天他作为穆雷的客人也在那里。当曼联的小伙子们听说康纳利在董事休息室时，他们问我是否可以请他去见见他们。所以我抓住了西恩，把他带进更衣室，介绍给所有的球员。西恩曾听说因斯自称为“老板”“都督”，所以当我介绍他们时，西恩对保罗说：“我想要见见‘老板’‘都督’。”他停顿了一下，接着说，“你妻子今天来了吗？”他显然是在开玩笑。球员们都很喜欢这种戏谑，并在与詹姆斯·邦德的会面中获得了巨大的快乐。

是年夏天，我们以七十五万镑的价格收购的另一名球员是诺维奇俱乐部的迈克·费伦。作为一名既能踢后卫，也能胜任中场的全能球员，迈克在五年里为曼联踢了一百多场比赛。在 2008 年，当卡洛斯·奎罗兹离开俱乐部接掌葡萄牙国家队时，他被任命为亚历克斯的助理教练。

丹尼·华莱士可能是最令人失望的新签约球员。他是南安普顿的高产进球边锋，以一百二十万英镑的价格转会来到曼联，我们寄希望他能发挥其潜力。令人难过的是，事与愿违。我们后来得知，他受到伤病的困扰，正在与脊椎多发性硬化症做斗争，我认为他这种疾病，可能在他效力曼联时就已经发作。他的病情直到 1996 年才被完全诊断出来，那时他已经被迫提前退役了。

最后谈谈尼尔·韦伯，他来自诺丁汉森林队，是一名技术高超的得分型中场。我记得，布赖恩·克拉夫不想让他转会，所以我们没能达成协议，于是

---

① 西恩·康纳利：苏格兰演员，以出演詹姆斯·邦德著名。

闹到法庭。我们最终支付了一百五十万英镑。尼尔在曼联的首次亮相正好是奈顿制造闹剧的那天。和丹尼·华莱士一样，我们从来没有见过尼尔发挥其最佳水平，因为在加入我们后不久，他在英格兰友谊赛中跟腱撕裂，并休养了七个月。自那之后，他没有再能够达到之前的水平。天妒英才，遗憾之至。

早些时候，我们试图收购森林队的另一名球员斯图尔特·皮尔斯。亚历克斯已经做了很多调研，但不深入，因此，有一天下午我们经过时，我们来到城市足球场，想碰碰运气，看看克劳夫是否会接受与我们会面。我们俩认出了他停在办公室外面的车，但被告知他正在打壁球；因为我们不能在此地久留，我们就离开了。

多年来，克劳夫对曼联偶有贬损性的评论，我认为他对我们从未邀请他做我们的主教练这一事实有点不满。无论如何，我和他相处得很好。当我们对阵森林队时，我会在比赛结束后到他的办公室和他喝一杯——他总是非常好客地接待我。

不幸的是，为新球员所做的巨额支出没能带来立竿见影的效果，每一名新签下的球员都在努力地适应，以求早日站稳脚跟。尤其是加里·帕利斯特，开局表现就不是很好，并受到了很多批评。但对所有球员来说都很艰难，因为他们来自较小的俱乐部，为曼联这样的大球会踢球，他们需要面对外界的压力与期望，这需要一些时间。然而，人们几乎没有什么耐心，你不能责怪球迷因为我们的表现不稳定而生气。毫无疑问，曼联历史上的最低谷，是 1989 年 9 月以一比五惨败于曼城。

那是一场噩梦般的比赛，那天曼城一射就中——这是那些比赛之一。我感觉一比五还是有点震惊，并不是说我在为一比五的失败辩护。这是耻辱。

我习惯性地在比赛前后去到更衣室，但在那个特殊的日子里，更衣室的门紧闭着，我怀疑亚历克斯会疯的。我仍能清楚地记得那个周末，亚历克斯一直没有离开家，他被比赛结果彻底摧毁了。

亚历克斯和我从没觉得，有必要在每场比赛后都要谈谈。我们会于一周中的某一天在办公室里或在到某地的车中，或是在客场比赛相互坐在一起时，讨论一些事情。毕竟，我知道亚历克斯的感受，以及思考方式。我知道他的抱负是什么，他在寻找什么样的球员。我们彼此非常合拍。

在那场和曼城的糟糕比赛之后，球队又遭遇了几场结果更糟糕的比赛。我记得球队在主场输给热刺之后，遭遇了喝倒彩，还有一些人在离开场地时对董事包厢，也对我个人发表了一些评论。我理解球迷们的沮丧心态。作为主席，当我的球队正在输掉比赛，并且在联赛中排名下滑时，这当然是一个令人担忧的问题。观众上座率也在下降，有一场低到三万三千人，而过去则是售罄，这的确是非常糟糕的。但我也意识到，我们引进了很多新球员，他们需要时间，不仅要进行磨合，而且还要千方百计地证明自己。我只是觉得现在进行彻底改变还为时过早。我们在球队中投入了大量资金，现在必须给它机会予以展示。

除了那些心怀不满的球迷们奇怪的口头攻击之外，我也收到了许多愤怒的信件，其中大多数都是批评亚历克斯的。他们的主要观点是：他现在已经干了三四年了，我们是在倒退，而不是向前，他在北部可能是成功的，但他现在正在南部挣扎。他不懂英格兰的足球，他签下的球员不够好，我们浪费了二百三十万英镑，签下一名没用的中后卫。

报纸和媒体专家也对亚历克斯的成绩表示了批评。甚至一些前球员也说他不是曼联的合适人选，应该下课。当然还有在 12 月 9 日，那次著名的主负水晶宫，当时一名不满的球迷展开了一条横幅，宣称：“三年都是借口，现在依然垃圾。弗格森下课。”

我对亚历克斯没有失去信心。我们知道他在幕后工作有多困难，他和教练、球探，特别是与年轻球员的合作取得了何等进展。我们可以看到俱乐部在他的指导下，正朝着正确的方向前进。因此，尽管我们呼吁改变，但我可以诚实地说，我们从来没有开个会来讨论亚历克斯的未来。我们从来没有讨论过要更换他。我只是希望并祈祷有奇迹会发生，从而扭转局势。幸运在足总杯第三轮终于到来，1990 年 1 月 10 日，我们客场挑战诺丁汉森林，这是一场人人都预计我们会输的比赛，而那些刀枪剑戟都已经为亚历克斯准备好了。他能摆脱困境吗？人们不知道的是，我和亚历克斯在那周商谈了，我告诉他，他的未来并不取决于我们那场比赛的结果。

曼联的传说讲述了一个不同的故事：马克 · 罗宾斯的进球拯救了亚历克斯的命运。当然，赢球是一种解脱，如果我们输掉了比赛，那肯定会给亚历克斯带来更多的困难，所以这对他有很大的帮助。这场球立即释放了压力，而我们最终打进了足总杯决赛。

我们的对手是水晶宫队，由前曼联英雄史蒂夫 · 科佩尔执教，这是一场真正的过山车式的比赛。水晶宫队凭借一粒折射的头球，越过绝望的雷顿得分。然后罗布森扳平了比分，而马克 · 休斯又带领我们领先。在我们胜利在望的时刻，科佩尔灵机一动，换上年轻小将伊恩 · 赖特。他当即发挥直接作用，在他上场三分钟内，几乎是第一次触球就得分。比赛进入了加时赛。在第九十二分钟的比赛中，又是赖特在远端门柱边突然出现，射门得分，踢进本场比赛的第二球，看起来水晶宫队将是胜利者。但我们保持冷静，在比赛还剩七分钟时，丹尼 · 华莱士把球传给休斯，休斯铲球进网。比赛以三比三的成绩结束了。

相比之下，尽管亚历克斯想豪赌一把，放弃了吉姆 · 雷顿，把他换成了莱斯 · 西利，一名从卢顿队租借来的守门员，但重赛非常沉闷。在开赛前没有人告诉我这一决定，我也不指望有人告诉我。对我来说，这是足球技术的决定：主教练挑选球员，根本不受我或者董事会的干涉。很明显，亚历克斯认为，雷顿在第一场比赛中，对于两个丢球负有责任，而他需要做出改变。这是一个大胆的决定，因为雷顿参加了本赛季的大部分比赛，但最终这个决定被证明是非常适当的，因为结果证明了行动的合理性。

这是一场非常紧张的比赛，我记得，水晶宫队的球员们整场都想断我们的球。李·马丁打入了比赛的唯一进球，我们在整场比赛中都合理地适度放松。尽管如此，当听到终场哨声时，我还是如释重负。我们赢得的这场比赛是至关重要的，因为即使我想要保护亚历克斯并认为他是成功的，但凡事会存在一个临界点，到这时你不能再继续为某人辩护了。如果我们在那个赛季结束后没有改进——事实上，如果情况变得更糟，我们没有杯赛的成绩，我可能会被迫采取行动。真的，正是赢得了足总杯，才拯救了亚历克斯，因为看看我们的联赛状态，仍然是非常惨淡——我们最终以令人失望的十三名结束了赛季。

现在回想起来，很容易就会低估亚历克斯赢得第一座奖杯的重要性。如果事实不是如此，亚历克斯很可能会被排挤出曼联，而我们随后的成功也可能永远不会发生。所以，事后看来，足总杯的胜利比我们当时意识到的更重要。在某种程度上，足总杯不仅拯救了亚历克斯，也拯救了球队，赋予了他们信心，并在接下来的赛季中形成了真正的动力。

第十五章　曼联上市

回顾我在曼联的时光，我一直都说我最好的两次收购是埃里克·坎通纳和彼得·舒梅切尔，但是如果我必须选择第三个的话，那肯定就是丹尼斯·欧文。对于我们来说，跟他签约真是奇妙无比——他是我们在 20 世纪 90 年代拿到这些冠军的重要原因。作为左后卫，丹尼斯可谓是“稳当先生”，罕有不佳的比赛。我敢说他是职业足球运动员的典范：在球场内外都非常自律。他首先引起我们的关注是在上个赛季，我们在足总杯半决赛中两次（含重赛）对阵奥德汉姆足球俱乐部，他的表现尤其令人印象深刻。前阿森纳球员弗兰克·麦克林托克代表丹尼斯参加了谈判，费用是绝对超值的七十万英镑。

尽管丹尼斯加盟是为了加强防守，但我们的联赛状态仍然不稳定，虽然在上个赛季第十三名的基础上，我们有所进步，但我们没有争夺挑战冠军头衔的水平，最后以第六名结束了赛季。阿森纳在那年获得了冠军，尽管在老特拉福德球场与我们发生冲突，导致了一场大规模的打斗之后，他们被足总扣除了两分。

我记得很清楚。丹尼斯·欧文是被奈杰尔·温特本所击败，而布赖恩·麦克莱尔则以一种不怎么委婉的方式，跟在温特伯恩身后。在几个赛季中，他们俩之间的情感不算和睦，当时，在足总杯比赛中，麦克莱尔在海布里球场错失一粒点球，而温特伯恩则故意朝着他说出一些尖酸刻薄的话。不管怎样，阿森纳和曼联之间在那些日子里关系相当紧张，所以，只要事端一起，二十一名球员就会参与其中，但必须说，大多数人是试图让事态平静下来。英足总对这一事件非常认真，扣除了阿森纳两分、曼联一分，这是第一次也是唯一的一次，曼联因没有控制好自己的球员而被扣分。据我所知，在英超联赛中，没有哪家俱乐部受到过类似的处罚。事后看来，我认为也许英足总的惩罚是正确的。球员们失去了控制，则是一场混战，你可不能把这作为顶级足球的广告。

积极的方面是，本赛季的亮点之一是一个名叫瑞恩·吉格斯的十七岁边锋，强势崛起。他的联赛首秀在 1991 年 3 月，以替补队员出场对阵埃弗顿。当他还在上学时，人们就在谈论瑞恩 · 吉格斯是一名非常优秀的球员。他是一名威尔士橄榄球运动员的儿子，当我们的一名球探提到有个神奇小子是曼联球迷，而我们确实应该试着把他弄到手时，瑞恩还名列曼城队的册子上。我不得不说，亚历克斯不知疲倦地努力说服瑞恩的父母，尤其是瑞恩的母亲，他们儿子的最好去处是老特拉福德球场，而不是缅因路球场。谈妥之后，我们把瑞恩招入了我们的足球精英学校，然后在 1987 年 11 月他 14 岁生日那天，我们跟他签下了学童球员协议。

瑞恩第一次真正引起我的注意，是我观看 1989 年英格兰学校冠军杯决赛时，他率领索尔福德队对圣海伦斯队比赛，赛事是在老特拉福德球场举行的。那天他非常出色，他凭借其全面的能力和运动素质控制了比赛，一直在满场飞奔，球队以四比零获胜。在很多方面，瑞恩是继乔治 · 贝斯特以来我们最有潜质的球员。大家都谈论贝斯特十五岁就出现在训练场上，而瑞恩也是如此。我们都知道他将会成为有特别能力的球员。只要想到这一点，你就会发现十三枚（英超）冠军奖牌是不可思议的。我看不出他曾被打败过。

他进入一线队的时间恰到好处，正值曼联非凡之旅的开始之时，不过，那时我们尚未察觉。瑞恩对于所有这些成功——每一项成功，都是至关重要的。观看其比赛，他是一个奇妙的令人振奋的球员，他是一个真正的、吸引观众的足球巨星。很明显，随着他逐渐成熟，他在球队中的角色也发生了变化。他不再能够沿着边路肆意奔跑，而是依靠他的经验，逐步往中路靠拢，但他仍然在球场内外保持着巨大的影响力。我当然认为瑞恩是曼联史上最伟大的球员之一，和他一样优秀的球员，我只看到过寥寥几个。

那年我们的联赛表现不佳，我们的足总杯保卫战也在第五轮令人失望地止步了，以一比二输给诺维奇队。尽管我们进入了联赛杯决赛，但令人震惊的是我们惨败给罗恩·阿特金森执教的谢菲尔德周三足球俱乐部。那年我们的救星是欧洲赛场，因为我们进入了欧洲优胜者杯决赛。在经历了漫长的五年时间后，在海瑟尔事件后，针对英格兰俱乐部的欧战禁令被取消，老特拉福德球场也因能打欧洲球赛而兴奋不已。

坦率地说，通往决赛的道路相对简单，我们的对手是相对较弱的球队：匈牙利的佩奇足球俱乐部和雷克斯汉姆足球俱乐部。对这两支球队，我们在两场角逐中成功踢进五个进球，还有四分之一比赛中的蒙彼利埃足球俱乐部，然后是半决赛中的华沙莱吉亚足球俱乐部，均被我们相对轻松地击败。

决赛于 1991 年 5 月 15 日举行，其前景截然不同；因为我们面对的是拥有诸如罗纳德·科曼和米歇尔·劳德鲁普这样的球星，并由传奇巨星约翰·克鲁伊夫执教的巴塞罗那队，赛前我们被外界低看。而且你想想看，巴塞罗那队刚刚赢得了西甲联赛冠军，并在一年后赢得了欧洲冠军杯，这充分显示出我们在决赛中击败球队的质量——而且赢得较为轻松。

这是一个美妙而奇幻的夜晚，鹿特丹费耶诺德球场内的气氛热情洋溢。我们占据了四分之三的场地，而且毫无疑问，我们球迷们的呐喊声鼓励着我们的球员，提高了他们的斗志。虽然我觉得我们配得上胜利，但接近终场时还是有不尽人意的地方。巴塞罗那队得到了一个任意球，科曼当仁不让，远距离一脚轰门，扳回一分。西班牙球队步步紧逼，有一粒进球因越位无效。他们竭尽全力想追平比分。克莱顿·布莱克莫尔在门线上挡出一记射门后，保住了我们的领先地位。就我们观看而言，在比赛后期，气氛变得越来越紧张，但球队还是坚持到了最后，从 1968 年欧冠捧杯以来，我们的第一座欧洲冠军奖杯终于到手了。

尽管马克·休斯以其进球而占据了所有头条——他在当晚比赛中独中两元。但对我来说，真正的英雄是莱斯·西利，为守门他的腿上缝了几针。

不到四个星期前，在温布利球场，莱斯在足总杯决赛中，与谢菲尔德星期三的保罗·威廉姆斯相撞时，他的腿撞得出现很深的裂口，几乎触及了骨头，但他拒绝离场，他在比赛最后十二分钟中蹒跚而行，最后是在更衣室里进行缝合的。

当球队在比赛结束后准备回到曼彻斯特时，莱斯崩溃了，被紧急送往医院接受手术。伤口感染，他差点失去了腿。令人惊讶的是，现在他在这里参加优胜者杯决赛，对阵巴塞罗那。莱斯说服了亚历克斯，相信他身体状况很好足以上场比赛，但就在比赛接近尾声时，他又一次被撞，几乎是用一条腿在踢球。如果他已经完全康复，他本来是可以扑救科曼的任意球的，这就能让我们在场边的人更轻松些。

2001 年，我听说他在西汉姆当守门员教练时，因心脏病猝死，年仅四十三岁，这让我非常难过。他是一个伟大的人物，在 1990—1991 赛季结束时，他成为曼联球迷心目中模范般的英雄。

那天晚上，我们在旅馆里举行了盛大的聚会。曼联的铁杆球迷米克·哈克诺和我们在一起，在欢快的气氛中，我们一直跳舞直到凌晨。这是一次很有意义的庆祝活动，标志着我们能在未来与欧洲最强大的球队竞争。

我们在欧洲优胜者杯夺得了冠军，这场胜利来得正是时候，因为几周后我们的俱乐部将在股票交易所上市。最初的日期定在五月初，但我们觉得要等等看我们是否赢得了决赛，我们认为这将有助于上市。这有点像一场赌博，但在我们击败巴塞罗那时，这是一场有回报的赌博。

曼联股票上市的决定是有争议的，但在 1989 年奈顿惨败之后，这似乎是唯一的选择，以筹集到足够的资金来推动俱乐部向前发展。这就是我们以前考虑过的事情。

早在 1983 年，托特纳姆成为第一个上市的英国足球俱乐部。在那年早些时候，当时曼联和托特纳姆前往斯威士兰参加一系列友好比赛，我遇到了热刺主席欧文，我们相处得非常友好。一天晚上，我打电话给欧文，邀请他共进晚餐。我想了解一下曼联是否能追随托特纳姆的脚步，也去上市。这当然是一个选择，但沿着这条路走下去显然是有代价的。毕竟，我知道上市公司是什么样的运作模式。我愿意为这样的一家公司而工作。我父亲和叔叔曾在 20 世纪 60 年代早期就让路易斯 · 查尔斯 · 爱德华兹父子公司上市，结果是他们的生活都发生了变化。自己当老板的时候，如果喜欢的话，能够随心所欲地做自己想做的事情，给自己发奖金，或者买一辆劳斯莱斯，但上市之后，会有一大堆限制强加在他们身上。管理一家上市公司，与管理私人公司完全不同，你得对证券交易所负责。有各种各样需要遵守的股票交易规则和制度，你必须向他们提交财务报告，上市确实会改变你做事的方式。这就是我们最后决定反对这个主意的原因。这不是曼联当时需要或想要做的事情。

在奈顿余波之后，一些董事会成员再次提出俱乐部上市的问题。我还是没能使他们信服。这些陷阱仍然是一样的，尤其是作为一家上市公司，你必须时刻关注股东的利益，并支付股息。

在上市之前，曼联确实支付了股息，但只是在年景好的财政年度。每当出现亏损，就不会派发股息。关键是我们一直都做出这样的选择。如果我们上市，这一切都必须改变。当然，如果亏了钱，你仍然可以拒绝支付股息，但这会对你的股价产生不利影响。作为上市公司，你对股东的责任要比私人公司大得多。受到影响的大股东主要是董事会成员本身，一旦上市，就会有更多的股票由公众持有。

你在公共场合或媒体上说话必须非常小心谨慎。从某种程度上来说，最后几版的新闻对上市公司没有帮助，因为他们总是报道价值数百万英镑的交易，推测我们可能的收购动向，这对俱乐部的利润有很大的影响，因此对股价也有影响。而城市监管的企业也不喜欢这些不准确的猜测。简而言之，陷阱是无数的，这就是我犹豫不决的原因。

然而，我们需要钱，我们还有一种情况，即我是大股东，持有百分之五十的股份，为了募集我们所需要的资金，我需要自己平仓；另一种选择是上市，而不是向个人出售。在奈顿企图得到曼联后，他打开了一扇门，很多人觉得自己也可以拥有曼联。有个叫戈登·毕晓普的人，他是柴郡房地产开发商和曼联的球迷，他在格拉纳达电视台上说自己打算买下这家俱乐部。即使是阿尔·米达尼也曾考虑过收购曼联，但最终还是没有提出报价。然而，董事会说服我，上市是正确的选择，一旦上市，所有关于收购的讨论就会消失。

我们商定了一份招股书，列出了决定曼联公开上市的四个理由，即为西看台重建筹集所需要资金；扩大曼联所有权；向股东提供增加的流动性；并给予员工和球迷更多机会在俱乐部投资。

计划一启动，我们就已经让商业银行的服务人员为我们想要做的事情做好了准备——就是早些时候，就如何阻止奈顿的交易这个问题向董事们提出建议的安斯巴彻斯商业银行。我们发现自己是与格伦·库珀合作，他是该银行企业金融业务负责人，也是一位经验丰富的金融精英。我记得曾邀请格伦出席董事会会议，当我们讨论上市时，我绕过桌子征求意见，直到最后轮到格伦了。我说："格伦，我们能使曼联上市吗？"他在脑海里仔细思考这个问题，似乎用了几分钟，终于给了我一个答案："刚好能。"这几乎算不上是一个明确的认可，但已经足够了。

后来，格伦承认，他对这笔交易的成功没有多大信心，并担心这最终可能会导致一个可怕的错误。他有所保留是对的。托特纳姆仍然是唯一一家上市的大型足球俱乐部，但在股票交易所上市八年后，他们陷入了巨大的财务困境。他们未能定期支付股息，股价已经下跌，他们在推销和商务规划方面超过了自己的承受能力。遗憾的是，这一切累积导致欧文从托特纳姆离职，将俱乐部卖给了阿兰·休格，然后是热刺队时任主帅特里·维纳布尔斯。

这就是我们遇到反对意见的原因，这就是格伦对他的回答如此谨慎的原因。结果，他煞费苦心，试图让一位股票经纪人来处理这个问题，但没人想碰它。最后，在被七个经纪人拒绝之后，格伦设法说服了一个人接手我们的事务。为什么犹豫呢？在热刺队的经历之后，伦敦金融区内将足球视为过于冒险的命题。他们不相信一家足球俱乐部可以定期生成利润，也不相信足球俱乐部的董事们会充分遵守纪律来定期支付股息，并像通常那样充当合适的企业上市公司托管人。他们所关注的是，足球成败实在是没有定数。对此，我们有一个典型的例子，有一年在足总杯决赛中，保罗·加斯科尼撕裂了十字韧带，投资者纷纷表示："看吧，这就是可能发生的事情，你的明星球员和主要资产可能会受到严重伤害，并会持续数月。"即使是在联赛和杯赛中有上佳表现，也不能保证收入的增长，单一赛季的转会费就可以抵消整个利润。

我和格伦的关系很好，他比我大一岁，也是一名哈罗公学的老校友，所以我们有公立学校的共同背景。他也很熟悉金融城，在那里工作过并担任过若干职务。但我最喜欢格伦的一点就是他的诚实：他从不许愿，如果他告诉你什么事情会很难，你就会明白的确是很难。他很务实，能敏锐地了解到业务是如何从内部运作的。他花了很多时间来研究我们的细节情况，如我们在每场球赛赚了多少钱，我们在餐饮上赚了多少钱，我们如何为季票持有人和行政包厢定价。格伦想知道一切。当我们上市时，特别是在帮助我筹备时，他非常周密，而且给予了极大的帮助。由于我是首席执行官，我要向金融城做陈述，所以我们进行了几次预演，格伦会问我所有可能提出的问题，我需要得到这些问题的答案。

我很清楚，通过上市，我可以还清我的债务，我根本没准备在余生里继续负债。这让我有太多的担心了，处理掉这种包袱，将会是为俱乐部筹集资金的过程中，产生的一个受欢迎的副作用。

但在我们上市之前，格伦坚持认为，我作为董事长兼首席执行官必须将角色分开。他说："你不能两样都做，你必须做出选择。如果我是你，我会继续担任首席执行官。你会得到更多的报酬，这是最重要的角色。"我同意了，这样我们就得寻找新主席。我们的结论是，我们的主席必须高调，最好是来自北方。如果是与俱乐部有联系的人，则更好。

这对我来说是个简单的决定：罗兰·史密斯爵士。罗兰担任了九个董事头衔，是英国宇航公司的主席，他与证券交易所有着良好的关系，并是一名终身的曼联球迷，在比赛的日子里，他在斯特雷特福德的套房中可以俯瞰球场。

1994 年，罗兰在老特拉福德球场病倒住院后，发生过一个有趣的故事。他问一个穿着蓝色衣服，拿着一对除颤器向他走来的人："你不是曼联的球迷，对吗？"

罗兰也曾是我父亲的朋友，在路易斯·查尔斯·爱德华兹父子公司担任过董事会副主席。他是完美的候选人，格伦完全同意我的选择。

多年来，我觉得我和罗兰相处得很好。他一直认为他担任主席的角色就是支持我担任首席执行官，我也始终认为他是这样觉得的。他不可能真正帮助我在俱乐部中运筹帷幄，与主教练和球员等诸如此类的事情打交道，因为他没有这样的背景。但罗兰所具备的所有伦敦金融区的人脉是很有帮助的，特别是当我不得不向伦敦金融区做陈述时。这样就能使我给一群伦敦金融区分析家，就各种结果做财务陈述，而罗兰将以上市公司主席的身份陪同出席，这对设定现场背景和正确的基调非常有好处。对于我和财务总监来说，他就像是一位模拟的替代人物，认识屋子里的大多数人。他对金融公关也很在行——这是我真的不想参与其中的事情。他身高约六英尺四英寸，举止有点威严，这让我想起了《大青蛙布偶秀》中的老鹰，不过，他的幽默感更强。

在俱乐部上市之前，接下来的议程是招聘财务总监。一个合格的财务总监，能够做伦敦金融区陈述，是一家上市公司的主要要求，尽管我们在俱乐部内部有很好的会计师，但他们没有足够的资质去做我们要求他们做的工作。我们刊登广告招聘这个职位，并收到了大量的申请，最终候选人名单削减到四人。最终我们选了一个叫罗宾·朗德斯的人。

和罗兰一样，我认为罗宾也是非常出色的委任。他曾在曼彻斯特大学学习工程学。他还曾担任汽车经销商瑞格沃迪（Reg Vardy）的财务总监，曾帮助该公司进入股市。这是一种很好的技能组合，当我让罗宾监督西看台和北看台的建造时，其工程学学位就特别有用了，而这些项目都是按计划完成的，并没有超出预算。然而，罗宾也有问题。

他很聪明，我认为当人们不能与他的智力相匹配时，罗宾可能偶尔会有点待人不客气，这让他手下的一些员工感到不安。但我们当然从罗宾那里得到了最佳结果，作为一名财务主管，他非常自律和有条理。

罗宾提出的一件事就是转会费准备金账户的理念。我们觉得必须严肃对待，并应使伦敦金融区投资者放心，我们不会把募集的所有的资金花在新球员上，我们应该成立这种转会准备金基金，以便在好年景中我们可以投入资金，这样当我们确实需要收购球员时，不会影响到资产负债表，因为准备金基金总是作为一项单独条目在账目中列出。与此同时，股息将受到保护。计划不是根据每个人的偏好制订的。大卫·吉尔在担任新财务总监时放弃了这一计划，他认为这是一种无稽之谈，是捏造出来的：准备金中的数字纯粹是一种会计记录，从来都不代表现款。但伦敦金融区对此做出了积极的反应，因为他们认为我们在展示我们确实把转会费考虑进去了，尽管这只是在会计基础上，我们还是把钱放在了一边。我认为，当时，因为没有一家足球俱乐部曾经成功地上市，这样做给人留下了正确的印象，表明了正确的意图，所以它实现了它的目的。

正如托特纳姆在1983年上市时所做的那样，我们必须成立一个公开的上市公司。成立一个新公开上市公司的结构策略，是一套相当标准的程序：你所要做的就是买一个挂名公司。这是一种已经成立并注册的公司，但没有激活，可以购买以将自己的资产配置其中。我们在1990年12月购买了Voteasset公共有限责任公司，一个月后更名为曼彻斯特联队公共有限责任公司。足球俱乐部则继续发挥其董事会职能以管理足球事务，而我一直担任主席（事实上，在我担任首席执行官期间，尤其是球员们提到我时，总是称我为“主席”），现在则成为新成立的公共有限责任公司的全资子公司。

更有问题的是为公共有限公司董事会选择适当人选——我们希望是能被伦敦金融区接受的、并有信心的人选。按要求，罗兰·史密斯和我必须进入董事会，并且罗宾·朗德斯还得担任财务总监。我们还需要一些非执行董事。所有上市公司都必须有非执行董事，这样一来，高管层就不能随心所欲了。因此，你必须创造非执行董事，他们的专业程度越高，或者他们拥有的经验越多，你就越能让人们有信心购买你的股票。格伦问我是否想推荐什么人。有些董事在人选问题上有一点摩擦，但我觉得我需要的一个人是莫瑞斯·沃特金斯。他是俱乐部的律师，参与到俱乐部许多方面的日常运作。由于格伦是俱乐部的第二大股东，他选择了另一个非执行董事阿尔·米达尼。

在上市之后，足球俱乐部董事会和公共有限公司董事会之间实际上配合得很好。所有重大的财务决策都必须由公共有限公司董事会来决定，因为他们要对股东和伦敦金融区的利润和损失负责。这包括所有的转让交易。俱乐部董事会仍然可以讨论球员，并推荐应该购买谁和出售谁，但公共有限公司始终拥有最后决定权。我认为俱乐部董事会不会对此表示不满，因为俱乐部的董事们还有很多其他的工作要做，所以不会影响公共有限公司董事会。例如，足总与联赛的交易，以及老特拉福德球场周围的后勤，和各自代表俱乐部的委员会，我认为这两个董事会优势互补，相得益彰。

我必须得说，随着上市日期临近，环绕着老特拉福德球场的是人们兴奋不已的氛围，尽管我认为，亚历克斯不可能特别喜欢这种氛围。我有一种感觉，他缺乏热情是基于一种担忧，即在曼联上市后，财务将会控制得更严，而且收购球员的限制可能会更多。我认为他也担心过多层次的管理会降低财务决策的速度。多年来，亚历克斯没有接受俱乐部给予的股票期权，这些担忧一直被认为是其中要因。事实是完全不同的。

我们已经决定，所有部门主管和高级管理人，人均获得两万五千股上市股票，完全免费。我们一视同仁，餐饮部经理、商务经理、秘书、助理秘书等人，包括亚历克斯，每人得到两万五千股免费股票。唯一的例外是财务总监，他得到了十万股股票。大家一致同意，由于我已经是实质性控股，我不再分得任何股份。

一切似乎都很顺利，直到亚历克斯得知罗宾·朗德斯所得是他的四倍之多为止。这是因为作为财务总监，罗宾对上市成功有重大功劳。虽然格伦和我已经完成了向伦敦金融区推销俱乐部的工作，但罗宾的工作是向投资者做未来的财务陈述，以便能维护他们的权益，并保持股价上涨。亚历克斯将此解读为对他的蔑视，并拒绝接受他的免费股份。但你想想看，亚历克斯的薪水会比罗宾高得多，并且如果球队成功的话，他有机会获得一大笔奖金。而当球队赢得联赛或奖杯时，罗宾没有得到奖金。我觉得整件事情都是误会，的确是的。

上市于 1991 年 5 月下旬进行，当时感到相当狂热。我们直到 5 月 22 日凌晨才离开曼彻斯特，因为我们整晚都在做最后的文书工作。我想我们是在凌晨五点才到达格伦在伦敦的办公室的，因为新闻发布会和采访从六点开始。当时完全忘记了有多累，只是拼命工作，直到最后崩溃。到最后，我完全散架了，但这是一段令人愉快的经历。我们为上市工作了几个月，那时这项工作已经完全填满了我的生活。

然而，一个从不太遥远的过去中回来的人物，拼死拼活地从中捣乱。我们大家都知道，罗伯特·麦克斯韦尔曾在曼彻斯特收购了大量股份：约五十万股。他仍然保留着控股权，所以格伦与麦克斯韦尔的儿子凯文进行了交谈，询问了他们家庭打算如何处理这件事。他们想卖吗？如果想，我们可以在上市前买过来，这样我们就可以把他们从方程中剔除。

但是不行，麦克斯韦尔家想要留住这些股份，尽管他们向格伦保证，不打算以任何方式干涉或阻碍上市。然而，就在上市的几天内，麦克斯韦尔在市场上抛售了他的股票。俱乐部估值为四千六百万英镑，大大超过奈顿失败收购时所标的两千万英镑，而且股票开始以每股三点五八英镑交易。然而，一个星期内，股价已跌至二点六零英镑，不过，最终再次反弹。就价格而言，我不能说上市是一种直接的成功，但这纯粹是由于麦克斯韦尔抛出的股票所致。我仍然不知道他为什么这么做，因为如果他坚持下去的话，他可能赚得更多。

另一个令我感到非常失望的是球迷们的反应。在上市之前，我们不得不决定可向商业机构提供多少股份，以及多少股份将向公众开放，这些公众中的大部分，我们希望是曼联球迷。最后，我们更倾向于球迷而不是机构，在发行的四十六点七四亿股中——这个数字包括董事和我在上市时投入的股份——有二十点七七亿股是面向机构发行，二十五点九七亿股面向公众。这不仅是良好的公共关系，而且也是正确的做法。然而，尽管这些机构承销了全部配股，但球迷没有，而承销商——安斯巴彻斯商业银行本身——不得不接受这根收紧放松的绳索，最终被塞了一批他们并不是特别想要的股票。我必须承认我很惊讶。我们刚刚赢得了欧洲优胜者杯冠军，我以为我们会顺风顺水，但球迷们对上市的反应是沉默的。他们肯定从所有的宣传中得知，在股票市场上市的主要原因是为了筹集资金，以重新修缮西看台。

此外，作为单独的董事，我们都将股份投入到上市之中，以使其获得成功。如果你上市了，董事或董事会仍然拥有多数股份，那么就有理由认为这不是恰当的上市。格伦担心的是，人们都认为我们将自己的一些股份投入上市中，将股东基数与机构和个人股东分散开来。我减少自己在俱乐部的持股比例，从百分之五十降至百分之二十七点八，这应该让球迷们感到高兴。不过，可能激怒了他们的事实是，我个人卖出股票账户赚了六百四十万英镑，其中一百万我立即用于还清我的债务，但我个人唯一可能为俱乐部筹集资金的方式就是出售这些股票。

或许确切地说，球迷们不希望曼联为公众所有。我有一些同情这种观点，因为一旦上市，就是大家有份——任何人都可以进来买一股。这与私人掌控不同，那是由自己来决定任何交易的。如果有人带着大笔款项入市，那就很难阻止他；如果有人准备好支付合适的价格，大多数公司都有可能被公开收购。商业中没有什么神圣的东西。不过，我不得不指出，球迷们后来抱怨曼联上市，这有点过分，因为已经给了他们机会持有更多的股份，使他们在俱乐部的运作和未来方面享有更大的话语权。

尽管我最初反对上市，但我不能说它不成功，因为上市是成功的。从1991年我们上市起，到2003年我辞去职务离开曼联时，俱乐部无论是在赛场内外，都从一个胜利走向了另一个胜利。在我看来，这是一笔优良的、稳固的投资。不仅股价在那时上涨了，而且股东们每年都得到了增加的红利。伦敦金融区机构也开始改变他们对足球盈利能力的看法，并不断加入，因为我们正在交付，并为成功设定了一个模板。

到1996年，大多数股票（百分之六十）掌握在伦敦金融区机构手中。例如，英国广播公司养老基金是一个相当大的股东，你可能会认为该基金在投资上非常保守，所以它肯定觉得我们的股票是一笔不错的收购。

到2000年，曼联是世界上为数不多的、被股票经纪人推荐为蓝筹股的俱乐部之一。当然，在我们取得上市成功之后，其他俱乐部也争相利用股市，作为获取新注入资金的手段。到20世纪90年代末，已经有二十多家俱乐部采取了同样的路线。这证明了我们的决定是正确的，尽管存在风险，但有助于将俱乐部打造成如今的状态。

第十六章　老特拉福德球场翻新

曼联上市的一个显著的副作用是我和亚历克斯的关系有所改变。在早期，我经常与亚历克斯见面，但上市后我负有更多的责任，因为我们当时迅速扩张——所有的部门负责人都直接向我负责，而他们都想要一个直接链，接通到我的办公室，我比以前忙多了。我不得不把我的时间分成更多段，因此很难像之前那样，经常和亚历克斯愉快地对话。每天只有这么多的时间。

我还从我父亲的事件，以及他和主教练们的关系中吸取了重要的教训，尤其是汤米·多彻蒂。我父亲对汤米很友好，他们经常一起去参加比赛和其他的社会活动，这使得解雇汤米时事情变得很困难。这些年来，我认为我和亚历克斯之间的工作关系很好——我们有一个共同的目标，我们朝着这个目标努力。但如果你问我们是否一起出去社交，我们没有，我们不需要成为铁哥们。此外，我们的性格非常不同。

事实上，我和曼联的任何人都没有特别深的交情。我也不相信你会对手下工作的人太过友好，因为这并不一定起作用，我曾多次看到恩多成仇。这种交情可能会导致问题，因为朋友之间会互相争吵，但这并不意味着，你不能在工作场所和同事一起大笑或相处。但不要与你在日常生活中经常打交道的同事成为最好的朋友，因为肯定有时候你会提出反对意见，如果在你的人际关系上附加过多的个人包袱，这可能会导致一些问题，这意味着因为害怕破坏友谊而不能保持诚实。特别是当你不得不在年底坐下来谈奖金时，那个人认为他们比你更有价值，他们的工资应该更高，或者他们应该享有更多的养老金。

1991 年夏天，当我们引进了三名新球员：安德烈 · 坎切尔斯基、保罗 · 帕克和彼得 · 舒梅切尔时，一些球迷以为上市会把钱从俱乐部里拿出来，从而阻碍投资的担心算是终止了。当亚历克斯急切地到处寻找一个右边锋时，有人提到了坎切尔斯基的名字，在研究了他的视频后，我和亚历克斯飞到法兰克福，去看他代表俄罗斯国家队对阵德国的友谊赛。在比赛结束后，我们对他的力量和速度印象深刻，就想搞定和他的交易。事实证明，有三名经纪人为安德烈做代表，其中包括一名俄罗斯人，名叫格里高利 · 艾萨奥伦科（Grigory Essaoulenko），他是顿涅茨克矿工足球俱乐部的授权代表，由他来完成这笔交易。一切都很顺利，我们全额支付了一百二十万英镑。

将舒梅切尔纳入囊中则花了更长的时间。他所在的布隆德比队要价一百万英镑，但因为他的合同即将到期，我决定支付比这更低的转会费。俱乐部也拒绝让舒梅切尔离开，直到他的合同在十月结束，此时赛季刚刚开始，而我们想要他参加第一场比赛。六月底，莫瑞斯和我飞往哥本哈根，会见布隆德比队的代表，整个下午都在谈判，我们争论了好几个小时。我知道亚历克斯很想买舒梅切尔，但我拒绝支付一百万英镑。所以我们一直僵持，最后他们同意他以五十万五千英镑的价格转会，而我们可以在赛季开始让他参赛。彼得是在 8 月 6 日加入我们的，当天我们以一百七十万英镑的价格，从女王公园巡游者足球俱乐部签下了保罗 · 帕克。

毫无疑问，舒梅切尔的交易是我在曼联期间做过的最划算的生意之一。在他和我们一起的那几年里，彼得成了世界足坛的最佳门将，他为我们所取得的成就和做出的贡献是不可估量的。有了彼得守门，我们赢了两次双冠王和一次三冠王。我非常喜欢彼得，非常尊敬他，他相当有个性。当谈到薪水与合同的问题时，他非常强硬，也很有主见。但在我和他打交道时，他总是非常诚实坦率。他是真正的曼联传奇。

1991—1992 赛季开始，阿奇·诺克斯离开，去到流浪者队工作，这使我们稍微受到一点干扰。沃尔特·史密斯刚被任命为那儿的主教练，并希望阿奇做他的助手。我知道亚历克斯对阿奇离开的决定非常失望。他们都很努力地创造一支即将腾飞的球队，但现在他们正在成功的路上，可阿奇又走了。他具有无限的热情，在早年和亚历克斯共事时，在收集整理训练方面，以及球探系统中发挥了很大的作用。作为一个团队，他们真的很出色。

亚历克斯选择的替代人员非常合适。他从青年队中提拔布赖恩·基德为他的新副手。他还是个年轻的小伙子时，我就认识布赖恩——我父亲当主席时，他就在队里。我们相处得很好。布赖恩在某种程度上总有点神经质，有点杞人忧天，但他是一个真正的埋头苦干的人——他工作非常努力，喜欢其训练工作和时间表。他立刻接任新岗位，和亚历克斯一起组成了一支灿烂的新球队。

多亏了我们在欧洲赢得了提升信心的杯赛，曼联的每个人都相信，我们终于能够赢得有分量的冠军，还有六场比赛，我们就能登上联赛冠军的霸主地位，我们的命运掌握在自己手中。如果我们自己做出不可思议的事，并自甘失败，利兹联队才能赶上我们，而我们接下来做的正是如此。要说为亚历克斯辩护的话，他运气很不好，遇到球员受伤。布赖恩·罗布森和马克·罗宾斯已经靠边了，我们在比赛的关键时刻失去了保罗·因斯、丹尼·华莱士和保罗·帕克。

同样让我们受伤的是英足总坚持要赛季尽早结束，让英格兰队有时间为今夏的欧洲足球锦标赛做准备。这导致赛程非常密集，一度迫使我们在七天内打四场比赛。我们确实要求联赛在赛程方面给予一些帮助，但是没有得到任何结果，所以到最后，我们是筋疲力尽，而利兹联队在体力上超过了我们。

的确，我们本应该在这一年赢得联赛冠军。我们曾两次在杯赛竞逐中击败了利兹联队，还要继续力争自己再次举起联赛杯，但他们只是毫无压力地集中精力参加联赛。如果我们能够早点放弃杯赛，那么我们就可能会赢，但最终我们没有获得联赛锦标。

当然，雪上加霜的是，我们在安菲尔德球场以零比二败给了利物浦，输掉了联赛。利物浦的球迷们（Kop[①]）绝对乐见这种结果。但我永远记得，利物浦的主席大卫·摩尔斯在比赛结束时向我走来，表示他的同情，当时他眼里含着泪水。利物浦球迷很可能不想听到这个消息，但我认为他觉得，曼联已经在那个赛季中尽心尽力了，只是最终功败垂成，其实我们已经非常接近了。他似乎真的为我感到难过，我不得不说我也为自己感到很难过，这并不是什么了不起的感觉，我们已经尝试了二十五年，这是我们的大好时机，我们在生死关头输了，并且是输给了利兹联队。

如果这种说法贴切的话，曼联很享受在过去几十年里与利兹联队的激烈竞争。艾兰路球场一直是一个让人畏缩的地方，因为球迷们对我们恨之入骨。当你开车进入艾兰路球场的董事停车场时，总有一名服务员在等着你。他身着利兹的运动上衣，戴着利兹的徽章和帽子，而且总是知道你的身份。他会拦住你的车，当你摇下车窗玻璃时，他会弯腰看着你。“爱德华先生，下午好，”他总是彬彬有礼地问候，并脱帽致意，“我谨代表利兹联队，谨代表利兹联队主席，兼大英帝国勋章获得者，莱斯利·希尔弗先生，和首席执行官威廉·福瑟比先生，以及我本人，欢迎您于今天下午光临利兹联队足球俱乐部。”我向他表示感谢。

“如果您想去那边的四号停车位，请您停车，爱德华先生，”他还会接着说，“请您移步进入董事套房。”

我记得有一次，我们在整场比赛中遭受到可以预见的、利兹联队球迷的大肆辱骂。比赛结束后，我回到车上，正要开车离开停车场，这时服务员来了。“爱德华先生，”他说，“我谨代表利兹联队，谨代表莱斯利·西尔弗先生，谨代表威廉·福瑟比先生，以及我本人，希望您度过了一个愉快的下午。”我看了看他，说：“不，我没有，你可以滚蛋了！”

---

① Kop：利物浦的安菲尔德球场的 Spionkop 看台演变出特殊的意义。

该赛季的最后一场主场比赛，是在西看台（老斯特拉福德球场）的最后一场比赛，因为推土机将要开进来，为修建新的全座式看台清理基础，这将帮助我们满足《泰勒报告》中规定的安全条件。搬到全座位体育场，意味着会不可避免地损失容量。回到贝斯特、查尔顿和劳那些过去的好时光，多达六万名球迷经常观看曼联的比赛。这一数字在过去几年里逐渐减少，一旦球场改成全座位，大约只能容纳四万三千人。球迷中大多数人的观点是，我们应该考虑扩建老特拉福德球场，而不是减小，因为有段时间我们看到，球场实际可能容纳五万三千人，这一数字包括现有站立地区，以及把开发中更多球场的部分转变成座位。希尔斯堡和《泰勒报告》让这种想法化为泡影。

我们确实理解球迷的关切，并一直在探索增加容量的方法。有一次，我们研究了在西看台修建走廊或加层的可能性。此外，还考虑提高整个球场周边屋顶的可能性，这样可增加额外的八千个座位。然而，这将会挡住后面球迷的视野，而且标价为三千万英镑，这个设想因为太贵而被排除了。整个形势充满了困难，但我们正在努力，并与我们的建筑师们共同研究。

曾经一度，我们甚至考虑降低球场的层级，以便腾出更多的座位，不过，我很快得出结论，这完全不切实际。如果我们能找到一种提高容量的妥善方法，我们就会这么做。事实上，老特拉福德球场仍然是国内最大的俱乐部球场，而球迷需要理解，我们必须遵守《泰勒报告》。

西看台暂时不能用，这不可避免地导致了球迷们更多的不满，因为在施工时，其容量将下降到三万四千人。鉴于买票入场的人越来越少，我们别无选择，只能提高票价。一旦提价，新的价格就难以降下去。但是，如果我们想要保持球队的标准，支付给球员相同的工资，在转会市场上富于竞争力，并同时开发球场，我们就需要收入来满足这些要求。这确实是一种供求关系的案例。这样说吧，尽管我们的价格上涨了，但我们仍然比大多数其他甲级联赛俱乐部更便宜，不过，在西北地区并不一定是最便宜的，这个地区传统上比较便宜，因为它不像南方那样富裕。

在我还是个孩子时，我就一直观看曼联比赛，所以我经常意识到，我们的定价不应该超过普通球迷的承受能力。很明显，随着时间的推移，大家都开始提高价格，如今看球费用比原来要高得多，但我们总是要确保在球场的某个地方，球迷能以较低成本来看球。

在定价上获得平衡是很重要的。我一直认为，如果球迷认为定价合理，他们更有可能以其他方式支持你，比如购买一份足球场刊。这和仿制队服以及其他商品是一样的：如果你对自己支持的俱乐部感觉很好，认为定价合理，你就会买更多的东西。记住，如果想观看比赛，球迷没有其他选择，只有为自己的座位买单，然而他们不一定需要买一份足球场刊或一件衬衫。不要在他们无能为力的事情上去刺痛他们，因为最终你想要一个完整的房子，然后让他们进去创造一种氛围。

当每周都满场时，麻烦就纷至沓来，我们总是会有这种情况；然后就变成了主观判断，因为你知道可以要价更高，而仍然会卖出去。不过，你想变得那么贪婪吗？有时我会出席某次会议，一些资深员工会问为什么我们没有收取更多的费用；然后我会用论据说服他们，捍卫我们的定价政策。有件蠢事是，我的名字出现在看台上，写的是贪婪的浑蛋，但是在这里，我在内部拼搏，为我们的球迷保持合理的价格。

1994 年，曼联最高的赛季票价为二百八十英镑，而除曼联之外，英超联赛的平均价格为三百零七英镑。到 1998 年，这个价格上升到三百六十一英镑，当时除曼联之外，英超联赛的平均价为四百四十二英镑。1998 年，在顶级赛事中有十家俱乐部的票价都比曼联高。2000 年，我们的票价仍然相对便宜，当然，这是与伦敦的所有俱乐部相比较。我们以非常合理的价格，在国内最佳球场中，带来一场场胜利的足球比赛。

鉴于西看台全部改造座位所需的工作，我们决定在看台中间设置一间行政套房，这无疑会引起极度争议。这些球迷总是把西看台视为传统的站立区域，这就是在比赛中创造最热闹的气氛和最大的噪音的地点。但在建设看台方面，我必须不从情感上，而是从逻辑上进行研究，并且说，好吧，我们已经把座位加进去了，这将会非常昂贵，所以我们需要一些投资回报。而我能得到回报的方法之一，就是把一间行政套房放在那里，再加上一间休息室和一些高价座位。

许多此类球迷仍然希望有朝一日能恢复到站立看球，这只是暂时的禁令，但正如我们所知，《泰勒报告》的结果仍然伴随着我们。我无论如何再也不想回到站立看球的形式。虽然我了解一些人在比赛中对站立看球所表现出的激情，但如果你是足球俱乐部的老板，你想让自己再次面临希尔斯堡惨案或任何临近的危险吗？我想总会有人要求改回去，但当我们设计新的西看台时，我们知道那是不可能的。如果你把行政座位放进去，你只能把它们放在看台中间——人们不想坐在角落里的行政座位上。但是，伙计，我们的确在某种程度上坚持原样。

那种不舒服的感觉就像罗伊·基恩关于"鲜虾三明治队"的想法，至今挥之不去。人们仍然对所有的商业化持批评态度，说这是一场毁灭足球的行动。但谁把它毁了呢？正是那些想要回到大喊大叫、把投掷物扔到球场上的那个年代的人们毁了足球，而不是那些想要创造更多家庭氛围的人们。

事实上，另一项发展是我们把一个地区指定为家庭区域，这就是位于西看台的所谓的"家庭看台"，对此也有很多批评的声音：你们怎么敢在如此糟糕的语言环境下，设置一个家庭看台呢？此外，正是为了不让任何人感到不安，也主要是为了球员的利益，我们决定把位于南看台之下的更衣室搬到新的西看台，就在球门后面。总之，我们需要新的更衣室：我们的旧更衣室的确需要现代化。我们还在那里建设了球员休息室，其理由是可以让家人站在附近，这样球员和他们的妻子、家人和客人就可以在这两者之间快速而方便地走动。

总而言之，将老特拉福德球场，尤其是西看台以如今球场铺设的方式予以翻新后，它仍然是国内最大的、拥有最好设施的球场。我们没有在 1992 年仍然落后于时代，部分原因是我们当时所做的，老特拉福德球场现在仍领先于时代。

的事情很多。我们需要建立自己的规则手册。我们必须建立自己的赛程表。还有球员注册和合同分类，以及退休金计划和个人意外保险。还需要选拔裁判。此外，我们还需要办公室和员工——整个结构必须安排到位。对此也有时间限制，因为我们想从 1992—1993 赛季开始脱离现有体系，所以很多工作必须在很短的时间内完成。

我们做的第一件事是建立由我们自己俱乐部的关键人物组成的小组委员会。例如，曼联的莫瑞斯·沃特金斯对法律方事务感兴趣，曾在阿森纳担任秘书的肯·弗里亚帮助编撰《规则手册》，而在埃弗顿担任秘书的吉姆·格林伍德则负责球员合同。这些专家被任命进入各个委员会，并继续担任所有的行政工作。

另一项关键任命是瑞克·帕里担任首席执行官。瑞克在足球方面没有任何背景，他来自于安永，这是一家特许会计师事务所，但在 1985 年，他在为曼彻斯特申奥筹备的过程中发挥了重要作用。我之所以认识他，是因为菲尔·卡特和我都是奥林匹克申办委员会成员，亲眼见证了瑞克的能力，并确信他是英超联赛首位首席执行官的最佳人选。我们在这个过程中很早就咨询了瑞克，很多年前他同意加入我们，然后在利物浦担任同样的职务。我必须说，英超联赛得到这样的首席执行官们非常幸运，瑞克·帕里和他的继任者理查德·斯库达莫尔都很出色。

同时，我们从来没有忽视我们所尝试的事情带来的巨大影响——这是迄今为止英国足球历史上最大的变革——我们所有人都决心要坚持到底。我不记得曾经和我的同人主席们讨论过我们所做的事情是否正确。我们唯一真正怀疑的是：我们能够合法地做到这件事吗？由于我们自己早在 1988 年就威胁过要脱离，所以在我们的道路上还有一个障碍即将来临。

在他们的年度大会上，足球联赛通过了一条新规则，其实际意思是任何希望离开联赛的俱乐部必须至少提前三年予以通知。这让我们不得不等待三年，或者找到一种合法途径绕过它。最后还是瑞克·帕里提出了解决方案。有一天，在浏览足总《规则手册》时，他发现英足总对俱乐部发出离开通知的裁决，实际上仅仅是六个月，这使得足球联赛的三年规则完全无效。

另一个关键目标是得到球员工会——英格兰职业球员工会的支持。如果他们想做的话，英格兰职业球员工会（PFA）可能会以阻止其成员加入我们的方式造成重大问题。很明显，没有球员，我们就没有联赛。就像过去一样，英格兰职业球员工会自己也写了一篇关于重组足球赛的论文，尽管文章没有要求分离，但他们足够现实，明白这种局面需要予以改变。然后，这仅仅是一个谈判的问题，应确保在新联赛成立时，照顾到他们的每一名成员。

发生的事情是这样的，英格兰职业球员工会总是得到任何电视合同的百分之十。我们大家都理解，在使用这笔钱来帮助继续参与联赛的球员，或受伤的、陷入困境的球员中，英格兰职业球员工会有多么重要。显然，他们也担心这笔钱是否还能继续获得。最后，我被指定去与英格兰职业球员工会的首席执行官戈登·泰勒，就他们将来会获得何等费用进行谈判。这些谈判非常艰难，曾经一度，英格兰职业球员工会威胁，如果他们没有得到和以前一样的比例，就会号召球员罢工。在进行大量的边缘政策协调之后，最终达成了妥协。

与英足总和英格兰职业球员工会同时谈妥，一个独立的联盟看起来很有可能。当时很多人批评我们推动这一进程，他们揭露这五家大俱乐部是如何以牺牲小俱乐部的利益来攫取他们所能得到的一切的。当新闻界了解到时，部分媒体也以不信任的态度看待这件事，甚至连我们当地的报纸《曼彻斯特晚报》也对此表示反对。

但这从来就不是为了急于获得现金。我们曾经想要的是自治，一种自我管理的可能性——这也是我们长期以来一直想要的。九十二家俱乐部的投票结构一直让大俱乐部难以获得任何东西。我们想对自己的未来进行投票。这个问题多年来一直在地下酝酿着，通过折中方案并没有解决实际问题，仅仅只是避免了过去的冲突。凭借组建我们自己的联赛，我们将更能掌控自己的命运：能够就我们自己的电视和赞助协议进行谈判，并在我们自己之间做出公平的资金分配决定。

当然，我们理解低级别联赛和基层足球的重要性，这就是为什么我们同意继续参加联赛杯和足总杯比赛。我们也觉得设置升降级制度非常重要，我们不想让英超成为封闭性的体系，也从没有这样的意图。如果你足够优秀，你总能加入其中，成为其中的一员，并立志成为龙头老大。我们举一个最近的例子：莱斯特城足球俱乐部。他们在 2014 年重新回到顶级联赛之前已经在英冠打拼了很多年。然后，出乎所有人的意料，他们在 2015—2016 赛季成为英超冠军，这是一个了不起的成就。这一直是我们的目标：我们不想阻止任何俱乐部有朝一日进军英超，并表现良好的希冀。这都关乎抱负。

我们也很希望，任何从英超联赛降级的人都不会在离开后处于无援境地。这就是设置“降落伞式扶助金”的原因所在。这些支出一直都很慷慨，但多年来，随着电视合同的大幅增加，降落伞的支出也大大增加，几乎损害了足球联赛其他俱乐部的利益，因为他们给新降级的球队带来了巨大的优势。话虽如此，英超的球队确实倾向于支付更高的工资，而且你不能在一夜之间摆脱球员的合同，所以他们仍然需要钱来抵消这些费用。

1991 年的众多会议，大部分都与英超联赛的组建有关，其中很多都是秘密举行的，所以细节并没有泄露给媒体。很多时候，我们都是用假名在酒店预订房间。我记得在伦敦一家酒店的某次会议上，欧文不得不早早就从厨房后面离开，这样就没有人能认出他来。

然而，足球联赛对英足总关于新联赛的态度感到愤怒，这是一个公开的秘密，他们认为这将完全破坏整个结构。足球联赛毫不妥协地反对，以至于他们采取了法律行动以阻止英超联赛继续推进。对我们来说，非常幸运的是，办案法官的判决对我们有利。至于俱乐部本身，他们一眼就能看到我们提议的优点，而我也不记得他们中有谁不想参与其中。一旦他们意识到新联赛对于他们来说没有真正的变化：他们仍然参与其中，按惯例有升降级，我们有自己的委员会，并做出自己的决定，我们有自己的电视协议和赞助资金，对他们来说，这是明摆的事。他们为什么要拒绝？这不是很难令人接受的。

你可能会说，随着创始成员协议的达成，1991 年 7 月 17 日，英超联赛的首批有形基础奠定，根据协议，我们正式通知退出足球联赛。然后，在 9 月 23 日，在英足总、足球联赛和新成立的英超联赛之间达成了三方协议，便是时至今日仍在实施的协议。

至于谁将对新联盟进行电视直播，这是独立电视台与英国天空广播公司之间的直接斗争。当英超联赛开始的时候，签订一份全新的电视转播合同很重要。如果我们在其他任何时候推出，我们就进入足球联赛现有的电视合同体系，但这是不可能的。事实上，独立电视台目前的合同在 1992 年到期，而在 1992 年 5 月 18 日，我们收到格里格 · 戴克新的报价，即以至少两亿英镑的价格，在四年期限内，获取每赛季直播三十场比赛的权利。格里格说，如果我们愿意签订一份为期五年的合同，也需要提交讨论，其价值为二点五亿英镑。

由鲁珀特 · 默多克撑腰的英国天空广播公司（BSkyB）迫切希望获得英超联赛的播出权。他们视体育直播，尤其是顶级足球比赛直播为他们电视业务发展的必要组成部分，并制定了一份总价三点零四亿英镑，为期五年的协议，这非同寻常。我认为大多数俱乐部都想和英国天空广播公司合作，但出于对格雷格 · 戴克的忠诚，我投票支持与独立电视台合作，就像原来的五家大俱乐部中的三家一样。托特纳姆热刺的阿兰 · 休格投票支持与英国天空广播公司的交易——我猜他有很多碟形天线要抛售。最终，英国天空广播公司赢得了合同，而英国广播公司作为竞标的一部分，被授予《精彩集锦系列节目》播出权，并恢复了人气节目《今日比赛》的播出。

当交易公开时，相当多的人根本就不高兴。我认为大多数球迷都是不知所措的，他们不知道该从这种交易中期待什么。亚历克斯 · 弗格森被激怒了，因为这个决定是在没有咨询主教练或球员的情况下做出的。事实上，他公开呼吁他的同行教练们与“足球界所采取的最荒唐、最落后的决定”进行斗争。他对英国天空广播公司在周日和周一晚间直播比赛的计划感到特别不满。他说，这将阻碍那些参加欧洲比赛的球队，因为这意味着必须在周日或周一比赛，然后在周中踢一场艰难的欧洲比赛。这是一个直到今天还没有完全解决好的问题。

一旦与英国天空广播公司的电视转播协议敲定，重点就转向了如何公平分配电视转播费的问题。我们最终提出的方案是，总金额的百分之五十由级别内所有俱乐部平分；百分之二十五按出场率分，这取决于你参加了多少场比赛，你得到的份额就在这百分之二十五中；剩下的百分之二十五是以联赛排名为依据——冠军获得最多，然后以此类推。

合同里还有很多其他的东西，比如一项条款，保证每家俱乐部都有最低数量的比赛，所以不至于相同的大球队经常亮相。我们认为这是最公平的公式，多年来它一直卓有成效。事实上，合同自确定以来就没有被修订过，这一点也说明这是一个经过深思熟虑的计划。比如说，这比直到最近才出现的，西班牙联赛电视转播费分配方案更公平，而在西班牙，各家俱乐部过去常常自己谈判合同。

我不得不说，我没有看到大型英国俱乐部拥有自己独立电视转播权的这一天，尽管我觉得一些外国投资者已经参与到比赛播出之中，并相信其最终能够这样做。如果你打算跟任何一个这些英超联赛创始成员谈谈这件事，我们中没有人曾想要完全拥有自己的权利，因为这绝对会摧毁联赛——你不可能让顶级俱乐部来发号施令，并拿走所有的钱，否则就没有竞争性。如今，有一些人会辩称，这就是冠军联赛的所作所为：由于能赚钱，英超联赛被扭曲了，给那些定期在欧洲露面的球队带来了超过其他队的巨大利益；换言之，英超联赛偏爱更成功更富有的俱乐部。

欧文·斯克拉尔、大卫·戴恩、菲利普·卡特、诺埃尔·怀特和我都是足球迷，我们并不是贪得无厌的现代老板。如果我们在建立英超联赛这个过程一开始就说，鉴于是我们五个人创建的联赛，我们想要从中永久性地得到百分之一，那么试想我们今天该有多么富裕（当前天空电视台合同的百分之一意味着五千万英镑，即每个人一千万英镑）。我们谁也没有这样想，我们所感兴趣的一切就是公平交易。

我们不仅仅是在考虑相互竞争，我们也在考虑在欧洲层面上竞争。我的目标一直是利物浦。当我介入足球时，利物浦所向披靡，大刀阔斧地对其进行改革是第一要务。但是，一旦你在国内取得了成功，你就想要击败皇家马德里、巴塞罗那或拜仁慕尼黑，而你唯一能与这些精英球队竞争的方法，就是你的产品获得公平回报。作为一项联赛，我们能够这样做的方式之一就是脱离现有体系，确保我们自己能够去谈电视转播合同。

这并不意味着第三和第四联赛的情况会更糟，因为他们可以协商自己的电视和赞助协议。他们还是维持原状，不会比我们离开时更糟糕。他们没有像大家预测的那样突然破产，而是幸存下来。有升降级的事实就说明，俱乐部有机会在各级联赛中崛起。他们可以做到这一点，也确实做到了这一点。英超联赛的大门总是敞开着。

在赞助和海外权益方面，我们的想法是完全一致的：英超所有俱乐部均得到同等份额。当时，外国市场的电视转播权并没有那么值钱，没有人能准确预见到他们最终的价值。我们当初要是知道其后来的价值是多少，我们可能就不会同意这个计算公式了。但我始终坚持认为，如果你开始不认真对待最初创始成员的协议，那么其他事情就会变成谈判的对象。这个分配方式是公平的，而且经历了时间的考验。自从英超联赛开始以来，已经过去二十五年了，它已经成为世界上最大、最成功的联赛。当然，作为一种收入来源，尽管我不能确定其方式，但俱乐部花钱总是最精打细算的。

我必须说，英超联赛成功的部分原因还在于天空电视台的专业技能。最初他们没有多少订户，但在足球的支撑下他们迅速成长。他们需要足球来推动其订户数量，他们真的努力去争取了，结果是，每一份后续合同的金额都大幅增加。可以理解的是，由于他们的巨额投资，他们想要更多的比赛场次。现在这两个机构是完全互联互通的，当你想到英超联赛时，你会自动想到天空电视台。然而，每次我们推出新的竞标过程时，他们的出价总是高于其他对象。天空电视台对足球的贡献是巨大的，尤其是在对比赛的分析方面，他们有权威的足球评论员，让每场比赛更加有趣。

海外市场的电视收视率也在英超联赛的推广中发挥了重要作用。由于天空电视台投入足球的资金，英格兰球队可以吸引更好的球员，尤其是那些可能已经在其他欧洲主要联赛中效力的球员，因为世界各地的球迷对我们的比赛越来越感兴趣，这反过来又进一步推动了海外市场，甚至到了这样一种程度，即英超联赛已经超越我们当年决定脱离时的所有期望。如果你看看初始电视合同，没有人能够预测到 2015 年交易的价值，当时英超联赛将其电视转播权出售给天空电视台和英国电信，其价格是创纪录的五十一亿英镑。

回顾我们所取得的成就，我想其中存在一种宁静的、个人满足感的要素。我们五个人共同努力——我、欧文 · 斯克拉尔、大卫 · 戴恩、诺埃尔 · 怀特和菲利普 · 卡特——组成了英超联赛。我并不比其他任何人更突出。我们都想做这件事，如果我们五个人当中任何一个没有参与，那结果就大相径庭。我们都以自己的方式做出了贡献。我认为，欧文 · 斯克拉尔、大卫 · 戴恩和我是年轻的雄鹿，当时我们四十多岁，而诺埃尔 · 怀特和菲利普 · 卡特比我们大十到十五岁。我们有青春和热情，他们有经验，这是一种优秀组合。我们现在偶尔也会见面，不过，自 2015 年菲利普去世后，我们中少了一位。

当初英超联赛发起时，我们没有举行庆祝活动，这很奇怪。我们甚至没有开瓶香槟酒为其成功祝贺，我们都努力忙着为俱乐部工作。随着时间的推移，当英超联赛变得更加成功时，我们开始意识到，我们实际上创造了什么。我认为我们现在比那时对这件事更满意了。当我们考虑所有的法律怪圈时，我们必须跳过去，达到我们的要求，这给我们带来更多满足感，让我们更珍惜我们所取得的成就。

第十八章　坎通纳

英超联赛的第一个赛季对曼联来说非常重要，但是没有比这更糟糕的了。

刚打完三场比赛之后，我们在夏季以一百万英镑刚刚签约的新球员，前锋迪昂·达布林，被水晶宫队的中后卫一记铲球，踢断了腿，躺在老特拉福德球场上痛苦地翻滚。这名老鹰队（即水晶宫队）的球员直接向他冲过去，显然这不是故意的，但这是一个非常野蛮的铲球。自从剑桥联队转会来到这里后，迪昂已经形成很大的影响力，他在处子秀上进球得分，并以其执着给队友留下了深刻的印象。

可怜的迪昂离开赛场六个多月，实际上他的曼联生涯也结束了。在那之后，他从未真正在一线队中站稳脚跟，他决定要离开，随后在考文垂足球俱乐部和阿斯顿维拉足球俱乐部都干得不错。他没能在曼联踢球是一件很遗憾的事情，但是当我们赢得了该赛季联赛冠军时，即使迪昂没有踢满合格的比赛场次，我还是确保他获得了冠军奖牌。

在失去迪昂后，我们努力寻找进球手，很明显，我们迫切需要一名新前锋。我们还试图从谢菲尔德周三足球俱乐部收购大卫·赫斯特，但遭到拒绝。然而，不久之后，一名球员来到曼联，他将在接下来的岁月中成为俱乐部占据英国足球主导地位的催化剂。

我首次从欧文·斯克拉尔那里听说了埃里克·坎通纳，当时欧文辞去了托特纳姆热刺队的主席，住在摩纳哥。欧文看过很多法国足球，曾经常极力夸奖坎通纳说：“你必须看看这名球员，他太棒了。”早在 1992 年，坎通纳以接近一百万英镑的转会费来到英格兰。他的目的地是利兹联队，在那里他让曼联付出了代价，在帮助利兹联队赢得当年的联赛冠军中，发挥了重要作用。

1992 年 11 月的一天，我正在办公室里，这时电话铃响了，是利兹联队的总经理比尔 · 福瑟比。“嗨，马丁，还好吧？”他说，以通常的寒暄开始，“霍华德 · 威尔金森（利兹主教练）对购买丹尼斯 · 欧文很感兴趣。你愿意售给他吗？”

我必须承认，由于丹尼斯是我们的关键球员，所以我对此感到有点吃惊。“我不这么认为，比尔，”我回答，“我可以问问亚历克斯，但我不信。”

这时我脑子里闪过一个念头。我听到传闻说埃里克 · 坎通纳在利兹不太顺，他和霍华德 · 威尔金森的关系并不铁，所以我决定碰碰运气，问他们是否愿意出售坎托纳。对话有了短暂的停顿。“你看，这听起来不是那么愚蠢，”比尔说，“让我确定一下。我回头会联系你的。”

与此同时，我给亚历克斯 · 弗格森打了电话。“亚历克斯，如果我能得到埃里克 · 坎通纳，你会接收他吗？”亚历克斯不需要太多的激将法。

“哦，当然，”他说，“我当然会。”我告诉他这一切由我来办，我们可能有机会。

第二天，比尔 · 福瑟比打来电话，看看我们是否准备出售丹尼斯 · 欧文。

“不，我们不卖，比尔，”我说，“但我们确实对埃里克很感兴趣。我们能成交吗？”

“好吧，我跟霍华德谈过了，”比尔说，“我们准备做这笔交易，但要快，因为这里的球迷们非常喜欢他，如果他们得知我们卖了他，就会引起一片哗然。你准备付多少钱？”

“一百万。”我说。

“他不止一百万，”比尔说，“我挨宰了。一百六十万怎么样？”

“不行，”我说，“一百六十万我不能同意。”

“一百五十万怎么样？”比尔问，“一百五十万，你会给的。”

“你瞧，”我说，“你想脱手，我们想接手。他可是一场豪赌，比尔。”

于是，价格不断下跌：一百四十万、一百三十万、一百二十万，直到最后我们同意一百万。

“不是说好了一百六十万的吗？”比尔说。

“你可以爱说什么就说什么。”我说。我们就是这样成交的。挂断电话，我立刻打电话给在训练场的亚历克斯。他问我们付了多少钱。“一百万。”我说。他不相信，他简直不敢相信，我们居然用一百万拿下了坎通纳。

当然，我们还必须与埃里克达成个人条款，这并不难，因为他非常希望能来曼联。会晤是在曼彻斯特的米德兰酒店进行的，他的经纪人名叫让 - 雅克 · 伯特兰。他们俩都想立即成交，这正合我们的意思，所以交易很快就结束，并向媒体宣布了此事。

从乔治 · 贝斯特的时代以来，曼联可能就没有像埃里克 · 坎通纳这样的球员了——某种意义上的护身符、表演者。埃里克的更特别之处还在于，尽管 20 世纪 60 年代著名的球队拥有三位一体组合——贝斯特、劳和查尔顿——他们都是欧洲足球先生。但埃里克无疑是明星，他从其他球员中脱颖而出。

我知道我们有足够优秀的球队来赢得联赛，特别是加上他一起，但我并不是特别自信，我不觉得这是属于我们的一年。如果说有什么事的话，那就是恐惧的元素，因为在前一个赛季中我们几乎获胜，但功败垂成。这一次，我们又一次陷入了激烈的竞争中，即在本赛季中与阿斯顿维拉和诺维奇的三强争霸。最后，我们取得七连胜，以十分优势获得冠军。

通常情况下，我们会把美妙的瞬间与杯赛的胜利联系在一起，因为就在那一天，你参加比赛了，并在阔别二十六年之后再次赢得联赛冠军，我们的表现非常棒。这是一种难以置信的感觉，因为我也参与到整个漫长的等待之中，随着岁月的流逝，这种感觉变得越来越痛苦。上次我们赢得联赛时，我就在那里，仿佛一下回到了 1967 年，而现在，再次以主席的身份赢得联赛冠军，有一种非常特殊的感觉。夺冠令老特拉福德球场的整个氛围为之一变，仿佛从我们肩膀上卸下了沉重的包袱。

我坚信，正是坎通纳在 12 月初到来，在曼彻斯特德比之战中首次为我们出场，为曼联赢得了冠军头衔提供了能量。足球界有一个著名的说法，主教练们总是在寻找一名球员来完成拼图，所以，埃里克就是我们需要的那名球员。他为我们开启了大门，只有他才是输赢之间的分水岭。在接下来的五个赛季里，我们和埃里克一起赢得了四次联赛冠军。获胜成为一种习惯。但正是第一个非常重要的冠军——最终让我们跨越了那道坎。

我还确信这样的事实，俱乐部的稳定性，在我们的成功中扮演了重要角色。不仅我是从 1980 年就开始担任主席，亚历克斯也是从 1986 年开始就一直在这里，我们俩一直共事到 1993 年，也就是七年之后。这是一个我们愿意看到正在进行的项目，我们在非常艰难的时期支持了亚历克斯。1993 年赢得联赛的喜悦之处在于：它证明了我们的耐心和支持的合理性。

就像历史告诉我们的那样，冠军奖杯并不是曼联的巅峰，它代表着开始而不是结束。我现在的雄心壮志是继续前进，举起欧洲冠军杯，就像刚刚为人们所知的欧洲冠军联赛一样。我希望亚历克斯和这支球队能够效仿马特的伟大成就，成为欧洲之王。说到这里，我不希望对欧冠的追求成为我们脖子上的沉重负担。赢得全国联赛的重要性永远是至高无上的。那就是我们的面包和黄油。

第十九章　曼联品牌化

1992 年 6 月 9 日，我在办公室，这时我们的商务经理丹尼 · 麦格雷戈进来告诉我，爱德华 · 弗里德曼来到老特拉福德球场，就推销商品的问题发表演讲，问我想不想参加。

当时，爱德华 · 弗里德曼在托特纳姆负责商品推销，在那里他彻底改变了热刺的营销方式。多年来，曼联的做法是许可经营我们的产品。例如，一家公司会与我们接洽说，我们想把你们球队的徽章放在一个杯子上。我们会起草一份有最低担保的合同，他们会去生产这种产品，然后他们售出产品，付给我们一笔特许使用费。当然，这样做你不可能知道事情的进展。你总是得到合适的特许费吗？他们售出的数量比他们说出的多吗？他们仅仅只是付了许可费，然后去做他们自己的事情，这意味着你再也不了解实际情况吗？

弗里德曼指导下的托特纳姆并没有颁发许可执照，他自己采购所有东西，直接与制造商打交道，T 恤衫也是自己进货，再把托特纳姆的徽章印制在球衣上，所有这一切都是在内部完成。他走在所有人前面，所以我想听听他要说些什么。

我去听了演讲，然后告诉爱德华，如果他离开前有空，我想在我的办公室跟他聊聊。当他来时，我马上给他提供了一份在曼联的工作。起初他拒绝了我，但我仍然坚决，并建议再次会面。他在下个星期里回来了，这次接受了我的提议。我认为他在托特纳姆不是很开心，他发现在艾伦 · 修格和特里 · 维纳布尔斯的新体制下工作很困难，这使得曼联挖他来工作变得容易。如果欧文还在热刺任职，我肯定不会考虑让猎头去找爱德华的。

对弗里德曼的任命绝不是一种本能的决定。有段时间我了解到，我们需要引进人员以改善我们的市场营销工作，一位注意到托特纳姆事态进展的人士表示，弗里德曼很显然就是干这项工作的人——当时，尽管在球场上不如我们成功，但他们的商品销售额比曼联高百分之五十。欧文对他的评价总是很高。

事实上，我在欧文的伦敦办公室里见过爱德华几次。还有一次我记得是我和彼得·肯扬的对话，他当时在茵宝（足球用品品牌）工作。我已经开始考虑扩大我们的销售规模，我就向彼得讨教。我问他：“如果你想找人来经营商品营销业务，你会选谁？”他毫不犹豫地说：“我就找托特纳姆的爱德华·弗里德曼。”

爱德华在从事足球业务之前在纺织品和零售业务方面干过几年，他人脉很广泛，对推进和扩大贸易也具有深入的见解。我认为曼联的主要问题是结构问题。当爱德华加盟时，市场营销归俱乐部商店，就是那么回事。我们没有一名营销人员。我们有一位商业经理，但他的大部分时间都花在了类似于比赛日赞助和促销上，他不是真正的零售商。

自1968年以来，俱乐部商店就一直在马特·巴斯比的掌握中，租期二十一年。当他买下它时，合同里有一个条款，那就是如果他想卖掉它，则只能卖回俱乐部。大约在1987年的某个时候，由于还有几年租约到期，我来到了巴斯比家，想从他们那里买回商店。在过去的几年里，商店的经营状态并不好，我的想法是我们可以做得更好。这笔交易对双方都说得过去，因为巴斯比家族希望在租赁结束前出售商店，在这之后他们可能得不到那么多的钱。不过，我最不愿意的一件事是被指控欺骗了巴斯比家族，所以最后我以十四点六五万英镑的高价买下商店。

作为交易的一部分，我们已经同意给予马特的儿子桑迪一份俱乐部咨询工作，为期五年，年薪一万三千英镑。另外再在购买价格上追加六万五千英镑，所以也可以说我们回购商店的总额超过了二十万英镑。但我们认为这是我们拥有的一项重要资产，我们打算在未来几年逐步扩大。

很快我们就有了两家在比赛日开业的商店：一个在体育场前面，另一个在后面。最终，当我们重新开发东看台时，我们在那里开了一家大型商场。我们一直在扩大商店，或者寻找更多空间。

扩建商店只是爱德华想做的事情之一，他的首批指令就包括停止产品授权。他说我们在这方面应有更高的效率；我们不能无时无度地发放许可，因为这会破坏其价值。我们必须自己承担这些事情，开始自己生产——生产自己的产品，比如在商店里为自己的服装打品牌。

他还着手认真处理我们几乎可以忽略不计的邮购业务。如果我记得没错的话，我们还有专职接打电话的工作人员。很快，爱德华就在俱乐部的场刊中，为服饰品类植入广告，还可以发送订购表格。他也不太喜欢俱乐部的场刊，所以我们让他进行设计，很快就开始销售更多的足球场刊。他是名非常优秀的营销人。

爱德华最引人注目的创新之一就是发行《曼联》杂志，这是足球俱乐部第一次拥有自己的杂志。当爱德华开始向我提出这个想法时，起初并没有得到太多的支持。“有风险吗？”我问。他告诉我，我们可能售出几千份。我认为这值得一赌，创刊号是在 1992 年 11 月发行的。在整个 20 世纪 90 年代，该杂志成为世界上最受欢迎的足球月刊，每月销量八九万份。真是难以置信。

接下来，我们开始发行双月刊视频杂志，其中包括了精彩的比赛集锦、球员访谈和其他专题报道。俱乐部已经与一家公司达成协议，为我们制作视频。我想,每销售一份视频,他们付给我们大约一英镑的费用。爱德华拒绝了那件事，表示我们会制作自己的视频。这再次获得了巨大的成功：我们卖出了几千份。

随着商品销售方面的扩展，具备各种各样产品理念的人们纷纷联系我们，有些产品完全不靠谱。还有诸如上面写着“我在西看台得分”的女士内衣，最终你只能依靠一些常识。还有大量的假冒商品，我们尽了最大的努力来追根溯源，但代价非常高昂，而且我们起诉也不总是成功。

随着时间的推移，爱德华在身边建立了一支精通市场营销的优秀团队。选择了爱德华，我就会完全支持他，就像我和亚历克斯的关系一样，只是放手让他开展工作。如果他想花钱，他就会来找我。例如，当他想要建一个新商店或仓库时，他需要得到我的同意。但在其他方面，我让他自主处理，我认为这很有效。不过，爱德华的确与罗宾·朗德斯之间存在性格冲突。罗宾喜欢打破砂锅问到底，而爱德华并不喜欢总是被质疑，这快把他逼疯了。他来找我，问我能不能把罗宾调离。所以这需要分清是非曲直，最后我确定爱德华只对我负责。

我们还决定把商品销售作为一个单独的业务部门来经营，其方式就像游泳池、彩票和餐饮是公共有限公司的子公司的方式一样。餐饮部门有自己的总经理迈克尔·惠顿，有自己的结构和员工，是一个完全独立的公司，编制自己的月报和管理数据。我们在商品推销方面做得完全一样。我们成立了曼联商品销售有限公司，爱德华出任总经理，我担任主席。作为公共有限公司的首席执行官，我主持所有子公司的董事会。

当然，曼联从失败开始，在英超第一年就突然夺冠，并在持续的时期内取得了巨大的成功，这对爱德华的市场营销也有很大的帮助。这的确是我们开始利用商品营销机会的时候，也的确是我们不失时机地引进了爱德华的时候。不可避免的是，这导致了一些批评人士评论说，曼彻斯特联队不再是一家足球俱乐部；我们更像是一个品牌、一个企业、一个赚钱的公司。然而，这种市场营销的成功帮助我们成了一家超级俱乐部，能够与皇马、巴塞罗那和拜仁慕尼黑相提并论。

此举也大大增加了俱乐部的营业额。净利润率可能是百分之十到百分之十一。如果爱德华实现了三千八百万英镑的销售额——这是他接手后的最佳年景——他赚了约四百万英镑的净利润。这是从白手起家到现在赚来的四百万英镑的利润，而在他到来之前，我们的商品销售几乎为零。除了对俱乐部有价值之外，这对伦敦金融城的股票价格也是非常有利的，因为金融业喜欢商品在销售中的转变，以及所带来的宣传效应。

推销球员的球衣也是一项大生意。哪名球员的球衣卖得最多，就总是得到更多的宣传。然而，也有很多被过分夸大。我听到这样的说法，“你有钱买这买那，还不是因为卖球衣赚的钱。”在现实中，如果你给球员支付最高的工资，就没有可能靠球衣赚钱。当然，你会得到一些钱，但赚得更多靠的是球员在球场上的表现，而不是靠在商店里抛头露面。球场上更看重的是结果，这些才是真正的赚钱之处。

商品推销确实有成本，因此利润率比你想象的要低。如果你在营业额中赚了百分之十的净利润，那就算做得很好的了，而像电视转播权这样的东西是直奔底线。电视转播权没有成本：你每年都能通过联赛，从天空电视台获得数百万英镑的支票——这是直接盈利的。球衣赞助也很赚钱。

几乎所有的东西都有其销售成本。以餐饮为例：你必须要有人烹饪食物，然后让员工端饭上菜。甚至体育场的销售也附有成本。在比赛日，你必须打印门票，有人守门检票，然后要有人在观众都离开后清理看台。所有这些不同的营业额门类都有成本，但它们仍然给我们带来了丰厚的利润。考虑到这种业务的价值，商品销售还带来空前的宣传效应。不要误解我的意思，这是非常重要的——能为股价增值，而且还是曼联受欢迎程度的良好指标，尤其是在全球范围内，所以我并没有低估其影响力。然而，在整个商业运作的背景下，球队赢得 座奖杯，参与欧洲比赛，下一轮电视转播权谈判，都是非常有价值的。不过，商品营销也有它的地位，爱德华对此非常擅长。

就商品营销而言，我认为我们是最有远见的俱乐部，远远领先于我们的竞争对手。与此同时，我们也凭借这种模式走上了成为全球品牌的道路。

⚽

早在1993年10月，老特拉福德球场就举办了一场十年来最热门的英国拳击赛之一，当时尼格尔·本恩对阵克里斯·尤班克，争夺世界超重量级拳王的荣誉。虽然我热衷于使用老特拉福德球场进行比赛，但我们还是有些紧张，因为当时大家都知道，这类赛事有时会变得非常暴躁，而我们最不想看到的是，出点什么差错而损害俱乐部的声誉。

我与促进方和警察举行了几次会议，结果证明整场比赛是一次巨大的成功，有超过四万名拳击粉丝观看了媒体所谓的“最后的审判”。那天晚上我在现场，在泛光灯下上演了一出地狱般的打斗，营造出一种气势恢宏的氛围。尼格尔·本恩实际上还跟曼联沾亲带故，因为保罗·因斯是他的表哥，所以我认为他和曼联有联系，所以我认为我们都希望他赢，但最终的结果是平局。

我一直想把老特拉福德球场办成一个综合体育赛事场地。1981 年，我们在泛光灯下，举办了一场七人制板球邀请赛。然后在 1986 年，我们应邀举办了首届“惠特布雷德杯橄榄球测试赛”，比赛双方是英国和澳大利亚。这是一场著名赛事活动，英国广播公司旗舰体育节目《大看台》进行了现场直播，超过五万人观看了比赛。事实证明，赛事非常成功，以至于橄榄球联盟跟我们接洽，想了解他们是否能在老特拉福德球场，举行超级联赛的决赛，我们很乐意这样做，这已经成了延续至今的常规活动。这类赛事不仅增加了俱乐部的额外收入，还将曼联品牌与大型体育赛事联系在一起，这是另一种向更多公众推销俱乐部的好方法，并增加了我们在体育界的知名度。这对我来说是非常重要的。

推销曼联品牌、提高其国际知名度的另一个重要项目是赛季前巡回赛。

就在 1993—1994 巡回赛活动之前，我们带领球队去了南非，这对我来说是一次难忘的旅行。在开普敦的比赛中，我有幸坐在纳尔逊·曼德拉身边，并在比赛的整个过程中与他聊天。我不经意地注意到的一件不合时宜的事就是他的大腿肌肉很发达。当我鼓起勇气冒失地问他这个问题时，他告诉我，在监狱里他每天都训练举重，以减轻无聊感。他也喜欢拳击并经常练习，曼德拉向我透露，他一直崇拜的英雄是穆罕默德·阿里。在巡回赛中，你从遇到的人那里，以及从对俱乐部感兴趣的人那里听到的故事通常非常精彩，然后，当你从经常混迹足球的圈子里跳出来时，你会觉得真的很欣赏这个行业。当然，俱乐部的规模越大，你就会要求知名度更高的球迷来观看你的比赛。这对俱乐部的品牌来说大有裨益，原因在于与著名球迷或来宾见面的曝光率——更不用说个人层面上的激动和兴奋。

正如你所想象的那样，曼联收到了来自世界各地进行巡回赛的邀请。我们总是试着挑选一些能给我们带来竞争力的地方。极为重要的一点是，主教练得对赛季前的安排很满意，而比赛能给他的球员们提供某种测试。当然，近来市场营销纳入到计划之中。你想去那些你知道你会受到好评的地方——因为你在那里有很多球迷——或者有助于你建立品牌的国家。如果赛季前过于紧张或过于雄心勃勃，并在重要的赛季准备期对球队过问太多的话，主教练们有时会感到担忧。你一定要小心，凡事不能做过头，力求平衡。

在我父亲那个时代，球队经常出国踢赛季前巡回赛。我记得在 1967 年，我父亲去了澳大利亚和新西兰，球队打了十场比赛。奇怪的是，球队也会在赛季结束时离开到某地去。在我当主席时，我把这些比赛都削减了，因为我觉得没有必要。正值世界杯和欧洲锦标赛的那一年，部分关键球员无论如何都要参加国家队比赛。如果不让你的明星球员大显身手，只会让球迷失望——这始终是与组织方争论的焦点。

我还发现球员们并没有认真对待赛季前巡回赛。他们正在放松下来，希望能有一点乐趣，而不是专注于比赛。他们处于松弛状态，有时会带来一点麻烦。再加上欧洲越来越多的比赛，无论如何都要打太多的比赛，我觉得最好是放弃赛季结束后的巡回赛，纯粹集中在赛季前。球迷们对他们的俱乐部是认真的，因此每一场比赛都应该认真对待。你不能糊弄你的衣食父母。

第二十章　曼联的胜利

在我们为 1993—1994 赛季做准备时，我们清楚地看到，曼联最有影响力和最受欢迎的球员之一即将结束其辉煌的职业生涯。布赖恩 · 罗布森仍在参赛，但其出场次数越来越少，要么是受伤，要么是位置竞争。从诺丁汉森林队转会来的一名叫罗伊 · 基恩的年轻球员被认为是布赖恩的完美长期替代者。我们观察了他一段时间，很清楚他的潜力，但是罗伊已经和布莱克本队的主教练肯尼 · 达格利什谈过了，并口头同意了条款。亚历克斯认定不能失去这名球员，他亲自告诉罗伊，曼联希望他加盟俱乐部，并最终说服了他，让他相信我们才是更佳选择。

然后，亚历克斯去度假了，只剩我与森林队主席弗雷德 · 里奇联系，希望他将基恩签给我们。当我打电话给弗雷德时，他正在高尔夫球场上——他总是把手机放在高尔夫球包里。他为罗伊开价四百万英镑，这在当时是相当高的数字。最后我设法把费用降到三百七十五万英镑。这是多么昂贵的一笔买卖啊！这也庄重地向我们的对手说明，我们绝对不会满足于现状，因为我们的目标是，捍卫自 20 世纪 60 年代以来的第一个联赛冠军。

毫无疑问，任何人都必须把罗伊列入曼联优秀球员名单。他有资格宣称拥有七块英超奖牌，可有多少球员能说，他们是双冠王和三冠王球队的一员呢？罗伊是一位赢家，毫不含糊，还是一位能够抓住球队命脉，拉着队员们冲过终点线的领导者。我认为我们从未曾有过这样的球员。他毫不妥协，性格坚强。他高标准、严要求，如果别人没能达到其标准，就会心生不悦。在某种程度上，他是亚历克斯在球场上的完美代表，因为他设置了基准。

当他在曼联的职业生涯行将结束时，罗伊非常清楚自己对俱乐部有多么重要。我想，如果没有实现其价值，原则上就几乎可以肯定，他已经准备好离开了。

基恩很快就让人们意识到他在曼联中场的威胁性，那一年我们在联赛中完全占据了主导地位，踢出了富有侵略性的、快速的和时尚的足球。回顾过去，我认为这支球队不输给曼联历史上的任何一支球队。当以正选十一人上场时，我们从来没有输过一场比赛。舒梅切尔守门，帕克和欧文托后，他们俩都在这个位置上为各自的国家效力，并在随后均表现出色。布鲁斯和帕利斯特司职中位，坚如磐石。在中场有因斯和基恩这两名斗士，并且天赋极高。在右路，坎切尔斯基是一个绝对的飞人，还可以进球得分；在左路，吉格斯可把对手的防守撕成碎片。最后，在前场，还有坎通纳和休斯。多好的一支球队啊！经过前几个赛季的精雕细琢。真是不可思议，没有任何薄弱环节。

由于欧足联规定，欧战中每支球队最多上三名外籍球员，所以非常遗憾，亚历克斯无法指导这支球队在欧洲赛场上叱咤风云。由于一些荒谬的原因，这条规则也适用于爱尔兰、苏格兰和威尔士的球员，所以除了坎通纳、坎谢尔斯基和舒梅切尔，吉格斯、休斯、欧文、基恩和麦克莱尔也受到了影响。这几乎是一支完整的球队。我坚信，如果不是欧足联的限制，球队将极有可能赢得欧冠冠军。事实上，他们从来没有机会在欧洲证明自己。这项规定最终于 1996 年解除。

在缺席欧冠四分之一个世纪后，我们的首场欧冠比赛于 1993 年 11 月展开，在伊斯坦布尔对阵加拉塔萨雷队，场面相当混乱。从我们到达机场的那一刻起，这趟旅程的气氛就很糟糕，我们听到加拉塔萨雷迷们嘲弄地吊着嗓子发出的寻常问候声。这种行为在足球里是没用的。

比赛中也有一种可怕的气氛。在终场哨声响起后，坎通纳居然还得到了红牌，当我们的球员离开球场时，他们中有人遭到土耳其警察粗暴的对待，而他们本应该在那里保护我们免受主场球迷的影响。最后，我们只是庆幸自己离开了这个地方。

1994 年 1 月 20 日，我们大家都得知了马特 · 巴斯比不幸逝世的噩耗。当时我在家，一天中花了很长时间接听媒体的电话。当到达老特拉福德球场时，我情不自禁，被球迷们留在球场的那些鲜花、围巾和其他曼联纪念品所感动。

直到最近，马特仍然还是老特拉福德球场熟悉的面孔。我会定期去看他。虽然马特已经八十多岁了，但他还是喜欢偶尔来吃午饭，和老朋友见见面。在过去几年中，他来的次数开始减少，但在主场比赛中，在他的座位上仍然能看到他。

1 月 22 日，曼联在老特拉福德球场对阵埃弗顿。赛前默哀一分钟，我不得不说这是一种高尚的尊敬。董事会想要表达对于马特的尊重，这是很自然的事情，大家一致认为，最好的纪念方式就是竖立一座雕像来纪念他。这尊雕像今天仍矗立在东看台前面。

我很高兴马特能如此长寿，能看到他心爱的曼联再次赢得联赛冠军。遗憾的是，他没能见到俱乐部历史上最伟大的成就之一，在 1993—1994 赛季中，我们赢得了国内双冠王，这是俱乐部历史上的首次双冠王。对于一个为曼联付出诸多的人来说，这将是合适的最终记忆。

我们本应该在慕尼黑空难前的 1957 年就赢得双冠王，当时我们赢得了联赛冠军，但我们的守门员雷 · 伍德在开赛五分钟后的一次碰撞中被摔断颧骨后，我们在足总杯决赛中输给了阿斯顿维拉。当然，那时还不允许替补球员上场。这一次我们没有出差错，而且踢得也很漂亮。如果不是在联赛杯决赛中输给了罗恩·阿特金森手下的阿斯顿维拉，我们甚至可能会赢得国内三冠王。但是我们在联赛中占据了主导地位，我们的护身符埃里克·坎通纳一马当先，在足总杯决赛中，以四比零的比分击败了切尔西，这名法国球员打进两粒点球，休斯和麦克莱尔也有进球。

事实上，我们差点没能踏上温布利的草坪。在半决赛中，球队被濒临降级的奥尔德姆竞技足球俱乐部逼平，仅仅是休斯姗姗来迟的一记精彩进球，让我们获得了重赛的机会。而在重赛中，布赖恩·罗布森（连同欧文、坎切尔斯基、吉格斯）的进球帮助我们以四比一获胜。当时布赖恩没有入选决赛的首发名单，甚至没坐上替补席，他无疑非常失望，并很可能意识到其职业生涯即将结束。当时，他已经三十多岁了，是上了年纪的球员，参加完剩余的比赛后，自己已经联系好，要到米德尔斯堡足球俱乐部当球员兼教练。幸运的是，布赖恩的职业生涯延续时间很长，并在 1993 年和 1994 年曼联赢得联赛冠军时还在球队效力，所以他获得了两枚冠军奖牌，这是他多年付出后，理应获得的回报。

我们在这两个赛季的成功，在足球公众如何看待曼联的问题上产生了一些负面影响，这种事态一直持续至今。在慕尼黑灾难之后的几年里，我们是很多人心目中的第二主队，而现在我们非常不受待见。这是一场由看台口号“如果你恨曼联就站起来”掀起的运动，这几乎成了对手球迷的国歌。人们觉得我们很傲慢，我觉得其实不是那样。我们的成功孕育了我们的信心。我们确实有像基恩、因斯和休斯这样强大的、直率的球员，他们可以在球场上照顾自己，并与对手厮混在一起。坎通纳也以激怒一些球员而著称。也许可以这样说，团队的风格及其攻击性也使少数人望而却步。

而且，我们赚了很多钱。曼联开始主宰联赛，而且我们的商品和其他商业活动营业额也比其他俱乐部高得多。这招致很多人的嫉妒。这个过程就会自我延续：你赚的钱越多，你对球队的投资就越多，你就会越来越成功，这也会让其他俱乐部的球迷感到恼火。也许这的确就是曼联遭受仇恨的来源。成功会滋生某些人的嫉妒。

一直都有人指控曼联卖给了美元，以及我们变得过度商业化。但是每家大型俱乐部都是如此，不能仅仅因为曼联做得最成功，我们就该受到批评。就我个人而言，我不认同曼联过分商业化，我认为我们的平衡恰到好处。我们所做的一切，都是利用我们在这一方面取得的成功来巩固这种模式，而每一家足球俱乐部都知道，如果想要保持领先，就必须这样做。当亚历克斯来到曼联时，我们的第一个目标是赢得国内联赛冠军，成为我们国家的第一名。为了达到这个目标，我们必须超越利物浦。一旦我们做到了，我们的下一个目标就是成为欧洲第一，赢得欧洲冠军杯。在那之后，你想继续并赢得世界俱乐部冠军。你想赢得一切。为了做到这一点，你必须具备强大的经济实力。

在我经营曼彻斯特联队时，我们从来没有过仙女教母。我们从来没有像切尔西这样的情况，一个富人接手并开始到处乱花钱，在短时间内彻底改变他们的足球。我们从来没有收到过任何人的施舍。我们所产生的一切都是自己靠自己，用股票上市、良好的管理创造成功的球队，并利用我们的商业成功给予球队支持。这一直是我关注的焦点。

今天的情况稍有不同。我不喜欢对现在发生的事情太过挑剔，但我认为从财务角度来看，足球已经失控了。

过去两到三次电视转播合同，都是足球俱乐部给予球迷们回馈的大好机会，但足球每次都收钱了，并把钱花在球员和工资上。钱直接从电视公司拿到，变成了工资，转会费和经纪人的私房钱，几乎没有什么东西可以回馈给球迷。人们只需要看看2016—2017赛季，花在转会和经纪人方面的创纪录的数字，后者从一点六亿英镑上升到二点二亿英镑，上涨了百分之三十八。

在我看来，足球俱乐部、首席执行官，甚至是一些主教练，都允许经纪人做出如今的事情，并逃脱处罚。我对经纪人一向很强势，我觉得如果某名经纪人给我们俱乐部带来了一名球员，他就有资格得到一些东西。我曾经认为给经纪人二十五万英镑是非常合理的，而这个数字总是在合同周期内给出去。如果一名经纪人每年得到五万英镑，按 20 世纪 90 年代的标准，他干得非常好。到了如今，那就是发疯了：已经是按百万计了。我知道转会费已经增加了，但经纪人的分成百分比却增加了更多。这取决于足球俱乐部来控制经纪人，其方法就像控制工资一样，另外，任何人都在猜测权力最终的出路会在哪里。

第二十一章　功夫埃里克

我们知道签下埃里克就存在风险，因为他在法国的纪律问题，包括他在电视上侮辱国家队教练后被禁止参加国际比赛一年。很显然，亚历克斯认为，他能够控制坎通纳那豪放不羁的性格，并且在很大程度上他成功了。然而，1994年3月，埃里克在英超联赛中被接连罚下场，一次是他不走运，另一次则不是，在斯文登，他朝对方球员的胸口踩了一脚。

然后，在接下来的赛季，也就是1995年1月25日，迎来了在水晶宫队球场声名狼藉的夜晚。我观看了整件事情的进展。埃里克已经被罚下场，他任性地将球踢到了水晶宫球员身上，当他沿着边线离场时，看到水晶宫的球迷辱骂他。突然，埃里克转向人群，对着球迷施展了一番“功夫”，对着球迷飞踹，然后一顿拳打，非常难以置信。董事包厢里鸦雀无声，我们都面面相觑，好像在说，这是真的发生了吗？我们立刻意识到这是非常严重的事件，后果不堪设想。

正如你所能想象的，第二天的反响甚嚣尘上，每个人都想评论这个事件，报纸上到处都是专题，电视上连篇累牍，人们都想知道曼联将会如何处理这件事。

回曼彻斯特之前，我会见了足总公共事务总监大卫·戴维斯，并告诉他俱乐部已经准备好采取行动。我提到，可以说服曼联董事会，在赛季结束前禁止埃里克参赛。这足以安抚足总吗？“我们谈论的不是终生禁赛，是吗？”我问。俱乐部有点担心足球机构会给予埃里克最严厉的处罚。“那太好不过了。”戴维斯向我保证。

那天晚上回到北部，罗兰德、莫瑞斯和我会见了亚历克斯，我们都同意在赛季结束前对埃里克禁赛，并认为这将避免英足总来找麻烦。换句话说，我们已经尽了自己的一份力，我们对他进行了严厉的批评，希望这能阻止足总采取更多的惩罚措施。

第二天，我们召开新闻发布会，解释做出决定的原因。与此同时，足总成立了委员会来处理这一事件，他们决定在九月底之前对埃里克禁赛，这意味着他将无法参加赛季前的任何训练，在1995—1996赛季开始时也不能上场。我们对这个判决非常失望，因为我认为我们已经采取了严格的纪律措施。当俱乐部本身没有采取必要行动时，球员们就有过这样的例子。我觉得我们采取了负责任的行动，我们所采取的措施，应该被视为是对事件合理且正确的解决方案，而予以接受。

这一事件的严重后果是，埃里克被指控实际伤害了他人身体，不得不参加法庭聆讯，并被判两周监禁。正是莫瑞斯·沃特金斯把他保释出来，然后，又上诉，刑期减少到一百二十小时的社区服务。

埃里克从来没有解释那天在球场上发生的事情，也没有解释他为什么要那么做，但每个人都记得他著名的“沙丁鱼”引语。赢得上诉后，埃里克在一次拥挤的新闻发布会上面向记者，打破了沉默。

“海鸥，”他说，停下来喝一口水，“跟着拖网渔船飞行，那是因为它们认为沙丁鱼会被扔进海里，谢谢大家。”他站起身，大步走出了房间。

大家都很困惑，争论的焦点是他到底是什么意思。埃里克想要做的一切，都是用了自己独特的法国式表达法，来回应穷追不舍、企图挖掘故事的新闻界。事实上，在记者招待会之前，埃里克问过懂法语的莫瑞斯·沃特金斯，能否把他想说的话翻译成英语。

整个事件是一场彻头彻尾的噩梦，最后埃里克说他和英格兰足球的情缘已绝，因此亚历克斯不得不去巴黎说服他回来。亚历克斯最主要的担忧是，他不想让此事终结埃里克在曼联的职业生涯。事实上，在这段时间里，我们不得不拒绝了国际米兰想从老特拉福德球场挖走埃里克的洽谈。亚历克斯很有戒心，老是在想自己能做些什么让他回来，让他重整旗鼓。埃里克对球队如此重要，以至于亚历克斯不想失去他。最终还是那句话，教练想要最好的球员，所以只能更宽容一些。

当然，球队其他队员对埃里克在本赛季的剩余时间里未能出场也感到失望——埃里克是他们的护身符，但我觉得我们有足够的力量来进行深层次的弥补。特别是因为我们刚刚打破了英国的转会纪录，签入了一名新前锋。马克·休斯现年已经三十一岁，亚历克斯一直在寻找长期接班人，在本赛季中途，他已经确定了两个可能的目标，诺丁汉森林队的斯坦·科利莫尔和纽卡斯尔队的安迪·科尔。亚历克斯已经开始与森林队教练弗兰克·克拉克进行谈判，但这家俱乐部似乎在搪塞他，无法敲定这笔交易。

1 月初，亚历克斯打电话给我说他能签下科尔。纽卡斯尔主教练凯文·基冈打算以六百万英镑让他转会，搭上我们年轻的边锋基斯·吉莱斯皮，我们估值为一百万英镑，这样使整个转会费上升到约为七百万英镑。这在当时是一大笔钱，但我知道这种做法是正确的。

我不记得为这笔费用急得失眠过。科尔是当红的炸子鸡，在纽卡斯尔的比赛中以进球为乐。他在我们这里取得了巨大的成功，以两场一球的效率结束了其红魔生涯。他是一名优秀的职业球员。我一直记得，他在我们以九比零大胜伊普斯维奇的比赛中打进五球。由于他进球得分，在球场上看起来很外向，但作为一个普通人，安迪很腼腆，很内向——在更衣室里，他是那些喧哗人物最好的陪衬角色。

从本赛季开始，我们也加强了防守，以一百二十万英镑从布莱克本队签下了大卫·梅。但是，当我们即将接近上个赛季的梦幻成就时，却都以屈居第二而告终，在五月份既丢掉了联赛冠军也丢掉了足总杯。布莱克本队在今年大部分时间里都名列榜首，但本赛季最后一天，鹿死谁手还是悬而未决。在安菲尔德布球场，布莱克本对阵利物浦，他们握有两分领先的优势，形势比较微妙。我们必须在与西汉姆联队比赛中获胜，并寄希望于我们的宿敌能帮我们一把。比赛酣战中，西汉姆领先，但下半场，我们以压倒性的控制，最终凭借布赖恩·麦克莱尔的进球扳平了比分。在最后十五分钟里，我们不断轰炸西汉姆的球门，并有很多进球的机会。不用说，他们的守门员真是太棒了，裁判还漏判了我们的一个点球。有时事情就是这样。在我们得知利物浦击败布莱克本之后，事情变得更糟了。在那种情况下失去冠军是我足球生涯中最糟糕的感觉。

我们足总杯决赛的失利几乎是不可避免的。在前一周错失联赛冠军时，我们都很沮丧，我们的精神萎靡不振，随后，埃弗顿在一场不起眼的比赛中以一比零击败了我们。

总的来说，这是一个糟糕的赛季。赛季中途失去埃里克给我们带来深远的影响。毫不怀疑地说，如果埃里克还在，我们依然会是双冠王。1994 年我们曾是双冠王，在 1994—1995 赛季，埃里克的疯狂时刻，我们什么也没获得，1996 年他回来后，我们又继续获得双冠王。想起来也很神奇，如果埃里克一直在球队，我们能接连赢得三次双冠王。这就是他的影响力所在。

第二十二章　“靠一帮孩子你永远赢不了”

第一次赢得联赛冠军后不久，亚历克斯就来找我要求加薪。得知自己的薪水低于乔治·格雷厄姆在阿森纳的待遇时，他不高兴。然而，每次他为我们赢得奖杯时，都获得一大笔奖金。最后，我跟亚历克斯补签了一份修改的合同。

在 1994—1995 赛季结束时，亚历克斯仍然因为薪水比乔治·格雷厄姆少而愤愤不平，因此在那一年，他还要求我再涨工资。在我看来，罗兰·史密斯和莫瑞斯·沃特金斯对这个问题的处理更好：我认为首席执行官和主教练在薪资谈判上发生争吵不是件好事。然而，这个问题并没有解开亚历克斯的心结，并且在接下来赛季的大部分时间里，它都将浮出水面。

1995 年夏天，更紧迫的事情发生了，当时我怀疑老特拉福德球场被窃听。媒体上报道的一些东西使我们质疑他们是如何得到这些信息的。特别是那些我们一直设法在公司内部保密的信息。

我决定搜查整个住所，在我办公室的天花板上发现了电线、盒带录音机和几盘磁带。这一令人震惊的发现让我感到有些不安，因为罪犯肯定能够进入我的办公室以安放设备，收集录音信息。有人以某种方式混了进来。虽然进行了内部调查，我们却从来没有查出谁是罪魁祸首。

那年夏天，曼联转让出三名最富有经验和引人注目的球员，保罗·因斯、马克·休斯和安德烈·坎谢尔斯基，让球迷们感到惊愕和困惑。

我必须说，老特拉福德球场的很多人都很惊讶，特别是在赛季末，亚历克斯宣布他想转掉保罗·因斯。保罗当时还很年轻，在球迷中很受欢迎。我记得布赖恩·基德走到我跟前说：“真见鬼，主席，发生了什么事？我们为什么要转出保罗？”我确实就此问过了教练，但亚历克斯非常固执地说想让他走。他给出的理由是，在该赛季的一些重要比赛中，保罗没有执行他的指示。亚历克斯给予保罗一定的防守责任，但觉得他辜负了自己。我认为亚历克斯将几个关键失分归咎于因斯。国际米兰给出的报价非常丰厚，而亚历克斯相信自己有足够的青训球员，诸如保罗·斯科尔斯（尽管他原来的位置靠前）和尼基·巴特这样的组合来弥补他的位置。

粉丝们对此却完全不这么看，他们把这看作是纯粹的商业交易，我也为此遭到严厉的炮轰。各种各样的电话打入，甚至还有曼彻斯特的皮卡迪利大街电台的节目介入，但我不能让教练留住他不想要的球员。这是亚历克斯打电话做出的决定，因此我们站在他那一边。

马克·休斯转会是另一回事。亚历克斯不想让他离开，但马克的合同即将结束，并拒绝在新合同上签字。我们在一月份已经签下了安迪·科尔，所以马克认为他作为首发的机会有限。切尔西充分利用了这种局面，并与马克接洽，最终我们同意以一百五十万英镑的转会费让他离开,后来马克在那里干得很好。

坎谢尔斯基的情况有点复杂。在上一赛季中，安德烈曾抱怨膝盖受伤，但亚历克斯基本上不相信，因为俱乐部的理疗师和顾问并没有发现任何异常。最后，安德烈确实需要做手术，球员和教练因此而争吵，彼此失去了信任。夏天，安德烈要求转会，埃弗顿非常感兴趣，准备支付五百万英镑的转会费。

安德烈的经纪人格里高利·艾萨奥伦科抵达老特拉福德球场进行谈判。我认出他还是那副面孔，就像我们首次从顿涅茨克矿工签下安德烈时一样，但在最近发生在曼彻斯特机场的离奇事件后，亚历克斯有更多的理由去记住这个俄国人。

在与诺丁汉森林队一比一战平后，亚历克斯凌晨一点回到老特拉福德球场。他惊讶地发现艾萨奥伦科在停车场里等着他。这位经纪人告诉亚历克斯有东西给他，并问他是否愿意到曼彻斯特机场的爱克赛希尔恩斯特酒店去拿。亚历克斯抗议，但艾萨奥伦科不予理会。当亚历克斯走进酒店大厅时，他看到一份礼物包装的东西，后来发现里面塞满了四万英镑的现金。

他对自己为什么得到这笔钱感到困惑——这是试图贿赂，还是一种拍马屁的方式？第二天早晨亚历克斯来到老特拉福德球场，并向俱乐部秘书肯·默雷特透露了所发生的一切，随后秘书打电话给莫瑞斯·沃特金斯，我也得知这件事。显然，亚历克斯告诉我们是正确的，肯把四万英镑放进他办公室的保险箱，将近十二个月没有动过。艾萨奥伦科为了坎谢尔斯基转会的事而来，成了还钱的绝佳机会。唯一的问题是，他不想要，而我坚持要他收回，你来我往非常激烈，甚至暗示对我的人身安全构成了威胁。真的是说了一大堆废话；最后他收回了钱，我们转让了安德烈。

当然，球迷们并不知道幕后发生了什么；他们看到的是曼联解约了三名重要球员，而没签约新的人取代他们。进入到1995—1996赛季，没有签约主力球员，这是亚历克斯对一批年轻球员的信任，他们很快就会将自己载入曼联的史册。

在过去的几年里，看着这群年轻人成长的确非常令人满意，他们崭露头角，被称为“92班”，突破并巩固了他们在一线队的位置。1994年9月，曼联在对维尔港的联赛杯上派出了一支被认为是“实力削弱”的球队，引发了争议。亚历克斯已经在五天前的联赛中对阵容做了几次改变，推出了一些当时不见经传的名字，比如加里·内维尔、大卫·贝克汉姆、尼基·巴特和保罗·斯科尔斯。亚历克斯这一决定招致很多批评，但斯科尔斯在他的处子秀中，进了两球，以二比一赢得比赛。事实上这才仅仅是开始，更多公众首次见识到这些天才年轻球员的真面目。

我们已经知道他们是一个特别群体。我记得布赖恩·罗布森去预备队踢球，跟他们中的很多人交手，回来后抱怨说不允许他发边线球。他说，他们很有组织性，每个人在球队里都有各自的位置，当他准备发边线球时，加里·内维尔把球拿走，代他掷出。

加里是那支年轻球队的队长，也是场上的领袖。相对于其年龄，他极为成熟。有些人认为他的兄弟菲尔更好，但他们都是优秀的足球运动员，而且也是很好的板球运动员。的确，人们对菲尔的评价很高，他在英格兰十五岁以下代表队担任队长。我永远记得与前英格兰国家队队长兼主教练雷·伊林沃斯的谈话，他告诉我，在板球比赛中，菲尔是绝对合格的英格兰板球队球员，他们很遗憾把他给了足球。

至于尼基·巴特，大家都知道，他小小年纪就身手不凡，所以对他无需质疑。在十七岁时，他就有超乎其年龄的健壮，是非常凌厉的铲球手，富于战斗力，真的不要碰上他。从这个意义上说，他非常老练，能很好地领悟比赛。像所有的青年队球员一样，尼基具有真正的渴望和追求，他是一名非常优秀的球员。

不过，毫无疑问，大卫·贝克汉姆之所以成为他们中最著名的球星，很大程度上是因为他与“时髦辣妹”的婚姻。实际上，我在撮合他们的金玉良缘中扮演过某种角色。有一天，爱德华·弗里德曼给我打电话，请求帮忙。他正在和辣妹的经纪人西蒙·富勒谈生意，富勒想观看球赛。他带着维多利亚·亚当斯和梅勒妮·奇泽姆问我是否可以在董事办公室里接待他们。我欣然同意，比赛结束后，女孩们问是否可以下楼去见见球员。我陪同她们到球员休息室，这是维多利亚和大卫第一次见面的地方。

媒体关注的焦点经常围绕着大卫，因为他还是一个非常激动人心的年轻球员。他的比赛核心是能量和定位球技巧、他的洞察力和高超的传球能力。最初，大卫是托特纳姆的一名少年球员，但其父是超级曼联球迷，带他到曼彻斯特，去往博比·查尔顿足球学校报名，这是他的起点。在更衣室里，大家都知道贝克汉姆是何许人也，因为亚历克斯想笼络大卫并确保他与我们签约，常常带他去主场比赛。我总是在更衣室里看到这个金发碧眼的小家伙，想知道是何方神圣——原来他就是年轻的贝克汉姆。

当然还有瑞恩 · 吉格斯，他已经在一线队中站稳了脚跟。但我一直记得布赖恩 · 基德在这个时候对我说，所有的年轻球员都有所突破，对他来说，王冠上的宝石就是保罗 · 斯科尔斯。保罗势必要创造其职业生涯的辉煌，赢得十一个英超冠军奖牌。只有吉格斯在国内联赛中赢得了更多胜利。斯科尔斯就是这样一名天才足球运动员！他在球场上是一名很有影响力的球员——只有当他没上场时，人们才会真的意识到这一点。他不仅极具创造力，而且具备出色的传球能力，不仅能助攻，而且还可以射门得分。他是个安静的小伙子，但我不能确定他和同伴在一起时是否也是同样沉静，他刚开始出道时面对媒体确实很害羞。毫无疑问，在我担任主席期间，保罗是我最喜欢的球员之一。

还有其他的球员，他们均已经日臻成熟。本 · 索恩利是一名非常好用的边锋，但遗憾的是，他在预备队对阵布莱克本的比赛中摔断了腿。还有罗比 · 萨维奇，他在其他地方的职业生涯也表现不俗。不能在曼联踢球这种事实并不意味着你不是优秀球员，也不意味着你在别的俱乐部就无法取得成功。

当提到 92 班时，必须要谈论莱斯 · 科尔肖和埃里克 · 哈里森。埃里克把球员们带进这个系统，并凝聚成一支球队，功不可没。但是，正是在人们口口相传中，经常被遗忘的莱斯及其球探网络，发现并招募了所有球员。莱斯还必须与球员的父母打交道，确保他们的孩子们在曼联感到舒适，并在俱乐部和球员家庭之间建立起良好的关系。他对曼联很重要。后来他成为足球学院的院长，在比赛日，我仍然能在老特拉福德球场看到他。

在斯科尔斯、贝克汉姆、内维尔兄弟的培养过程中，我一直保持参与决策。尽可能多地观看青年队的比赛，在比赛结束后，通常会邀请他们的父母在我们的餐厅吃顿饭。通过这种方式，我认识了很多球员的父母，包括泰德 · 贝克汉姆。斯科尔斯的家人过去也常来。我记得尼基 · 巴特的父亲和吉格斯的母亲林恩。在这些比赛中，充满了家庭氛围，几乎回到了 20 世纪 50 年代的风格。亚历克斯想要在曼联取得的成就，其实是组建一支按照曼联风格比赛的球队，从青年队到首发十一名队员。这是当年马特 · 巴斯比的处世风格和俱乐部里所有人持有的回归理念。莱斯和埃里克是其中的关键。

我与莱斯接触很多，特别是自他在老特拉福德球场设办公室后，反倒不是在训练场。白天，我偶尔会去看他，喝杯咖啡，聊聊天，所以我知道这支年轻球队的发展情况，并且我也想知道事态的发展。我一直都很想知道年轻人的进步如何，谁会脱颖而出，谁将成为下一代明星，所以看到这支特殊一代的球队形成影响力，特别令人感到满意。

但现在这是不是拔苗助长呢？这是很多人都在问的问题，特别是在我们赛季首场比赛以一比三不敌阿斯顿维拉之后。正是这场失败，导致阿兰·汉森当天晚上在《今日赛事》中说出了那句臭名昭著的话："靠一帮孩子你永远赢不了。"他不是唯一一个这么想的人。我可能和其他人一样担心球队存在不足。当然，我知道这些球员的前途不可限量，但只有当你在训练场上，日复一日地看着他们刻苦训练，你才会相信他们已经羽翼丰满。我不能在董事室里说这些。大多数球迷也不会了解到这些球员的素质；他们只是偶尔会看到他们，但突然靠年轻人挑大梁，这的确是亚历克斯的勇敢决定。你必须得归功于他的远见和他对球员的理解，因为我们不仅赢得了当年的联赛冠军，而且还赢得了足总杯，仅仅在三年的时间里，我们拿到了两次双冠王。这是一项惊人的成就。

当然，十月初埃里克·坎通纳的回归给了我们极大的帮助。的确，他在那个赛季的影响就是他被英格兰足球记者协会推选为"年度最佳球员"。埃里克增加了球队的经验和吸引力。在极为关键的赛季最后几个月里，我们以一比零的比分赢得了七场比赛，其中五场是坎通纳的进球。他为年轻球员也树立了良好的榜样。他经常在下午训练后留下来，贝克汉姆和其他所有人都想：好吧，如果这对坎通纳来说是锦上添花，那我们就多练一会儿。

当埃里克停赛回来后，我和他的经纪人让 - 雅克·伯特兰重新签订了一份三年期合同。我很谨慎地说："看，我们必须对俱乐部有所保护，如果埃里克再做什么疯狂的事，我们就不会在他停赛的八个月里给他支付高额工资了。"因此，新合同的想法与结果有关。埃里克仍然会得到一份工资，不过不再加薪，但如果我们赢得了联赛，他会得到巨额奖金。如果我们赢得了足总杯，也是一样。

让 - 雅克 · 伯特兰和我推敲这份新合同那天，埃里克正在训练，我看得出来，这个经纪人并没有完全心悦诚服。让 - 雅克指出："埃里克最终得到的可能会比以前少得多。"

"但如果我们赢了，他就会得到更多，"我回答，"我们已经取得了胜利。"

让 - 雅克说："埃里克完成训练后，我们得把这个交给他。"

训练结束后，埃里克来到我的办公室，我开始解释我们的意思，如果我们输掉了联赛，他最终会得到更少，但如果我们赢了，他会得到更多。"那么你认为接下来的三年会怎样，埃里克？"我问道，"你认为我们会赢得多少次联赛冠军？"他立刻回答道："三次。"让 - 雅克 · 伯特兰拉下脸说："埃里克，别说了，保持冷静，你这样说不符合你的利益，没有人能保证你会赢得联赛。"但埃里克看着我说："我们当然要夺得三次冠军。"尽管这违背了他自己讨价还价的立场，但埃里克无法隐藏自己想说的话。不，我们将在未来三年内赢得三次联赛冠军。他就是这样自信。

当他在曼联时，埃里克是俱乐部收入最高的球员之一，他的每一分钱都不是白给的，但在我担任首席执行官期间，我认为保持对工资的控制是至关重要的。我觉得，如果你在工资上太慷慨，它会影响到其他一切，包括票价、球场费用，以及引进其他球员。别忘了我们也是公共有限公司，所以控制工资是正常的经营方式。

在曼联没有工资封顶一说，更像是一个工资上限，当同特别重要的球员谈合同时，它可能会上升。显然，球员们的工资并不都是一样的，只有少数人处于最高水平。我记得，当我们与基恩重新签约时，他的薪水最高。还有一次，安迪 · 科尔的薪水最高。所以现在，你得不时提高上限，这意味着某些球员在薪水方面可以超越其他人。

我有一个特殊的公式来计算新合同的工资。我会考虑球员在转会方面的成本，正式签约的费用和总成本，然后除以合同的年限，所以我知道什么是合理的和我们可以负担得起的。人们通常都会讨价还价，但你不需要同意他们的要求。你支付你付得起的钱。如果你支付了超过正常水平的转会费或工资，总有一天会是最后审判日。俱乐部将陷入财务困境，工资和转会的参考变得毫无意义。甚至在我们那个时代，很多俱乐部都是亏损的，但他们仍然继续花他们负担不起的钱。我从来没有将曼联置于此境地。我的责任是让俱乐部长期稳定。我们已经有约一百年的历史，我想让我们在未来的一百年里继续富于活力。我永远不会让俱乐部陷入危险，因为教练想要这样，或者球员、球迷想要那样。我有责任使俱乐部盈利并取得成功。

有一次，亚历克斯来找我，问我们是否能引进加布里埃尔·巴蒂斯图塔，但他的工资要求很荒唐，我告诉亚历克斯，我们没有办法负担。这会产生巨大的连锁效应，会破坏我们的工资结构。你整个阵容的球员都有不同的能力，如果你开始向一些人支付很荒谬的工资，另一些人会认为他们更好，你就面临问题。简言之，如果球员要什么你就给什么，你立马就会一败涂地。这是一场主教练和球员之间的持久战。他们的报酬很高，当他们获得成功时，他们想要更多。你要记住，我在经营一家公司，一家上市公司。谨小慎微也许并没有帮我赢得看台上更多球迷的支持，但你必须看到更宏伟的蓝图，这就是我一直以来所做的。

因此，我总是与相关球员单独谈判工资，他们会来找我，我们研究解决，达成新的契约。比赛奖金则不同，包罗万象，从联赛的胜数或平局、杯赛名次靠前、进入欧洲冠军联赛，从小组赛阶段突围开始，然后奖励进一步的后续成绩。

每两三个赛季就会同球员们谈判。他们会说："嘿，奖金怎么样？已经有一段时间没得到了。"我们坐下来同他们谈。球员们总是会任命四人组成的委员会来处理这些谈判。加里·内维尔一直是委员会的成员，丹尼斯·欧文和罗伊·基恩也经常是参与者。当然，还有埃里克。

我记得有一个特定场合，我已经检查并将奖金细分，这是为即将到来的赛季准备的奖金。我向球员委员会的每名成员提交了一份建议书的副本，以便彼此讨论。埃里克和其他人聊了后，然后直盯着我。他说：“主席，奖金是董事们对球员表达更多尊重的一个机会。”然后是戏剧性的停顿，“我认为这些奖金没能显示出足够的尊重。”这才是真正的埃里克。

另一次，是几年之后的 1998 年，在老特拉福德球场对阵莱斯特城的首场联赛之日前，奖金数额还没有达成一致。那天早上，秘书肯·默雷特来找我说：“主席，球员们说你还没有解决奖金问题，他们都在谈论不出场。”我发了一条信息说：“今天这里将会有一大批观众，如果球队不从通道出场，很多人就会失望。”最后，球员们接受了这笔交易。当你经营足球俱乐部时，在权力和金钱的角力中是输不起的。

1995—1996 赛季是多年来最令人兴奋的赛季之一。几乎从一开始，凯文·基冈的纽卡斯尔队就以领先选手的身份出现，到一月中旬之前，在球场上已经领先了其他队十二分。然而，慢慢地，我们稳打稳扎地赢回来了。

该赛季变故最多的比赛之一是去南安普顿的客场之旅。我们在上半场以三比零落后，亚历克斯让球队不穿灰色球衣，让他们在下半场换上了蓝白相间的球衣。他的理由是球员们发现很难互相辨认。我觉得这是一个借口，真的，我们遭到重创，但是归咎于球衣却减轻了球员的压力，尽管比赛还是以失败告终，但我们在下半场比赛中扳回一球。我知道爱德华·弗里德曼一点儿也不高兴，因为这会阻碍灰色球衣的销售。球队再也没有穿过灰色的球衣。

3 月在圣詹姆斯公园球场对阵纽卡斯尔队的比赛——在这里他们联赛保持全胜——已经被吹捧为冠军决胜局，两队球迷之间的紧张关系几乎是一触即发。在舒梅切尔以一系列出色的扑救把莱斯·费迪南德的射门挡出后，正是坎通纳的灵巧攻击奠定胜局。在那之后，我们越战越勇，而纽卡斯尔成为强弩之末。这是他们摇摆不定的开始，以基冈著名的电视咆哮而告终。亚历克斯利用他致命的思维游戏，暗示利兹和诺丁汉森林队那样的球队，可能不会以像他们对我们那样的努力来对付纽卡斯尔，基冈吞下了诱饵。这是一种情绪爆发，暴露出教练的失态。我觉得基冈的表现非常懦弱，曼联球迷把它拍了下来。感觉是我们现在已经战胜了，事实上我们也是。在获得联赛冠军后，我们前往温布利球场，在足总杯决赛中与我们的老对手利物浦对决。利物浦的小伙子们穿着时髦的米色套装来参加比赛。相比之下，我们的小伙子穿着黑色西装，看起来像是做生意。一场相当沉闷的比赛，在最后一刻坎通纳创造了个人辉煌。九十分钟快到了，我们似乎要进入加时赛，这时贝克汉姆开出角球，利物浦队的守门员大卫·詹姆斯击球打到禁区边缘，刚好坎通纳就在那里潜伏着。大多数球员都无法控制那个球，任何尝试射门都可能偏离几英里而放了高射炮，但是埃里克向后跃起过程中巧妙弹射，球应声入网。这是赢得决赛的精彩一幕。

我们不仅在三年内取得了两次双冠王的成绩，而且曼联也是第一支两次赢得双冠王的英格兰球队。这是一项伟大的成就，但我并没有觉得胜利会就此止步。我们的球队中大都是年轻球员，还有多年的好光景，我的想法是，这可能是真正意义上，伟大年代的开始，我们可以像 20 世纪 80 年代的利物浦那样，统治英格兰足球。但是亚历克斯·弗格森会在下个赛季，继续带领球队吗？

在足总杯决赛的前几天，亚历克斯的薪水问题再次提上日程。我的立场和以前一样，把谈判留给了莫瑞斯和罗兰·史密斯，他们很高兴和亚历克斯一起坐下来讨论新的合约。虽然我不知道发生了什么，随后我从莫瑞斯那里听说，事情变得非常激烈，亚历克斯对所提供的薪水感到失望，威胁不再履行传统杯赛决赛主教练的职责,带领球队到温布利球场比赛(尽管最后他还是这样做了)。我不知道为什么亚历克斯这么急着要在决赛前完成谈判，我本来以为他会想着先等赛季结束。毕竟，我们还有整个夏天可以坐下来谈判和梳理。结果就是，接下来的一周，亚历克斯就写了一份新的、非常完善的合同。

我不相信亚历克斯真的有可能因为与我们的工资纠纷而离开曼联，但我认为英足总在水中嗅到了血腥的味道，因此，在那年夏天的欧洲锦标赛后，英足总想要亚历克斯取代特里·维纳布尔斯担任英格兰主帅。我记得吉米·艾姆菲尔德和英足总首席执行官格雷厄姆·凯利来找我，我坚定地告诉他们，在我看来，亚历克斯永远不会担任这个职位。不管怎样，他是我们的教练，我认为他并没有准备好接受国家队的工作，因为他作为俱乐部主教练还有很多事情要做。当然，我不可能阻止他们与亚历克斯接洽，我相信他们在某个时候确实跟他谈过了，但最终没有任何结果。我从来没有和亚历克斯讨论过这件事，他也从来没有和我提起过这个话题。不过，我很有信心，他不会接受的。一个苏格兰人执教英格兰队，这是不可能的。

第二十三章　传奇：已然与或然

在 1996 年再次赢得双冠王后，球队现在获得了前所未有的成功和声望。老特拉福德球场的比赛一票难求，官方会员人数接近十万零三千人，到博物馆和体育场观光的人比以往任何时候都多，而在球场新开张的超级大卖场里生意也很兴隆。很明显，如果俱乐部要继续发展下去，体育场就需要扩建。

首先，我们全面关注南看台的重建，但这意味着要跨越经过体育场一侧的铁路线。这是可行的，但最终因成本太高而被禁止。然后是东看台和北看台。到那时为止，北看台是最大的，也是最老式的看台。它是在 1966 年世界杯比赛时建造的，如今已三十多年了。如果我们要继续推进北看台的重建，这将向外扩展到比现址更远的地方，并需要驱车通路，而这在很大程度上又取决于特拉福德公园地产公司拥有的可用土地，该地块毗邻满是企业和仓库的曼联路。

未能购买这片土地就意味着我们只能在现有范围内开发北看台，这是完全不可能的。谈判持续了将近一年，并且非常困难，但最终我们为这块土地支付了九百三十万英镑，被认为大大超过了商业利率，但毫不隐瞒地说，还不到我们准备支付的金额。

虽然我们拥有了土地，但所有的商业租户都在原地，我们不得不将部分最靠近看台的租户买断，这样作业就可以开始了。我们的准备工作相当慷慨，那些想接受我们的报价的人均可以满足其愿望。如果不能和他们达成协议，我们就准备等到租约到期。总的来说，这是一项艰巨的任务。

回到我父亲的时代，我们的建筑师一直都来自阿瑟顿·富勒建筑师事务所；他们对球场了如指掌，工作也很出色。至于建筑工程本身，总是进行招标，其原因有二：首先，我们想要尽可能最优的价格；其次，我们想避免任何回扣的指控。

1995年6月，北看台被拆除，俱乐部开始了有史以来最大、最昂贵、最雄心勃勃的发展项目的建设。当建设新看台时总会发生的一件事，就是希望能尽快使看台席位投入使用。不过，从安全的角度来看你必须非常小心谨慎，结束作业和营造出适合比赛的新建座位区需要付出相当多的努力。这就是罗宾·朗德斯的擅长之处，在他们开发新看台的同时，与承包商保持联系，尽可能多地得到每场次的座位。

到1996年5月，这个赛季结束时，新的三层北看台建成，总共耗资一千八百六十五万英镑。加上购买土地，所花费的总金额接近三千万英镑。这是一项巨大的投资，但翻新和扩建使整个球场的容量提高到五点五万人以上。由于座位增加，曼联现在每场比赛有一百二十万英镑的进账。

在新看台上花了这么多钱，最重要的是要从其中得到最好的回报，这意味着我们必须增加私人包厢、行政座位和休息室的数量。在1966年，每个包厢可以容纳六个座位；现在我们增加到十个，加在中间层和上层。我们把一个大的行政套房设置在看台中央，后面带餐厅，比赛日我们可以在此进餐。这就是曼彻斯特套房，也是曼彻斯特最大的餐厅，可以容纳上千人进餐。我们还开了一家主题餐厅——红魔咖啡屋，多年来一直是粉丝们非常喜欢的地方。

我必须为罗宾·朗德斯的工作喝彩。他已经按时、按预算完成了西看台的交付，当我们来做北看台时，这给了我们很大的信心，他又一次交付了。曼联可能是有史以来第一个，在时间和预算上都能准时完成看台施工的足球俱乐部。这很重要，因为老特拉福德球场已经在1996年欧洲足球锦标赛中被分配了几场比赛，包括小组赛，四分之一决赛和半决赛。作为温布利球场之外的最大球场，老特拉福德球场总是这种著名赛事的首选场地。而这个球场也可能是国内安保措施最好的球场，调用了曼彻斯特警察来应对大量的球迷，因此英足总对使用我们的球场有很大的信心。然而，在 1996 年欧洲足球锦标赛开始时，一枚爱尔兰共和军（IRA）的炸弹在曼彻斯特市中心爆炸，引发一场大规模的恐慌。当看到事后的照片时，发现没有人受重伤的事实令人震惊。当然，这在组织者和安保人员之间造成了巨大的恐慌，不得不加强警力。幸运的是，老特拉福德球场的比赛没有发生任何意外，新看台首次使用时取得了巨大的成功。

⚽

由于我们在球场上的成功，许多公司现在都想与曼联沾亲带故，特别是当我们刚刚成为首个跻身于前二百五十强公司的足球俱乐部之时。其中一个很好的例子就是耐克，他们击败茵宝，成为球衣赞助商，并与俱乐部建立长期的关系。

爱德华·弗里德曼、丹尼·麦格雷戈和我在 1995 年 12 月应耐克公司之邀请飞到美国去考察他们的运作。我们先是参观了芝加哥的一家耐克城门店，然后来到该公司俄勒冈州比弗顿的总部。

当耐克第一次接触到我们时，我告诉了爱德华，我们都认为最好的做法是对任何可能的交易进行估价，所以我们带着一些我们想要的东西去了美国。爱德华编制了一份完整而广泛的报告，以之前的球衣销售、俱乐部的粉丝群、制作球衣的成本以及其他东西为根据。他提出的价格是每年一千五百万英镑。耐克公司给了我们一个完整的演示报告，介绍了他们可以通过他们的各种分支和商店出售多少套，以及曼联将如何扩展到美国市场。但当他们询问我们提出的价格是什么时，我们提出了一千五百万英镑这个数字，他们提出的数要远低得多。

茵宝在 1992 年的球衣合同中击败了阿迪达斯，此时他们急于继续与曼联的合作，那份合同现在到期要续签。很明显，茵宝并不知道耐克的报价，他们只知道耐克有足够的兴趣让我们飞到美国去喝酒和吃饭。在我们的会议上，我们很明显地没有告诉茵宝耐克的报价已经很低，我还记得对爱德华说，我们应该给他们看我们的报告。爱德华同意了，并把报告交给了对方的首席执行官彼得·肯扬。他看过了，并且茵宝同意接受弗里德曼的估值——每年一千五百万英镑，这一数字是闻所未闻的。

我必须说，我们很想和耐克结盟，因为他们有可能打入美国市场，但他们与我们认为交易的价值之间的差距实在是太大。如果稍微接近的话，我们可能会做出决定。然而，我们对茵宝有一种忠诚感。除非有明显好处，否则你就不会轻易放弃。在过去的几年里，茵宝做得很好，所以今年 8 月我们与他们签署了另一份协议。

1996 年夏天，曼联再次成为可能被收购的对象。VCI 是一个视频、出版和音乐公司，在同年早些时候，已经买下了约六百万英镑的曼联书籍和视频的发布权益，并希望扩大其操作，他们的首席执行官史蒂夫·艾尔斯到老特拉福德球场来见我，提出他的收购建议书，VCI 提出的价格为每股两英镑，俱乐部价值达到二点七亿英镑。我还收到了 VCI 董事长迈克尔·格雷德的正式书面报价。

这真的是反向收购，因为 VCI 公司比我们小得多，所以这绝不是一个有吸引力的提议。我们相信价格还有很大的空间，这一点在两年后英国天空广播公司出价时就被证明了。我们必须考虑它，因为我们必须考虑任何严肃的收购要约，但如果我们想要认识到曼联的真正价值，是永远无法实现的。

当我们期待着新赛季的到来时，我们的球队进行了吐故纳新。由于加里·内维尔奠定其右后卫位置的地位，保罗·帕克一定意识到，他在未来不会有太多上场的机会。他也开始遭受伤病折磨，所以帕克觉得现在是时候见好就收了，他转会去了德比郡足球俱乐部。

这就是我们让李·夏普走的真正原因。一直都有关于他纵情于纸醉金迷的传说，亚历克斯可能觉得曼联已经发挥了他的最佳才能。有吉格斯和贝克汉姆在边路，我们可以花钱来加强其他位置。利兹联队对李很感兴趣，他们的首席执行官比尔·弗斯特比有一天打电话问我们对他报价多少。我给这名球员出价四百五十万英镑，于是李就去了利兹。

我知道很多球迷看到史蒂夫·布鲁斯在那个夏天离开俱乐部都很难过。史蒂夫对于没有入选参加足总杯决赛的大名单很失望。一天下午，他来到我的办公室。伯明翰城足球俱乐部给了他一份优厚的报价，比他在我们俱乐部要多，他征求我的意见。“老实说，史蒂夫，”我说，“我不会劝你放弃考虑这份报价的，在杯赛决赛中你没有上场，你现在已经三十六岁了，所以你在这里比赛的时日将会屈指可数，你得到了一个很好的机会，可以开创新的未来。”尽管我们向他提供了留在曼联的新条件，但我对他的最终建议是，如果拒绝了伯明翰的工作，那就是发疯。我认为他对此很感激：我并不是从曼联的角度来看待这个问题，我给了史蒂夫诚实的建议，告诉他我认为他应该做什么。他理所当然得到那个价码，因为多年来他一直是俱乐部的忠实拥护者。

在球队新晋力量方面，我们的首席球探莱斯·科尔肖有一天来见我，谈到波尔多足球俱乐部对这个球员要价四百万英镑。“我们真的应该看看这个家伙，”莱斯说，“他和坎通纳在法国国家队比赛，我认为我们应该对他有兴趣。”这名球员的名字是齐内丁·齐达内。

我向亚历克斯提到过齐达内，他告诉我，莱斯已经和他提起了这个话题。

“我还和埃里克谈过他，”亚历克斯确认说，“埃里克对他赞不绝口。他对他的确评价很高，但齐达内踢的是埃里克的位置，我只是有点担心，在禁令后让埃里克回来，并说服他再来为我们效力，如果我把齐达内转进来，我不是给自己找麻烦吗？所以我不能确定我们此刻是否需要他。”仅此而已。当然，在一个赛季后，埃里克离我们而去，齐达内去了尤文图斯，成了世界巨星。

我完全理解亚历克斯当时不接收齐达内的论点。亚历克斯不可能知道埃里克在一年之内就要退休了。这些事情在足球中时有发生。这与罗恩·阿特金森和莱因克尔的情况非常相似，当时罗恩觉得他已经有了足够多的前锋，所以错过了莱因克尔。但是齐达内来曼联踢球本该是我任期内发生的大事之一。

亚历克斯想要给曼联带来的人是阿兰·希勒。当他在 1992 年从南安普敦转会到布莱克本时，亚历克斯就已经错过了希勒。而在过去的几年里，阿兰无疑成了英格兰足球界中最致命的中锋。这一次，我们想把他从纽卡斯尔那里争夺过来并签约。我给纽卡斯尔的主席弗雷迪·谢泼德打了通电话，告诉他：“弗莱迪，像希勒这样的事可能永远没完没了。我们为什么不商定一个合理的数字，让希勒决定去留？”所以我们商定两家俱乐部各出价一千万英镑，球员将做出最后的决定。依我之见，谢泼德对这个想法很满意。

是年 7 月，希勒在 1996 年欧洲杯成为最佳射手，我们也正式致函布莱克本出价一千万英镑。当时，希勒的经纪人是托尼·斯蒂芬斯，他也是贝克汉姆的经纪人。我们和斯蒂芬斯见了面，然后阿兰去了亚历克斯家，在那里他表达了要来曼联的愿望。事实上，我甚至同意了阿兰和斯蒂芬斯的条件。然后，突然之间，弗雷迪·谢泼德打电话给我说，他违背了我们的协议，把希勒的报价提高到了一千五百万英镑，布莱克本接受了这个价格。

即使两家俱乐部坚持最初的一千万英镑的交易，我也怀疑希勒是否能成为曼联的球员，因为布莱克本的老板杰克·沃克铁了心，不能让他去老特拉福德球场。直到后来，希勒才向亚历克斯透露，杰克·沃克泪流满面地对他说："我不希望你走，但我会让你以一千五百万英镑的价格去纽卡斯尔，不然，你只有迈过我的尸体才能去曼联。"

未能把这一千万英镑用在希勒身上，我们花了一些钱收购了四名欧洲球员。奥莱·居纳尔·索尔斯克亚是一名年轻的前锋，在他的祖国挪威为莫尔德足球俱乐部攻入了很多进球。莱斯·科尔肖来向我推荐这名球员，并坚持认为他会为我们带来极大的好处。然而，莱斯没能说服亚历克斯，他认为这是一场赌博，因为索尔斯克亚参加的联赛不如我们自己联赛的档次，而且他也不确定奥莱是否在今后有发展。

莱斯仍然相信他值得冒险，所以我在与亚历克斯的谈话中提到了这个话题。"我不知道他对我们是否足够好。"亚历克斯重申说。我接着说："他只要一百四十万英镑，亚历克斯。即使他不能实现我们的预期，我们也会把钱拿回来。"亚历克斯思考了一会儿："好吧，如果你不介意冒险的话，主席，我很乐意继续下去。"于是我们就出门做成了这笔交易，果真是，我们无所反顾。除了在冠军联赛决赛中打进对我们帮助极大的制胜一球之外，他成为我们的得分能手，在他首个赛季就打入了十九个进球，粉丝们也爱他。他是一名不折不扣的得分手，他们称他为娃娃脸杀手，我不知道是谁编出来的，但这是相当准确的描述。我永远记得，他在对阵诺丁汉森林队的比赛中替补出场，在约十五分钟内打进四球。他是个可爱的小伙子，非常文静，总是面带微笑。他是一个很讨人喜欢而善于交往的人，而且很受其他球员的欢迎。他性格非常随和，这使得他更容易融入球队。如果他们都合得来，那也很有帮助！

那年夏天，我们签下了另一名挪威人，罗尼·约翰森，一名强壮的中卫。他之所以引起我的关注，还多亏了我的一位德国朋友罗尔夫·拉斯曼，他曾效力于沙尔克04足球俱乐部，20世纪70年代的中后卫，他踢后卫，与弗朗茨·贝肯鲍尔一起为西德队效力。罗尔夫经常会提起一名他认为适合曼联的球员。当年早些时候，我碰巧和我的商业经理丹尼·麦格雷戈一起在德国，为老特拉福德球场寻找大屏幕。罗尔夫问我是否听说过罗尼·约翰森，他目前在为贝西克塔斯俱乐部踢土耳其联赛。“我认为他能在英格兰联赛中踢球，”罗尔夫说，“我想他会成为你的好中卫。”在我回到曼彻斯特时，我向亚历克斯提到了罗尼，他说他的一些球探已经注意到他了。不久之后我们以一百五十万英镑的价格收购他。无论我的谈话是否引发了任何我不知道的事情，但罗尼是我们防守的中坚力量，特别是在我们成为三冠王的那个赛季和令人难忘的欧冠胜利中。

在那年夏季，我们对另外两名新晋球员寄予厚望，但他们都无法在曼联站稳脚跟。卡雷尔·波博斯基是一名快速右边锋，曾在1996年欧锦赛代表捷克共和国，有上佳表现，从布拉格斯拉维亚体育俱乐部以三百五十万英镑转会而来。卡雷尔是一名技巧型球员，但由于贝克汉姆在这个位置上的影响力越来越大，他只在我们这里踢了一年半的比赛。

约尔迪·克鲁伊夫是以一百四十万英镑的价格从巴塞罗那转会而来的，是一名很有教养的球员，会突然之间以妙招射门得分，但像卡雷尔一样，他在曼联也没有扎根。他可以打边翼或前锋位置，但他从西班牙联赛而来，我认为他会觉得很难适应更需要体力的英超联赛，而且必须在黄金一代中争夺一席之地。他决心以自己的方式在足球事业上开创一片天地，远离他大名鼎鼎的父亲约翰的影子。这就是为什么他坚持认为他的衬衫后面的名字应该是约尔迪，而不是克鲁伊夫。

1996—1997赛季是曼联又一个成功的赛季，因为我们再次赢得了联赛冠军，并在最后获胜的成绩远远超过其他球队。并不是过于自大，但到了这个阶段，我们已经习惯了获胜，这是我们五年来的第四次联赛冠军。这支球队表现出了强大的精神力量和团结性，这要得益于六名年轻球员的独特结合，他们都是土生土长的、完全彻底的曼联球员，得到了他们周围的一些优秀的、有经验的球员的支持，如基恩、欧文、坎通纳和舒梅切尔。这是一个非常了不起的组合。

然而，我们在欧洲的表现仍然很差，在前两个赛季中，分别在小组赛阶段就被淘汰出了欧冠，并在欧洲联盟杯中首轮出局。那一年，我们成功地进入了冠军联赛的半决赛，面对最终的冠军多特蒙德足球俱乐部，但在两个回合的比赛中我们都输掉了一个球。这非常令人失望，因为我们在那年有极佳的机会进入决赛。我们在国内联赛中占据了绝对优势，但自 1968 年以来，我们就没有得过欧洲冠军杯。这是下一个大目标，我们在欧洲踢球的每一年都在获得宝贵的经验。

赢得联赛后的庆祝活动一结束，我们就被一枚重磅炸弹击中了。三十一岁的埃里克 · 坎通纳将挂靴归去。这完全出乎俱乐部里每个人的意料，5 月 15 日下午，埃里克私下在我的办公室里向我透露了这一消息。他为他的决定给出了许多理由。首先，他不相信曼联有能力赢得冠军联赛。他还说，他踢足球已经十三年了，这是很长的一段时间，他想把自己的生活转到另一个方向，去追求其他的东西。除此之外，他一直计划在鼎盛之时退休。埃里克想让世人明白，他在曼联的四年半的时间是他足球生涯中最快乐的时光，再加上他与教练、教练组和球员以及球迷们的关系。他希望曼联在未来取得更大的成功。最后，他让我在他度假时发布关于他退休的声明，那时媒体将无法联系他。很明显，我们不想让埃里克离开，我尽了最大的努力说服他留下来，但是如果一名球员想退役，你束手无策，你必须让他走。

在那之后，尽管埃里克在 2011 年出席了亚历克斯 · 弗格森看台的揭幕仪式，我们在俱乐部里再也没有更多地看到他，我认为这是一个很好的姿态。在一个套间里，举行仪式之前，有一顿大餐，埃里克迟到了，但他围着每一张桌子握手，向每个人问好，并为没有准时而道歉。毫无疑问，埃里克对曼联和亚历克斯有着强烈的感情。

埃里克显然不同于其他球员，的确有点像个局外人。他的性格多变，有些人会说这是自信，有些人则认为这是傲慢；不管它是什么，它似乎都能达到预期的效果。我和他一直相处得很好，他非常尊重我，我喜欢把他作为一个普通人。老实说，我对他有点敬畏，对很多球员我都不会这么说。但他确实有些特别的过人之处：他身上笼罩着一个光环，不管在球场内外，他都是一个狂妄自大的人。并且，他蹩脚的英语很可能加深其整个形象。不过，我怀疑他的英语说得比他假装的好——这都是他的神秘之处。

每当我们出现在客场比赛时，大多数球迷们最想看到的球员是埃里克。我记得有一次在考文垂打球，当埃里克从更衣室出来时，所有的考文垂球童都开始窃窃私语，“他在这里。”“看，是他。”那种坎通纳的光环和明星气质使他高于其他任何球员。

在现代，很多球迷都有他们最喜欢的球员，有些人会看中吉格斯，其他人看中基恩、斯科尔斯或者罗布森，但是你向曼联的球迷提到埃里克，他们会告诉你他有魔法。如果埃里克在球队里，你期待着去看比赛，因为你知道会发生什么事；他可以做一些非同寻常的事，因为他就非同寻常。

第二十四章　告诫亚历克斯

在成功地监督了北看台的建设之后，罗宾·朗德斯决定离开我们。利兹联队向他提供了首席执行官的职位，他也想接受，这对我来说绝对没问题。我认为是时候让罗宾继续拓展前程了。他负责交付我们的新看台，以及监督伦敦金融区上市，他做得很好。然而，这却让我们要寻找一位新的财务总监。

我们收到了无数的申请，最终名单包含了四名候选人。我基本上是在找一个富于能量、能让公司进步的人。面试在老特拉福德球场举行，小组成员包括我、罗兰·史密斯和莫瑞斯·沃特金斯。1997 年 2 月，我们选择了大卫·吉尔。大卫年轻、雄心勃勃、资质不错，他的履历令人印象深刻，包括伯明翰大学的荣誉学位。他也是曼联的狂热球迷，自从查尔顿、劳和贝斯特的时代以来，就一直追随俱乐部，了解我们的全部历史。大卫的足球知识，他的敏锐、年轻及其举足轻重的学术资格让他获得了这份工作。我很喜欢他的性格。

作为新任财务总监，大卫在日常事务的运营中非常富于支持性和实用性，并列席所有重要的内部会议。起初，罗兰并不想让他成为足球俱乐部的董事会成员：他担心他太过沉浸和陷入足球方面的事务。另一方面，大卫非常想成为足球俱乐部董事会的一员，如果一位财务总监是餐饮、商品经营和公共有限公司的董事会成员，而不是在足球俱乐部董事会的成员，那的确是有点古怪——毕竟我们是一家足球俱乐部。所以我们把这件事理清了。

最后，大卫与罗兰在工作上密切合作，因为每当罗兰想知道任何财务信息或与伦敦金融区有关的事情时，他就可以直接去找大卫处理好，而不是来找我。我很满意这一点,因为这给我减负了,我可以把更多的时间花在其他事情上。

在大卫被任命的几天后，我又要做出一个非常重要的任命。彼得 · 肯扬经过曼彻斯特，打电话给我，我们安排在老特拉福德球场共进午餐。多年来，我一直认识彼得并与之打交道，他担任茵宝的首席执行官，在他的领导下，公司营业额和增长率突飞猛进地发展。在我们午餐时，彼得透露他已经决定在工作十年后离开茵宝。我听到这一点，问他下一步打算做什么。彼得说他还在评估自己的选择。

有一段时间，我一直在考虑辞去曼联首席执行官一职。1995 年，在马恩岛的一次私密会议上，因为罗兰 · 史密斯在岛上有一栋别墅，我向罗兰和莫瑞斯 · 沃特金斯透露，我正考虑离职。我有我的理由。我做这份工作已经十五年了，也许这就够了。这是艰苦的工作。曼联就意味着全部奉献，我意识到自己应该多花些时间在家里。我也不觉得自己是特别受欢迎的，我招致了很多非议和批评。我算是亚历克斯的伯乐，我们取得了相当大的成功，所以俱乐部的状态很好。我想，好吧，也许是时候让其他人去大显身手了。这实际上是多种机缘巧合。

罗兰和莫瑞斯听到我的话吓了一跳。“你不能那样做，”他们都恳求道，“你只有五十岁！”我们谈论了这件事，他们说服我留下来。“好吧，”我说，“我再干五年。如果我打算继续干，我必须做出适当的承诺。”此外，我倾向于以五年为期。我已经干了十五年，如果再干五年，那就是二十年了。我很高兴我这样做了，因为球队在 1996 年赢得了另一次双冠王，当然还有著名的三冠王。不然，我会错过这些的。

然而，不可避免的是，我不得不考虑谁最终会接替我的工作，以及该如何向他们展示这些诀窍。彼得 · 肯扬似乎是完美的候选人。我认识一些在茵宝的高管，他们对他的评价很高。他也是当地人，还是曼联的铁杆球迷。所以在我们午饭结束之前，我问彼得，他现在是不是自由身，是否会考虑加入我们曼联。我告诉他说："我希望在未来几年内摆脱日常的经营管理。但我不完全放手。所以我想物色个人来做这份工作。你为什么不来当一名副手，然后晋升再当首席执行官呢？"彼得对我的提议既惊讶又受宠若惊，他说他需要一些时间考虑考虑。

有趣的是，如果这件事是在一年后办的，我可能会想，坚持下去，我不需要培养任何人，我可能已经在大卫·吉尔那里得到了答案。然而，当聘用彼得的机会来临时，大卫才刚到，还没有证明自己的能力。我当时不太了解大卫，但我认识彼得，当他接受我的提议时，我很高兴，他在五月接任副总裁一职。

聘用彼得作为我的副手的后果之一是，这件事与爱德华·弗里德曼产生了巨大的冲突。显然，彼得在商品推销方面有很多经验，所以这是他可以留意看一看的事情。但是爱德华觉得彼得的介入削弱了他在生意上的地位，彼得在那个位置上将以某种方式代替他，不过，那绝不是我的本意。爱德华或许也相信彼得的到来会阻止他晋升。说实话，我从来没有真正想过爱德华接任首席执行官，尽管我觉得爱德华可能认为，有一天他会担任这个职位。这真的是爱德华在曼联退步抽身的开始。在彼得到达后的三个月内，他就离开了。

爱德华干得不错，在五年里就构建了商品营销部门，这只是其中之一。在组织方面，你必须吸收新鲜血液，有些人要得到晋升，有些人则会被拒之门外。爱德华坚信雇佣彼得是错误的决定，这会影响到他，让他承担更少的责任。我不敢肯定这对他有多大的影响，但爱德华毕竟还是彼得介入的牺牲品，他觉得自己必须另谋高就。

一天晚上，我坐在办公室里，突然接到艾伦·休格的电话。就像两年前那样，我和布赖恩·基德有过一次谈话，其中他说如果我们有机会签下特迪·谢林汉

姆，我们应该认真关注他。这可能是埃里克·坎通纳停赛那会儿，亚历克斯去法国说服他留下来的时候发生的事，因为布赖恩告诉我："如果埃里克真的离开了，我们再不济也要得到谢林汉姆。"在接下来的联赛会议中，我专门过去找艾伦·休格，提出了一个建议说："如果托特纳姆想要卖掉特迪·谢林汉姆，我们会感兴趣，他会让我第一个选择。"

"好的，"他说，"我一定会通知你。"

当时我正坐在办公室里，这时电话响了。

"马丁，我是艾伦·休格。"

"你好，"我说，"还好吧？我能为您做些什么？"

"你还记得几年前我们有关谢林汉姆的一次谈话吗？"

"是的，我记得。"我说，这激起了我的兴趣。

"好吧，我们已经决定放他了，我会给你优先选择权。"我想他们已经吵了一架或出了什么事，而艾伦急于摆脱谢林汉姆，而特迪也想要离开，当然，特迪绝不会恭维艾伦·休格，"那么，你有兴趣吗？"

"我们肯定有兴趣，艾伦。你能把他留给我吗？等半个小时我再联系你。"我刚要放下电话，我突然说，"噢，顺便问一下，你要价如何？"

"三百五十万英镑。"休格说。

"好的。"我挂了电话，立刻给在家里的亚历克斯打电话。

"亚历克斯，你觉得谢林汉姆怎么样？"

"可以，作为埃里克的替代者，他会做得很好。"

我说："我想我们可以得到他。艾伦·休格刚刚打电话给我们，给予我们首先选择他的权利。"亚历克斯对我的想法也感到兴奋，我就给休格回电话："是的，我们很感兴趣，但三百五十万英镑有点贵。毕竟，他三十一岁了。"

"真他妈见鬼！"休格在电话那头大发雷霆，"我还以为我是帮了你一个忙。如果你不想要他，好吧，我肯定会有很多人准备为他支付三百五十万英镑的。"

“好吧，”我说，“我们成交。”事实上，这并不是漫天要价的荒谬费用。虽然谢林汉姆三十一岁，但我们能充分利用他四年的时间。我必须说我和他相处得很好；他是一名很好的职业球员，非常卖力、埋头苦干。

除了特迪之外，那年夏季我们唯一引进的其他球员是亨宁·伯格，一名优秀而优雅的挪威后卫，以五百五十万英镑从布莱克本队转会而来。亨宁为曼联打了六十多场比赛，而且一直都很可靠，但在那一年早些时候，我们还有机会签下欧洲最具战斗力的后卫之一——马塞尔·德塞利。这位法国国脚已经宣布了离开 A.C. 米兰的打算，并且在 1997 年 2 月，他不仅与我们达成了个人条款，而且还签订了一份合同前的协议，只需要一次体检，以及我们商定好付给 A.C. 米兰的费用，他就会在老特拉福德球场效力直到 2001 年。但最终没有成功，他决定去切尔西。当然，这都是猜想，但如果德塞利与我们签约，亚历克斯也许在后来会觉得没必要去追逐雅普·斯塔姆。尽管这两个人会形成一种防御性的伙伴关系。

不幸的是，1997—1998 赛季以痛苦的失望而告终。虽然我们的关键球员之一罗伊·基恩在开赛不久就受伤，但这似乎并不影响我们。而在 2 月份最后一天，如果我们在斯坦福桥球场击败切尔西队，则有机会以十一分领先，居于积分榜榜首。我们凭借菲尔·内维尔的一个罕见进球拿下了比赛。我记得回到老特拉福德球场，在球队教练备战会上表示，我们现在不能再失去联赛。然而，我们确实重蹈了纽卡斯尔在前个赛季的覆辙，从巨大的领先优势急剧滑落。阿森纳一度取得了十连胜，后来居上在积分榜上超过我们，其中包括在老特拉福德球场取得的重大胜利，他们居然在主场击败了我们。不仅如此，阿森纳在他们精明的新主帅阿尔塞纳·温格的带领下，获得了当年足总杯在内的双冠王。

那年我们似乎迷失了方向，在足总杯中，被巴恩斯利队轻而易举地淘汰出局，又在欧冠四分之一决赛中输给了摩纳哥队，这一切都增加了一种普遍弥漫的沮丧感。然而，在冠军联赛小组赛阶段，我们以令人难以忘怀的三比二战胜了尤文图斯，至少证明了，我们的球队确实拥有与欧洲最佳球队竞争的天赋和精神力量。

赛季结束后，我享受了疲惫后的假期，之后回到老特拉福德球场，以评估问题的根源所在，因为我的感觉是我们不应该输掉那一年的联赛。我去看罗兰·史密斯，他同意我阐明对事态的评估，以及需要解决的问题。他担心曼联的黄金时代将会结束，阿森纳有可能在比赛中与曼联针锋相对，但也有可能是主教练能力的较量。

当时亚历克斯和他的家人在法国度假，但我们认为事情很重要，所以我们请他去伦敦参加一个会议，以全盘讨论事态。我认为亚历克斯离开他的家人不太高兴，但他同意飞回来。

这次会议于 1998 年 6 月 24 日举行。尽管我们坦率地谈到了我们对亚历克斯最近表现的不满，但罗兰或我都不希望诋毁他在俱乐部取得的任何成就。我们只是觉得他没有像以前那样专注于他的工作。在我们看来，外部力量，如他的名人地位和他最近作为赛马老板的兴趣，已经占用了他太多的时间，影响了他作为曼联主教练的职责。

约一个星期后，亚历克斯让他的会计艾伦·贝恩斯开始就一份新合同展开谈判。我的第一反应很惊讶，我想："再等等吧，在我们开始考虑一份新合同之前，我们需要解决一些问题。首先，他需要回到正轨。"在那次伦敦会议之后，罗兰建议我把我们提出的所有观点都写下来。这个我做到了。我现在决定把这些内容正式以书信的方式写给亚历克斯，并于 7 月 7 日早上在老特拉福德球场内部送达给他。

这封信重申了董事会和我对这个赛季未能赢得任何奖牌的担忧。我们最重要的目标是赢得冠军联赛，但对英超联赛和足总杯的追求并没有因此而受到影响。董事会的议程是就所有这三项比赛进行挑战，而不仅仅是为了创建一支只想着争夺欧冠，而不在意另外两项比赛的球队。

在伦敦与亚历克斯的会晤中，罗兰和我讨论了积极转会政策的必要性和平衡培养本土球员的必要性，并提出，要将二者与周密的球探方案以及详尽的球员评估相结合，我们现在强调了这一点，还提到需要仔细考虑购买海外球员的额外困难。

我们赞扬了亚历克斯的青年队政策，在阵容中清除了不堪造就之才，提高了体能和技能的训练，特别是他在所有球队事务中一贯亲力亲为的政策。

亚历克斯的形象正在扩大，他的兴趣范围也在扩大。始终会有这样的风险，即这些外部利益可能会损害他在俱乐部执教的质量，体现在无数细节方面。

董事会完全支持亚历克斯，不希望有任何妨碍俱乐部迅速发展的干扰事项。这些干扰事项是不可避免的，但在必要时应加以解决。

此类问题中有一个是，媒体偶尔会批评公共有限公司的董事会缺乏对球员收购的支持。我们向亚历克斯保证，他会一如既往地得到董事会的适当支持，但在对媒体发表评论时，有必要保持谨慎。

我们向亚历克斯表示感谢，感谢他执掌俱乐部以来的管理实力。当然，还存在一种令人信服的必要，就是要阻止那些干扰他行事风格的事情发生，这不仅给他也给俱乐部带来了成功。我们不希望看到外界影响造成的任何损害。

当天下午三点，我的秘书告诉我，亚历克斯想见我。我想这可能会很有趣。从亚历克斯一进门我就看得出来，他不高兴了。他说，这封信让他极度不安，尤其是在他为俱乐部所做的一切之后，如果我们是这样看待他的，那么他别无选择，只能辞职。亚历克斯使用的语言比较圆润，但基本要点是这样的。

“事情是这样的，”我说，“如果你是这样感觉的，亚历克斯，我们必须接受它。”我当然不想让他去职，从某种意义上说，我是在跟他摊牌，但话虽如此，我们确实对哪些地方可以改进持有真正的看法。作为首席执行官，我的职责之一就是指出我认为的不足之处。因此，虽然我不想让亚历克斯辞职，但我确实希望他接受我在信中所表达的担忧。

正当我准备下班回家时，亚历克斯打来电话，他说他想撤回他的辞呈。我很乐意接受。我有一种感觉，他最终会回来，尽管我确信我的信肯定伤害了他的职业自豪感。把所有的东西都开诚布公地摊开讨论和解剖是一回事，但实际上，用白纸黑字把这一切写下来，则完全是另一回事。但那封信仅仅是着眼于建设性。我想让他做的就是接受我们的建议，重新找回他的注意力，因为只要亚历克斯·弗格森心无旁骛就比什么都好。他在接下来的赛季中，如何大打翻身仗，赢得三冠王就是证明。与媒体传言相反，这是我与亚历克斯·弗格森在十七年的工作关系中唯一一次重大的争执，但在这十七年里，我们赢得了十七座重要的奖杯。

第二十五章 默多克和曼联

在俱乐部历史上最重要赛季开赛前的两个月，即1998年6月下旬，英国天空广播公司首席执行官马克·布斯给我办公室打来了电话。布斯想知道我是否可以到伦敦来，谈谈按次付费的电视模式。天空电视台最近提议，以按次付费的方式播放一些他们的现场比赛，但英超联赛对这一概念印象不深，也很漠然，没有多少俱乐部持赞同态度。另一方面，我们和其他一些俱乐部，诸如阿斯顿维拉一样，对这个想法持开放态度。

7月1日，莫瑞斯·沃特金斯和我乘火车前往天空电视台埃尔沃斯总部开会。午餐已经安排好了，当我们开始吃着烟熏鲑鱼开胃菜时，布斯突然坦白了。他说："瞧，马丁，我把你骗到这儿来了。当我打电话邀请你参加这顿午餐时，我说我想谈谈按次计费，但我有一个更大的议程，我不想在电话里说。"

我好奇地看了看，发现莫瑞斯和我一样困惑。布斯继续说："我真正想说的是天空电视台收购曼联。我们已经研究过了，想就收购你公司的问题，提出一份报价。"

如果说布斯提出的是一件完全出人意料的事情，那是一种轻描淡写的说法。我们对这种议程真的没有任何意识。莫瑞斯和我都试图保持一种外在的平静，但我的脑子一直在思考这对俱乐部、我自己的地位、我的董事们和我们的股东们的工作有何影响。

布斯显然可以看出，他的话让人感到震惊，并试图向我们保证，他希望竞标的方式是友好的。“这笔交易最大的吸引力在于，你在老特拉福德建立的管理模式，马丁，实在是太好了。你拥有非凡的体育特许专营权和非凡的商业模式。这是我们所提议的关键部分。我们想做这件事的唯一方法是看你是否有同样的热情，所以我会让你考虑的。”

听到要约远没有激动得跳起来，莫瑞斯和我仔细地听着，记住了他对我们说的话。布斯暗示不会有大规模的改造。他们对收购曼联很感兴趣，因为其很成功，可为什么要改变一支屡获殊荣的球队呢？他说了好多得体的应酬话，但没有透露天空电视台准备付多少钱，我也没有问具体的数字，我只是对他表示感谢，并说我们会仔细考虑他所说的话。

你不必是一个天才就能知道是什么能让曼联吸引像天空电视台这样的机构。拥有英国足球界最大的俱乐部，能让他们在未来媒体权利上享有巨大发言权，并为他们赢得谈判桌上的席位。他们也可能指望有一天，俱乐部有机会自由地谈他们自己的电视交易，而作为曼联的老板，他们会把自己放在一个非常有利的位置上。

我们的会议一结束，莫瑞斯和我就来到伦敦金融城，突然拜访罗兰·史密斯的办公室。当我告诉罗兰时，他对这个消息的反应非常积极。在我们经历了一个糟糕的赛季之后，随着潜在竞争对手阿森纳大踏步迈进时，未来的事情对我们来说并不是那么容易，所以天空电视台的金融力量不可谓不好。

震惊平息之后，我的个人观点与罗兰的观点吻合。当时天空电视台的市值比曼联高得多，他们的支持只会让我们更强大。但还有很多其他的事情要考虑，比如，他们要怎么处理整个业务呢？他们是否真的要进行大规模的变革，与布斯所建议的相反？他们要改变这个地方的文化吗？只有当我考虑到这些问题时，我才开始觉得，曼联和天空电视台联合起来的力量，比曼联单独时更强大。

但这种在英格兰足球界中独一无二的合并可以得到批准吗？天空电视台想买一家足球俱乐部很久了，但其前首席执行官一直拒绝这个想法，因为他相信这会违反竞争法。布斯看待问题则非常另类，作为一个美国人，他习惯了拥有体育俱乐部和特许经营权的媒体公司。毕竟，默多克自己刚刚才买下了洛杉矶道奇队。布斯也寻求了自己法律顾问的意见，他告诉布斯，如果天空电视台继续收购曼联，没人能采取任何行动去阻止它的发生。我们从自己的律师那里得到了很多同样的建议：任何可能的合并，都将成为被炒作的对象，会有很多反对的声音，但这件事不可能被阻止。

7 月初，我在伦敦再次见到了布斯，然后莫瑞斯在那个月晚些时候会见了天空电视台的首席财务官马丁 · 斯图尔特。在这次会议上，第一次讨论了价格问题。斯图尔特想知道曼联对俱乐部的期望估值是多少。莫瑞斯在一张纸上潦草地做了些计算，然后把它递过来。当他看到每股二百九十便士这个数字，斯图尔特的嘴张开了，这意味着俱乐部将价值七点五亿英镑。这对莫瑞斯来说是一个大胆的开局棋法。地球上没有一家俱乐部有这样高的标价，但这至少让整件事件启动了。

8 月 4 日，莫瑞斯和我再次会晤了布斯和伦敦天空电视台的代表。我记得大家都很担心我们的讨论会泄露给媒体，当服务员给我们端来咖啡时，大家都鸦雀无声，沉默地看着他。这个可怜的人，把托盘放在一张桌子上，匆忙地退下。

在会议上，布斯认为，莫瑞斯二百九十便士的标价是完全不现实的，并建议诸如一百九十便士这样会更合理。我们对此很不满意，然后就进行了几个小时的紧张谈判。到了晚上，我们已经达成了二百一十七点五便士的协议，这是我乐于向董事会推荐的价格。

几天后，在新赛季的第一场比赛结束刚刚一周后，曼联董事会召开了会议。那时罗兰站起来宣布天空电视台已经为俱乐部出价了，桌子周围也有不少人被吓了一跳。我接过话头并解释说，我们已经商定了一个令人满意的价格，并建议我们继续进行。

在所有董事会成员中，持最大保留意见者是最近才成为董事的格雷格 · 戴克。出于实际的原因，我们已经和格雷格与董事会保持一致。罗兰一直非常清楚，上市公司董事会应该有坚强的、独立的专业人士来维护伦敦金融区对我们的信心。他与董事会上的每个人所见略同，他还觉得电视的发展正变得越来越重要，所以我们想要一位能在电视转播权价值上，给我们提出建议的人。当他在英国独立电视台时，他真正充当了超级联赛的催化剂，并最终打破英国广播公司的同业垄断，从而达成了协议，还有谁能更好地为我们提供有关这一切的建议呢？格雷格也是曼联的铁杆球迷，所以他似乎是一个很明显的选择。

格雷格的主要抱怨是，他认为我们提出的价格太低了，所以董事会决定聘请汇丰银行来评估自己的价值。他们认同二百一十七点五便士已经超过了可接受的价格。然而，这一观点与俱乐部自己的经纪人——梅瑞尔·林奇的观点相反，后者认为该价格应该在二百三十便士甚至二百四十便士的区间。这真正地引起了纷争，因为在这个阶段董事室内有广泛的呼声，要求协议继续推进，而在某些情况下，还有持非常怀疑态度的其他人，因为他们担心自己的职位——随着事态的进展，很多参与这个谈判的人均有不同的议程。比如大卫·吉尔，他担心明年是否会继续干；莫瑞斯担心他是否能继续担任俱乐部的律师；而如果球队被收购，我想参与早期的事务，来带领俱乐部继续前进。

随着与天空电视台谈判的继续，我知道作为一家上市公司的董事，我的首要任务是照顾股东的利益，并为他们的股份争取到一个好价钱。我们的股价目前大概是一百五十七便士，所以一旦汇丰银行推荐二百一十七点五便士，就比目前的价格高出六十便士，我很满意我们没有卖空股东。我对那个数字的任何改进都没有问题：我不打算争论这个问题，那是锦上添花。就我而言，这笔交易对曼联来说是正确的，或者不是。如果我认为这笔交易的价格是二百一十七点五便士，那肯定是在二百四十便士正好。我唯一担心的是，如果价格高得离谱，天空电视台在这个阶段可能会放弃。

在 9 月 6 日上午，所有周日报纸上充斥着天空电视台要收购曼联的消息，事态变得更加复杂。有人泄密了。也许更大的震惊是，我们居然已经向媒体封锁了这么久，就在两天后在伦敦，我们终于达成了一项协议。这是一件很艰难的事，争论一直持续到晚上，不得不休会到第二天早上。从二百一十七点五便士开始出价，天空电视台提高其报价到二百二十六便士，最后是二百三十便士，使曼联的价值达到惊人的六亿英镑。即便如此，格雷格·戴克仍然认为我们以太低的价格卖掉了曼联，特别是当没有人能够预见到俱乐部未来的电视转播权会有多大价值时。这是僵局。

我给布斯打了通电话，他在天空电视台的总部开会。他接了电话。“对不起，马克，但我做不到，”我说，“我办不到。全在于格里格·戴克。你是否打算在没有得到全体董事会支持的情况下做这件事，就因为其他人也推荐它？”布斯说他不会。“好吧，如果你想要整个董事会支持，那么我只能在你准备报价到二百四十便士时，才能得到他们的支持。”

电话另一端一片寂静。“我得想一想。”布斯说。

二百四十便士这一数字在埃尔沃斯总部中引起了一定程度的恐慌。现在意味着天空电视台得为曼联支付六点二三亿英镑。随着紧张局势的加剧，默多克出面干预，他告诉布斯，无论他做出什么决定，他和董事会都会支持他。布斯咬紧牙关同意了。成交了。我们是这样认为的。

第二天早上，9 号，我们在伦敦举行了一场新闻发布会，正式宣布了这笔交易，然后回到老特拉福德举行了另一场发布会。这笔交易一公布，我们就遭到反默多克团队在报纸上的绞杀。有一件事我确实觉得奇怪，那就是媒体人在报纸专栏或社论中强烈反对，他们私下里却对天空电视台说，他们认为这是多么了不起的交易。我猜他们必须卖报纸，不是吗？

我们的许多同人英超球队也对天空电视台的收购怀有敌意，担心这会让我们变得全能。其他反对声音包括曼彻斯特市议会，以及工党和保守党议员，乃至体育部部长。

至于球迷，也就是“沉默的大多数”，站在我们这边。在我们的年度股东大会上，我们就这个问题进行了表决，并取得了胜利。大多数球迷并不在乎谁拥有他们的俱乐部，只要他们成功并赢得奖杯。曼城球迷反对阿布扎比吗？

又是搞鬼吗？然而，有一群大声疾呼的少数支持者想要阻止它。在比赛中，支持者们拉开横幅大喊：“只有一个贪婪的王八蛋。”就在我正面的方向上。在很长一段时间里，我一直是主场人群敌意和悲伤的对象，但我不得不说，这段时间可能是最糟糕的时期。总的来说，球迷的抗议是反对默多克的。这在更广泛的领域也发挥了作用。一般来说，诋毁者攻击交易的依据是默多克，而不是天空电视台。人们把它划分为是默多克的出价。具有讽刺意味的是，它并没有像人们说的有默克多出价那样大。

显然，他是公司的大股东，但我认为默多克不会在有一天醒来，并对他手下说，买下曼联。正是马克·布斯，他想要做这件事，并推动它，而默多克在那里支持他。在整个过程中，我甚至从未见过默多克。

我确实认为，正是这种反默多克的情绪，以及所有负面的宣传和口头反对，导致交易被公平贸易办公室的彼得·曼德尔森提交至垄断和并购委员会。我们本来以为会有人支着，但是，就像我已经提到的，天空电视台和曼联都得到其律师的支着，委员会不能停止投标。

然而，在我们与垄断和并购委员会的两次会议上，我们对事情的进展有了初步的了解。他们的专家小组对我们非常敌对，无论是一般的态度还是他们的提问。如果还有别的，那就是他们对天空电视台的态度甚至更不友好。所以我们知道他们对这笔交易的看法非常负面，但我们仍然觉得没有足够的理由来阻止它。

几个月过去了，在这段时间里，由于他从一位部长同事那里获得了一笔秘密贷款的细节被暴露了，彼得·曼德尔森被迫辞去了政府工作。他在公平交易办公室的接替者是斯蒂芬·拜尔斯。1999 年 3 月，拜尔斯获得了垄断和并购委员会关于天空电视台报价的报告，长达二百五十四页，再也不可能有任何比这更具破坏性的了。从报告看来，不仅有公共利益的理由，而且还有阻止收购的竞争理由。4 月份，拜尔斯宣布不允许继续竞标。他说：“在垄断和并购委员会所考虑的几乎所有情况下，天空电视台广播公司作为体育收费频道的提供商在并购后，将获得更大的市场力量。”拜尔斯也接受了欧盟委员会的结论，即合并“将损害英国足球的质量，使得俱乐部间的不平等趋势进一步加剧”。换句话说，他们担心这将使曼联变得比我们现在更强大。

竞标也因为反竞争的理由被停止。人们担心的是，作为曼联的拥有者，天空电视台将在电视转播权谈判中获得不公平的优势，他们将有权获得竞争对手的竞标信息，而他们的竞争对手并不知情。天空电视台很了解这些问题，准备从任何电视合同中退出，但显然他们的保证是不可信的。

当交易失败的消息传出，每个人都以为我会崩溃，但我没有。当然，我也曾受到猛烈的抨击，被称为贪婪的浑蛋，但价格从来都不是我主要考虑的问题。我最关心的是：曼联和天空电视台的联合力量是否比曼联自己的力量更强大？我从一开始就相信——是的，是要大些。这与金钱、贪婪或其他任何事情无关，而是与对曼联来说是否正确有关。如果交易受阻，最终它也是被阻止了，那就顺其自然吧。我没有失眠，我已经尽了我的责任，做了我的股东们试图做到的这一点，因为我相信这对他们、俱乐部及其未来是最好不过的了。一旦被踢出去，你就继续前进。

第二十六章　三冠王之年

在上一赛季的失望之后，1998 年夏天，球队引进了两名大牌球星，展示了我们的意图。雅普 · 斯塔姆是 PSV 埃因霍温足球队的中后卫指挥官，被亚历克斯盯上有相当一段时间了。亚历克斯和我都与斯塔姆的经纪人会面，讨论尽早在 1998 年 2 月购买该球员。然后在 4 月 8 日，我飞到阿姆斯特丹，第二天早上斯塔姆的经纪人接走了我，他开车送我到埃因霍温，在那里我们见到了 PSV 的主席。这是一次相当棘手的谈判，因为他们想要的钱比我准备的钱要多得多。最后我们出价为一千零八十万英镑，这仍然是后卫的创纪录费用，并在 5 月 5 日正式宣布他的签约。

这是他加盟曼联的第一个赛季，是多么漂亮的一次闪亮登场：到达曼彻斯特，直接争夺三冠王。更重要的是，他打了那个赛季的大部分比赛。他是一个非常坚强的人，拥有强大的体力和毅力，还有出色的技术，看起来确实很像那么回事儿。

斯塔姆的到来，加上我们已经拥有的后卫罗尼 · 约翰森和亨宁 · 伯格，这就意味着三十三岁的加里 · 帕利斯特是时候另谋高就了。加里一直都是俱乐部的核心队员，我很高兴，我们设法安排他转会到家乡球队米德尔斯堡足球，从我们的角度来看，二百五十万英镑的费用很有吸引力。

亚历克斯也希望为曼联的进攻线增添更多的火力。曾在 A.C. 米兰效力的天才荷兰前锋——帕特里克·克鲁伊维特就是一个选择，但当我们抛出橄榄枝时，他甚至都没有回应我们的邀约，所以我们没有进入谈判桌，他就去了巴塞罗那。

于是，我们把注意力转向了一名前锋，我知道亚历克斯很想要他，即阿斯顿维拉的德怀特·约克。我想我们一开始可出价一千万英镑，但维拉的主席道格·埃利斯希望是一千五百万英镑。自从我第一次进入曼联董事会时，我就认识道格了，并一直和他相处得很好，但他很不情愿让德怀特走，也不愿意在价格上让步。即使我们增加报价到一千二百万英镑，道格依然强硬。

道格与德怀特的关系非常密切，在他十七岁时，就把他带到了英国。在一次西印度群岛之旅中，他和他的主帅格雷厄姆·泰勒看到了德怀特的表演，并意识到了他的天赋。我认为道格对待德怀特有点像对待儿子，这是一种特殊的纽带，所以你可以理解他不愿意让他走。但是德怀特很急于实现此举，知道我们出价一千二百万英镑，他觉得对他来说是一个公平的价格。

时间不多了，我们在转会窗口关闭之前的那天，给出了一千二百万英镑的书面报价。我写信给道格，告诉他我的手机号码，并敦促他那天晚上给我打电话。第二天早上，德怀特去了道格家里，几乎是泪流满面，解释说他想去曼联，但被拒绝了。这可能将整个事情翻转到有利于我们的一边，因为道格最终同意一千二百万英镑的转会费，让德怀特来找我们。

与德怀特签约真是妙不可言，他在我们这里第一个赛季的表现令人难以置信。他和科尔一拍即合，总共进了五十三个球，其中德怀特进了二十九个，让人难以置信。他们也是球场外的好朋友，这对他们很有帮助，他们在比赛中配合默契。这只是他们之间的个人化学反应。这种状态在三个赛季里效果非常好。

他在更衣室里也很出色：让人们笑口常开。他有时会非常愚蠢，但行为并不恼人。德怀特是个性情中人，现在仍然是。我经常见到他，我一直很喜欢他的陪伴。他脸上总是带着微笑，那是加勒比阳光的性格，是对生命的纯粹热爱。

在赛季开始之前，我们又做了一笔交易，以四百四十万英镑的价格，从帕尔玛队收购了瑞典边锋杰斯普·布罗姆奎斯特。与此同时，我们几乎失去了我们的一名球员。亚历克斯许可索尔斯克亚去和托特纳姆热刺队谈判。现在奥莱上场较少，经常被用来作为替补，我认为他想要更多的首发机会。这类决定与我无关。我从来没有告诉亚历克斯他应该放弃哪些球员；这一切都取决于他。

热刺确实出价五百五十万英镑，我同意让奥莱转会是基于他已同意接受伦敦俱乐部的邀约。接着我听到他改变了主意，拒绝了他们。奥莱去见亚历克斯，并进行了一次私人谈话，对此我并不知情，但结果是奥莱留在了曼联。艾伦·休格并不高兴，尤其是在我们完成了谢林汉姆的交易之后。我想他觉得我欠他一个人情，但我不能强迫球员离开，如果他不想离开。而事实证明，奥莱的决定还是不错的。

⚽

赛季大幕拉开，慈善盾杯以我们的失败而告终，当时阿森纳三比零获胜。更糟糕的是，当年 9 月在海布里球场，我们以同样的比分遭遇惨败。我们还在开局两场球中打成平局，显得摇摇晃晃。为了弥补，我们要对查尔顿和我们的老对手利物浦取得胜利。

9 月份在球场之外，我们推出了曼联电视台（MUTV），这是俱乐部自己的电视频道。回到 1994 年，我们开办了自己的广播电台，这个电台非常受欢迎。它只在比赛时播出，当球迷们开车去体育场时发出交通警告，还有球队新闻——诸如此类的事情。

我们在南看台的董事包厢附近地面层有一个小工作室，我会去那里做一些奇怪的采访。现在，由于足球在电视上的巨大成功，开办我们自己的电视台似乎是合乎逻辑的一步。无论你在哪里，媒体公司都在试图涉足足球俱乐部，我们差点被其中一个买走。你也曾看到过格拉纳达电视台，在利物浦和利兹联队参股。曼联电视台开创了先河。今天似乎每家顶级俱乐部都有自己的电视频道。

对我来说，最重要的考量是内容。很明显，我们不可能实况转播我们自己的比赛，事实仍然如此，但肯定要有足够的其他材料，比如杂志栏目、球员和员工访谈，以及存档剪辑。该频道也可以作为广告工具。但它的主要功能是培养球迷群体。

曼联电视台的想法早在1996年就诞生了，并得到了来自大量媒体的积极反馈，他们也渴望参与其中。最后我们加入了天空电视台和格拉纳达电视台的队伍，他们都承担了大部分启动资金。在早期时，曼联电视台没有盈利，但每个人都知道它是一个有用的服务，并且希望它最终能直播比赛，即使只是友谊赛、学院训练赛或赛季前巡回赛也可以。经过多年充分的发展，曼联电视台时至今日仍在壮大，而且比以前更受欢迎。

能证明电视对足球产生重大影响的良好实例就是那年夏天，当时有传言说一些欧洲顶级俱乐部，正准备跳出原有体系，并组建他们自己的超级联赛。1998年5月，彼得·凯尼恩和莫瑞斯·沃特金斯在巴西出席贝利举办的一次会议，以研究巴西足球的重组。与会期间，一家叫作“媒体合作伙伴”的公司联系了彼得，这家公司一直在为欧洲顶级俱乐部服务，为一项周中的淘汰赛做准备。其实质是，他们想要从欧足联接手这档子事。

当时欧足联和俱乐部的关系不佳，他们的态度很冷淡，不会同单家俱乐部进行谈判。如果球队希望和欧足联展开对话，只能通过本国足协。所以我们想跟欧足联沟通，只能先报备给英足总。欧足联在办自己的赛事时相当专横，并且我们认为他们做事不太透明。我认为说欧足联和俱乐部之间有敌意是公平的。

“媒体合作伙伴”介入后，表态说他们的做事方式会更加透明，也会与各方更多地联络和对话，相应地，奖金也会增加，这些听起来都很有吸引力。

这个想法以最近和历史上的成功为基础，遴选出三十二家俱乐部进行比赛。一直以来的具体做法是，每年不同的俱乐部都有资格问鼎欧洲荣耀，但“媒体合作伙伴”想要确保超级俱乐部在竞争中总是保有一席之地。因此，他们的想法之一就是纳入一批拥有永久会员资格的创始人成员。

一开始只有少数俱乐部感兴趣，但随着连篇累牍地举行会议，一些欧洲大俱乐部也开始参与进来。在意大利，就有两家米兰俱乐部和尤文图斯俱乐部。有来自荷兰的阿贾克斯足球俱乐部、法国的马赛足球俱乐部和巴黎圣日耳曼足球俱乐部，拜仁慕尼黑和多特蒙德足球俱乐部则代表德国。而英格兰球队除了我们之外，还有阿森纳和利物浦。所有这些大牌俱乐部均参与了“媒体合作伙伴”举行的讨论，所有这些都是秘密进行的，对任何国家的足球协会都秘而不宣。自然，当媒体了解到发生的事情时，一切都变得一团糟，而英超联赛中也有各种各样的威胁，要驱逐那些参与谈判的俱乐部。

对此，欧足联一直在作壁上观。他们知道，如果“媒体合作伙伴”接手，这将意味着他们的末日。最终发生的事情是，他们与俱乐部的关系逐渐缓和：他们开始与我们交谈，并参加面对面的会议。

他们承诺要研究奖金问题，以及改进赛制。而这些确实是落实了——俱乐部仍然留在欧足联的怀抱之中，而“媒体合作伙伴”被边缘化，最终无果而终。但他们绝对是欧足联朝着正确的方向前进，并做出重大改变的催化剂。其中最大的收获是规则的改变,导致欧洲前五名国家有更多的球队获得冠军联赛资格。这也会带来更多的电视转播分成和赞助资金。因此，“媒体合作伙伴”承诺的许多事情实际上已经实现了。

我试着不过于投入到所有这些发生的事情中，因为随时都会遇到足球方面出现的各种问题。我很高兴能有彼得 · 肯扬和大卫 · 吉尔来处理这些谈判，因为我可以纵观最终的整体利益，即使所做的一切只是为了撼动欧足联也是如此，事实上也的确如此。事情在很大程度上证明了我对此的设想。我从来没有真正相信任何俱乐部会离开欧足联——这是太冒险的举动。

再回到球场上，球队在冬季收获颇丰，包括客场大胜埃弗顿队和南安普顿队，并以五比一击败温布尔登队。但当布赖恩 · 基德决定离开时，这一年以刺耳的音符结束。在过去的几年里，很多球队都有意布赖恩，他几乎离开我们去了埃弗顿和曼城。这一次，有兴趣的俱乐部是布莱克本队，他们刚刚解雇了他们的主教练罗伊·霍奇森，因为这个赛季的糟糕开局让他们在降级区内备受煎熬。他们想要布赖恩接手，每年提供一百万英镑，远远超过我们付给他的钱。

布赖恩告诉了我们有关接洽事宜，我安排罗兰·史密斯和彼得·肯扬在12月2日的会议中讨论这个问题，刚好就在联赛杯四分之一决赛，曼联对阵热刺队之前。布赖恩告诉我们他想尝试执教工作。在之前的两个场合中，他都被说服了，我们已经修改了他的合同，我认为布赖恩是联赛中薪水最高的两人之一。然而，这一次对我们来说太过分了；我们不准备匹配布莱克本的报价，同意让他离开。

亚历克斯非常仔细地研究了两位替补人选，德比郡的麦克拉伦和普雷斯顿的大卫·莫耶斯。最后录取了麦克拉伦。

看到布赖恩离开我很失望，因为他做得很好。我不能确定他是否是块主教练的材料——他是一个非常好的二号人物——但我尊重他想要去的事实，我希望他能很好。不幸的是，他最终没能做好。

随着球队进入1999年，我们开始用才华横溢的表现，以及关键的胜利来征服联赛，但在冠军联赛中，我们艰难地打成平局。“死亡之组”的说法经常被滥用，但事实证明，在曼联对阵巴塞罗那和拜仁慕尼黑的比赛中，这个表达法并不过分。牺牲的羔羊是舒梅切尔的老东家布隆德比足球俱乐部。巴伐利亚人最终小组排名第一，这得益于主客场双杀巴塞罗那，而我们则设法克服了一切困难，以不败的成绩名列小组第二获得出线权，我们的最佳决战时刻则是在诺坎普三比三战平巴塞罗那，令人印象深刻。

足总杯第四轮，我们主场对阵利物浦，这场比赛很艰难。迈克尔·欧文在第三分钟头球得分，帮助客队领先，再也没有比这更糟糕的开局了。在赛场上追逐，我们精力充沛，有目的性，但似乎缺乏致命一击，直到第八十八分钟，约克才在主场把比分扳平。正当安菲尔德的重赛即将来临时，索尔斯克亚接应斯科尔斯的一记传球，完成绝杀。这是一场高度戏剧性的比赛，但事实证明，这只是俱乐部所积蓄的和我们的支持者们所期盼的预演。

现在回想起来，我认为如果没有维拉公园的那场经典的足总杯半决赛（对阵阿森纳），赢得三冠王也就无从谈起。我们的确也应该赢得首场比赛，因为我们有一个完美的进球，但被吹为越位而不算数。感觉是被裁判打劫了，我们愤愤不平地进入重赛，如果把握住机会，我们的领先优势不会是一比零，但丹尼斯·博格坎普一记低射，为枪手扳成平局。

当时似乎一切都出了问题。基恩因对马克·奥维马斯犯规而被罚下场，在伤停补时阶段，菲尔·内维尔对雷·帕洛尔笨拙的铲球，送给阿森纳一粒点球。伟大的博格坎普上前主罚，试想，如果他现在得分，我们就出局了，所有关于三冠王的讨论则一无所有。一个让人心灰意冷的时刻似乎将要来临。彼得·舒梅切尔成了英雄，扑救了一个扭转乾坤的点球，他猜测出正确的方向，然后鱼跃向左边把球扑出。当然，在那之后，则是俱乐部所见证过的，也是每一个曼联球迷心中永存的，最伟大的进球时刻。在加时赛中，当疲惫的帕特里克·维埃拉传球后，吉格斯在自己的半场断球，高速带球并连续晃过李·迪克森和马丁·基翁等人，然后将球踢进了大卫·希曼把守的大门。这简直是不可思议，无疑是瑞恩在曼联的伟大时刻。这是一种多么了不起的，赢得足总杯半决赛的方式，尤其是当球队只有十人时，这可谓是背水一战，何况那一年还有很多主要竞争对手在虎视眈眈。

然而，我必须承认，我错过了这个进球。在我担任主席期间，我看到过一些恐慌，但这场比赛的紧张气氛真的让我感到不安，我离开了董事包厢去散步。当我在停车场闲逛时，我听到了吼叫声，然后跑回去观看了最后几分钟。

在这种情况下，你赢得了一场比赛，你就会开始相信，这可能真是你的幸运年，可能会发生一些特别的事情。但仍有很长的一段路要走，紧张局势几乎达到了前所未有的高度。

5月5日，我们在赛季结束前的三个星期前，在客场对阵利物浦。在我们以二比零领先的情况下，进球的是约克和欧文，裁判大卫·埃勒雷给予利物浦一个非常有争议的点球，并照罚不误，然后，丹尼斯·欧文因裁判吹了任意球后，将球踢开，吃到第二张黄牌被罚下。丹尼斯并不是故意把球踢进了观众席Z排——他只是把球踢开了——但结果是，丹尼斯，一名伟大的职业球员，而不是劣迹斑斑的球员，错过了足总杯决赛。我只是觉得这可能是凭常识来判断的。

更糟糕的是，保罗·因斯离开国际米兰后，现在在利物浦队效力，他在八十九分钟以一记进球扳平了比分，这对我们的夺冠前景造成了严重打击，因为这让我们排名第二，落后阿森纳三分。一场胜券在握的比赛没拿下，还有三场比赛，这远远不是一个致命的打击，但我们有一种感觉，我们已经脱离轨道了。

比赛结束后我非常生气，就大卫·埃勒雷的问题，在新闻媒体发表了一些讽刺性的评论："如果阿森纳或者切尔西，以一分或两分赢得本赛季英超冠军，我相信他们会给埃勒雷先生颁发一枚特殊的纪念奖章，因为他当之无愧。"几天后，我收到了英足总的一封信，要求澄清我的评论，他们认为这让联赛声名狼藉。然而，在一次询问之后，我逃脱了任何处罚。

通常情况下，我从不评论比赛中有争议的事件。作为主席，你必须小心自己的言语，当我在老特拉福德的岁月里，这一事件比其他任何事情都要突出。紧张可能会让我更加小心谨慎：我们正在为三冠王而战，这是一场至关重要的比赛。很明显，在安菲尔德球场充斥着一种敌意的气氛，我只觉得埃勒雷没有在赛事中表现出最佳水平。我们本可以全取三分，但最终只有一分，这可能真的会让我们付出代价，我们还失去了一名杯赛决赛的关键球员，所以在头脑发热时，我的话比平常会更多。

所有这些的后果是，埃勒雷收到了一些死亡威胁，一些人暗示他应把这归咎于我。当然，这是我最不想发生的事情，回想起来，我也很同情他。事实上，我们后来一笑泯恩仇。我后来看到他，我们握了握手。

尽管我们在安菲尔德球场出现失误，但在本赛季的最后一场联赛中，我们和阿森纳争夺冠军。我们的任务是击败热刺，就能重夺联赛冠军，但他们的前锋莱斯·费迪南德利用我们糟糕的防守进球得分，我们给自己带来极大的麻烦。此后，我们对热刺的球门进行了狂轰滥炸，在半场结束之前，贝克汉姆以一记世界波进球扳平比分。

进入下半场，我们明白我们还得进球，进而获得胜利。亚历克斯做出一个关键决策——换人，用科尔替换下谢林汉姆，他在几分钟后出色地卸下一脚长传，并巧妙地把球挑起来越过了对手的门将。接下来的四十分钟则是极端的体力拼搏，特别是当我们得知阿森纳即将获胜时。最后，裁判格雷厄姆·波尔吹响了哨声，英超联赛冠军回到了老特拉福德。这是三冠王征途的第一步。

5月22日，我们在温布利球场参加足总杯决赛。我们的对手是纽卡斯尔，凭借谢林汉姆和斯科尔斯的进球，我们以二比零轻取对手。球队赢得了双冠王，这是六年来的第三次，这本身就是一项令人难以置信的成就，但我们仍然有可能把“双冠王”变成“三冠王”，这是英格兰俱乐部以前从未做到过的壮举。我们通往冠军联赛决赛的道路荆棘丛生，取胜非常艰难。在四分之一决赛的两回合中，击败国际米兰，半决赛与尤文图斯交手。吉格斯是我们击败阿森纳的救星，而基恩的力挽狂澜则让我们都全身而退。

我们老特拉福德只取得了一场平局，第二回合开场仅十一分钟，我们就以零比二落后。我们在比赛开始前就知道，我们必须至少打入一粒球才能晋级。现在我们需要两粒进球才有机会。

在第二十四分钟，贝克汉姆的角球送出精准助攻，而基恩起跳到最高位置，以一记完美的发力头球扳回一城。然后，仅仅过了十分钟，他因为对齐达内的铲球，吃到了一张黄牌。虽然知道自己已经无缘决赛，基恩也没有让情绪来左右他的表现；相反，他以坚毅的意志力推动球队前进，并且，这要归功于约克和科尔的进球，曼联又过关斩将。

比赛结束后，在更衣室里，我们对进入决赛感到很兴奋，但我们要拼搏的是三冠王：还有很长的路要走，所以不能沾沾自喜。很快我又回到了正常状态。

那天晚上，整支球队都很出色，这是我们在欧洲最好的表现之一，基恩的表现尤其令人瞩目。他顶进了那个至关重要的第一球，这给了我们信心，重新点燃了我们的希望。不幸的是，斯科尔斯也拿到了一张黄牌，这意味着我们的两名关键中场球员都将缺席决赛。我为他们俩感到很遗憾，因为他们在那个赛季里一直很有影响力，而现在却要错过可能问鼎的荣耀。正因为此，我觉得我们是对阵拜仁慕尼黑的失败者。而分数只是比赛的结果。

决赛是在诺坎普球场举行的，就在足总杯决赛的四天后。尽管这是一个中立的场地，但我看到看台上我们的球迷人数似乎更多，这的确是一种美妙的氛围。在基恩和斯科尔斯缺席的情况下，亚历克斯派巴特和贝克汉姆一起踢中场，布罗姆奎斯特和吉格斯踢边锋。但开场不久，我们就以一球落后，我不得不说拜仁更有可能再次进球。在下半场，他们有三次机会赢得比赛，但他们没有把握好，很大程度上是由于运气不好，两次打到门柱上，还有一次是舒梅切尔漂亮的扑救。

当我看到举牌补时三分钟的时间，我们还是落后，我想，好吧，这不是我们的夜晚。然后我们创造了两粒神奇的进球。很难相信你观看的比赛究竟是什么。当吉格斯把球打进禁区后，替补约克上场的谢林汉姆将球从近角打进。我当时想的是，感谢上帝，我们又回到了比赛中。当你几乎是在整场比赛中落后时，突然在伤停补时阶段得分，想必很高兴能有机会，你还有三十分钟来证明自己。当索尔斯科亚踢进第二个球时，我仍在试图从那种高兴劲头中平息下来。我努力让自己去相信这件事。这是我们球队拥有伟大精神力量的证明。

三冠王真的是一个令人难以置信的成就，简直就是童话故事的素材。奇怪的是，这一切发生得太快了——仅在十天内。我们直到周日的最后一场比赛才赢得了联赛冠军，足总杯决赛是在接下来的周六，然后在周中举行了冠军联赛决赛。这几乎是我们不能放松和享受每一次胜利的唯一例子，因为我们总是在展望下一个胜利。

终场哨声响起后，我走进更衣室向球员和工作人员表示祝贺。气氛是一种纯粹的欣快感。那天晚上，我们在酒店里举行了盛大的宴会，每个人都在。我们已经要求欧足联制作额外的三枚奖牌，并在那天晚上授予斯科尔斯和基恩，还有亨宁 · 伯格，他因为伤病错过了决赛，以便让他不会觉得自己被排除在所有的庆祝活动之外。

绝对肯定，三冠王球队将会成为俱乐部历史上最伟大的球队之一，就像我也曾高度评价过 1994 年那支伟大的球队。如果没有欧足联外籍球员的限制，这支球队将会走多远？这将是很有趣的事情。这支球队没有那些劣势，他们接下来要做的就是再创辉煌。

就个人而言，我曾向自己承诺，将在 2000 年辞去首席执行官一职。现在是 1999 年；对我来说，这几乎是路的尽头。我花了十九年的时间，试图赢得欧冠的圣杯，我们最终做到了。这确实需要一点时间。直到后来，我才开始欣赏并意识到我们所取得的成就，并能以一种热烈的感觉回顾：我的天，我们做了什么？赢得这三场比赛是令人难以置信的。

直到 2008 年，曼联再次加冕欧洲之王。在 1999 年获得如此辉煌的胜利后，你会认为球队可能会踢下去，并获得更多的欧洲荣誉，但事实并非如此。在国内，团队的成就可能超出了我们的预期或梦想。就冠军联赛而言，我认为如果有任何批评的话——而且只是一个小小的批评——也许我们应该赢得更多的欧洲奖杯。

作为欧洲冠军，曼联被邀请参加在东京的洲际杯，对阵南美冠军，巴西圣罗的帕尔梅拉斯队。这是足球实力最强的两个大陆，在比赛中我们以一比零取胜——我们的进球来自罗伊 · 基恩——我们实际上成了世界俱乐部的冠军，这是有史以来第一家实现如此壮举的英格兰俱乐部。

曼联的形象从来没有如此之高，到赛季结束时，我们已经成为世界上最富有的足球俱乐部，估值突破十亿英镑，并且还是这个星球上最有价值的体育特许经营商。从我接手曼联开始，我们已经走了很长的路，当时曼联的总价值为二百万英镑。

第二十七章　权力移交

评论员们从不乏指责，说曼联与其说是一家足球俱乐部，倒不如说是美其名曰的赚钱机构，声称我们已经忘记了根基。自 20 世纪 90 年代初爱德华·弗里德曼时代以来，我们一直在做大做强。凭借天空电视台及其海外电视转播合同，我们打开了全球市场，并有机会扩大经营范围，在国外销售产品。

我们已经建立独立的商品营销部门，该部门有自己的结构和管理层。现在我们也成立了一个国际部，专营海外销售业务。我们所做的只是充分发挥品牌的作用，但这也是多年来被人所诟病的。我们的商品营销能力使我们有别于国内其他俱乐部，因为我们更成功。所有这些都是合乎情理的经营方式。

聘请房地产经纪人乔治·约翰逊也可以说是如此。到 1998 年，曼联已经成为特拉福德公园中大片土地的业主。事实上，我们是整个地区最大的业主之一。我们一直需要土地，我们试图不断增加比赛日的设施。比赛期间需要大量的停车位。当你有六千名行政客户时，这就意味着可能有四千辆车，更不用说其他人了，绝大多数观众都是开车来的，并且需要出入方便。

除了老特拉福德球场和训练场之外，曼联房地产投资项目还包括一些房产。来这里的外国球员所面对的最棘手的麻烦事是四处寻找适合其家人居住的地方，所以我们需要投资地产为他们提供住所。

另一件使我们备受指责的事是，1998 年决定从俱乐部的徽章上去掉“足球俱乐部”字样。批评者们大肆抨击，认为这进一步证明我们已经抛弃了我们的足球身份，其实绝不是那么回事。这纯粹是营销决策和彼得·肯扬的想法。彼得相信曼联现在是世界性品牌，并不需要“足球俱乐部”这个词；曼彻斯特联队本身的名头就如雷贯耳。

很多人觉得我们这样有点自大，是的，也许是，但曼联是一个品牌，不管他们喜欢与否。每个人都知道我们是足球俱乐部，我们的整体形象就表明我们是一家足球俱乐部，一家伟大的足球俱乐部。当你的名气大到人人皆知你的存在、你的意义时，这本身就传达出一种意义。这的确是一种宣传策略，全球化的策略。以哈林环球旅行者篮球队为例，他们名字后面没有“篮球队”字样，因为每个人都知道他们是谁。作为世界上最优秀最富有的足球俱乐部，曼联现在已经进入了这个联盟。

从赢得三冠王的狂喜中，我们很快就发现，自己卷入了俱乐部历史上，最具破坏性和最具争议性的事件之一，当时我们宣布，不会参加 2000 年的足总杯。那些不喜欢曼联的人，他们的敌视是可以预见的。但在我看来，我们遭受的批评是完全没有道理的。

作为欧洲冠军联赛的冠军得主，曼联应邀代表欧洲参加首次国际足联俱乐部世界杯，这是国际足联主席塞普·布拉特最钟爱的项目。各大洲的冠军以及其他被邀请的球队，共八支球队参赛，时间是 2000 年 1 月，在巴西举行，为期两周。非常遗憾，这与足总杯第四轮的比赛发生了冲突，导致我们面临巨大的困境，因为不仅足总坚持要我们去巴西，而且当时的体育部部长托尼·班克斯也力推我们前往。

从一开始我就不想参加这次邀请赛，亚历克斯也不愿意，但是我们的压力开始增加，不得不重新考虑我们的立场。英足总首先考虑的是他们要申办 2006 年世界杯，如果我们拒绝在巴西踢球，将不可挽回地损害我们的机会。在曼联官员和英足总的会议结束后，这一观点更加明显。托尼·班克斯写信给罗兰·史密斯：

拒绝参赛可能会对英格兰2006年世界杯的申办产生严重影响。之前都曾积极支持英格兰足球事业的三名国际足联执委亲自告诉我，如果曼联不参赛，他们就不会投票给我们。我可以理解，强加这样的负担是多么不公平，但你的俱乐部参加世界杯的比赛显然是符合国家利益的。

这是一个艰难的决定，但最终我相信最好的选择是曼联参赛。这是我们的爱国义务，仅此而已。现在我们想的是从英足总得到一些帮助，以避免可能导致的赛程拥挤。除了针对我们的抗议，我们一无所获。“很多东西必须放弃，”我们争辩道，“我们没法踢每一场比赛。”我们建议说，也许我们可能暂时离开足总杯，晚些时候再来，但被草率地驳回了。对联赛赛程的态度也是如此。

最后，唯一能解决这个问题的方法就是我们不情愿地退出足总杯。我从未对这个决定感到舒服，而是为此付出了沉重的代价。媒体向我们施压，他们说，我们这样做纯粹是贪婪，为了我们的全球营销。这完全是无稽之谈。《每日镜报》谴责的声音最强烈，甚至发起了“拯救足总杯”的运动。报纸编辑皮尔斯·摩根给我打电话，我们在伦敦安排了会面。我试着向他解释到底发生了什么，以及足总给俱乐部施加的压力，希望能获得谅解。没有任何效果。《镜报》依然对我们猛烈攻击。

足球迷和媒体评论员也大显身手。他们说，我们很嚣张；我们玷污了足总杯的传统和浪漫。有一种说法暗示，我们是让青年队去参加杯赛。这诚然都好，但如果对这些年轻球员的锤炼最终以失败告终，对他们的信心会有怎样的影响呢？

事情的真相是，曼联被置于一个无法左右自己的境地。然后，当四面八方开始谩骂和轰炸时，我们没有从那些曾经游说过我们的人那里得到任何支持。

对我来说，两害相权取其轻，就是去巴西，退出足总杯。我对此感到高兴吗？绝对不是。我相信这是正确的做法吗？绝对是的，因为如果我们拒绝了，英格兰丢掉了世界杯申办权，你可以想象一下头条新闻：曼联破坏英格兰世界杯的申办。因此，无论我们做什么，我们都是输家。

具有讽刺意味的是，英格兰并没有获得2006年世界杯的举办权，我们在那届世界杯上表现得很糟糕，即使是我们拥有黄金一代的球员，也会在点球大战中输给葡萄牙。

在国内战线上，曼联将不得不在没有护身符的情况下参加1999—2000赛季的比赛。1998年3月，彼得·舒梅切尔来我的办公室，宣布他将在接下来的赛季结束后离开。现年三十六岁的彼得即将结束他的职业生涯，在巅峰期离开我们。尽管他接下来几年继续比赛，第一次去了葡萄牙体育，然后回到英超联赛，并在阿斯顿维拉和曼城短暂效力，彼得觉得他不能再为曼联效力了。

不用说，看到彼得离开我很失望，但他很有风度，提前一个赛季通知了我们，但也使我们感到非常头痛。像舒梅切尔这样特定位置上的主导球员几乎是不可能取代的。然而，亚历克斯却平静地相信，他认定的彼得的接班人正准备迎接挑战。在回到家乡澳大利亚踢球之前，马克·博斯尼奇曾是曼联在册的一名青年队员。20世纪90年代初加入阿斯顿维拉，在那里赢得了良好的声誉，并成了维拉球迷的最爱。

我们第一次接触马克是在1998年8月，他渴望回到老特拉福德球场。随后，在11月5日晚的董事会会议上，他们同意博斯尼奇为我们的首选，亚历克斯和我跳上一辆车，急速开到马克位于米德兰兹的家，达成交易。几个月后，亚历克斯又来找我。他现在需要重新考虑博斯尼奇，表态自己想要阿贾克斯的门将埃德文·范德萨，“我们怎么才能辞掉他呢？”他说。“不能辞，”我回答，“我们俩都同意了，亚历克斯。我们已经握了他的手。”

事实证明，事情并没有因为马克而完全解决。虽然他是一名优秀的门将，能够做出精彩的扑救，但他最大的问题是脚下出球能力。在过去，这并不重要，但自从手接本方回传球的新规生效以来，守门员们需要敏捷地出脚。他们的脚法几乎要和外场球员一样好。

另一个与博斯尼奇有关的因素，是亚历克斯抱怨他的体重和总体健康状况。他在本赛季初拉伤了腿筋，亚历克斯迅速找了名替补。我记得当时我在度假，接到一通电话，说亚历克斯想从威尼斯引进马西莫·泰比。费用是四百九十万英镑。我同意了，并告诉他继续，这笔交易完成得非常快。可怜的马西莫在回到意大利之前只打了四场比赛。在一些灾难性的错误之后，他被媒体盯上了，我认为他的信心完全被击垮了。

亚历克斯再次试图加强门将位置，于是在2000年夏天，以七百万英镑的费用从摩纳哥引进法比安·巴特兹。这实际上是我卸任首席执行官之前，处理的最后一次转会。法比安的脚法很美妙，在球场上也很出色，但我一直认为他和顶级守门员有点差距。是的，他是法国世界杯冠军队的球员，但我从不认为他是顶尖球员。

尽管我们确实有门将的问题，但这并没有阻止球队再次获得英超联赛冠军。具有讽刺意味的是，有争议的巴西之行可能对我们有所帮助。人们很快就抱怨说，我们去晒了两个星期的太阳，获得了不公平的优势。但是我们确实在那年的联赛中横扫阿森纳，领先他们十八分。这是绝对主宰和另一个令人难以置信的成就。并且是赢得三冠王的同一支球队，只不过是添加了两名球员，一名是从马德里竞技俱乐部，以一百五十万英镑转会来的南非球员奎因顿·福琼，和以三百八十万英镑转会费，转自国际米兰的西尔维斯特，他多年来都是一线队的常客。

在1999—2000赛季，曼联不仅在球场上占据了主导地位，而且在球场外也取得了巨大的进步，不仅仅是因为老特拉福德球场。自1938年以来，索尔福德的克里夫一直是曼联的主要训练场地。可以理解的是，这个古老的地方有很多传统，但到了20世纪90年代中期，对于我们的需求来说，它真的太小了。占地面积仅仅六英亩，克里夫只有一个全尺寸的户外球场和有限的治疗康复设施。亚历克斯也经常抱怨，媒体和公众太容易接近它了。

作为权宜之计，我购买了位于利特尔顿路的二十一英亩土地，离克里夫很近。包括五个全尺寸球场，但更衣室很简陋，并且没有康复设施。建立一个现代化的综合训练中心对我们的持续成功至关重要。我们的队员在一个场地上训练，然后乘坐巴士到另一个场地继续其他项目，这已经成为一种惯例。但无论是克里夫还是利特尔顿路，都不能开发出完全一体化的设施，我们开始寻找其他可用的土地。

在看了许多可能之地后，我们的首席球探莱斯·科尔肖给我们指明了方向，引荐了他的生意伙伴约翰·汤姆林森，他知道在卡灵顿，靠近老特拉福德球场的地方，有一百英亩隐秘的土地。我记得我是 1995 年去看的，立刻发现它满足我们所有的需求。土地是私有的，在进行长时间的谈判后，我们以七十二万英镑的总价买下这片地。在那之后很长的一段时间里，我们不得不进行各种各样的调查，寻求规划许可，同时也避开一些环保主义者和当地农民的反对。有一次，著名的生态斗士“鳄鱼小顽皮”威胁要加入反对我们发展计划的战斗中，在拟建的地点下面挖洞。但最终，当地议员没有提出反对意见，建筑工程最终于 1999 年动工。

有趣的是，约翰·嘉丁纳建筑师事务所的托泽·加拉格尔是我的朋友，也是这个项目的工料测量师，他在萨尔队打球的时候，我们经常同场比赛。一个星期天，他拿到钥匙带我到卡灵顿去看看施工情况。我密切关注它的进展，也参与了规划，亚历克斯和他训练工作人员时也是如此，他们的需求非常重要，包括他们对布局的安排、球场的形状、需要的设备等的看法。

2000 年夏天，卡灵顿训练基地启用，耗资一千四百三十万英镑，我认为它是世界上同类型中最好的足球场之一，拥有九个全尺寸的草地球场和其他训练场地，一个全尺寸室内人工草皮足球场，一个健身房，一个游泳池，一个蒸汽房，理疗室，以及各种医疗设施，一个新闻发布室和许多办公室。这些年来，又增加了其他建筑物，使它的建筑总成本超过六千万英镑。至于克里夫路和利特尔顿路，俱乐部都保留了下来，用于学院的比赛和训练，以及作为当地社区足球的慈善机构。

老特拉福德球场也需要部分翻新，因此我们向特拉福德委员会提出重建东看台的计划。我们的想法是通过建造二层座位而增加容纳量，增量大约为一万两千人。此外，还增加了行政包厢和设施，这样一来，看台就开始盈利，为自己买单。

我们也想把办公室从南看台搬离，因为那里太拥挤了。还有马特·巴斯比爵士路上的办公室，我们也计划搬到东看台。我们打电话给建筑师，要求他们设计一栋现代化的办公大楼，门面要宏伟气派。我们最喜欢的就是今天所见的巨大玻璃幕墙门面。当然，这与国内最大俱乐部的身份相契合，我们理应有一个壮观门面。我们还把购物广场设在那里，把马特先生的雕像搬到正门外面。然后将整个区域改变成步行区，以便人们随时在此相聚。在此之前，这里是所有董事、员工和贵宾的停车区。

两个看台都提前完工，成本总计三千万英镑。在建设过程中，随着席位的增加，老特拉福德球场几乎每周都刷新着英超联赛出席人数的纪录。完成后，容纳量达到六万七千人。老特拉福德球场现在堪称冠军打造的足球场。

我必须说，自己在位期间，体育场的重建是我最自豪的遗产之一。回溯到20世纪80年代中期，足球经历了一段可怕的时期，出现所有那些灾难——布拉德福德火灾、海塞尔和希尔斯堡惨案。随后出台了《泰勒报告》，俱乐部不得不在场地上花钱。我们从销售规划、电视转播和其他商业活动中赚到的所有的钱——的确，也有一部分用来分红——都用于球场建造。我们过去常常因为股息政策而受到批评，但投资者只会把钱投入到自身了解并会得到回报的项目中。支付股息是生意的一部分，但绝不是什么大数目。我们的大部分钱不是用在球队身上，就是用在球场发展和重建上，《泰勒报告》的结果是使老特拉福德球场更安全。一度球场容量低至三万两千人，因为我们不得不把所有的座位都放进去，随后逐渐增加到四万四千多，然后是五万五千，最后达到六万七千五百，而今天的容量超过七万五千人。我们一直在改造，我们一直把钱花在球场上。

在我们在球场上取得了成功的这些年间，我们投入资金修建能够持续几十年的球场，从而让曼联变得更加强大。老特拉福德球场现在不再需要很多钱来进行改造，因为在 20 世纪 90 年代，大量的改造工作已经完成。那个球场是为下个世纪而建造。这绝对是我最自豪的成就之一。

2000 年夏天，当翻新的东看台和西看台启用时，我刚刚辞去曼彻斯特联队公共有限公司首席执行官一职，由彼得 · 肯扬接手，但是我继续担任足球俱乐部董事会主席。虽然现在我的责任更少了，我也可以尽可能少地或尽可能多地参与我想做的事，但我仍然发现自己每天都要去老特拉福德球场，整天忙于工作。作为公共有限公司的董事长，罗兰担心我和公司之间的联系仍然存在，如果他想了解关于足球俱乐部的事情，他仍然可以给我打电话，我知道发生了什么事。我还继续和彼得一起，我们代表俱乐部参加英超联赛的会议。我有二十几年参加此类会议的经验，而对这一切，彼得都是新手，所以罗兰认为我行使这方面职能是很重要的。作为足球俱乐部的主席，我继续主持每月足球俱乐部的会议。因此，我一直都关注着曼联的日常运作。

然而，有一些决定我并不是完全赞同。我记得 2001 年买下胡安 · 塞巴斯蒂安 · 贝隆时我非常不满意。我们刚刚再次拿到联赛冠军，我们的后备队还有尼基 · 巴特，他并不是每周都能获得上场机会，我只是觉得，为什么我们要花两千八百万英镑去签一个年薪要达到五百万镑的球员？我们打破了我在球员身上设置的工资结构，当时我认为这是没有必要的。

我的保留意见是如此之强，以至于在公司董事会决定批准转会的前一天晚上，我与罗兰进行了长谈。我主要担心的是，一旦其他顶级球员了解了贝隆的收入，他们就会受到影响。罗兰听完我的话表示赞同，但他告诉我：“马丁，在你担任首席执行官的这些年里，我支持你。这是彼得的第一年，我得支持他。”这是他的理由。

果然来自拉齐奥的贝隆成了英国足球历史上身价最高的球员，三年内我们把他卖给了切尔西，很幸运地回收了一千五百万英镑。由于巨额的费用和工资，我们最终支付了一大笔钱，给这名我认为没有加强球队实力的球员。我认为他在适应英超的快节奏方面有困难，而且也不像他在意大利踢球时，拥有那么多的球权和空间，所以他在曼联没有成功。正如我所怀疑的，球员们，尤其是他们的经纪人，在听说贝隆的收入后有所行动，而这一切都不必要地提高了我们工资单上的数额。

当我辞去首席执行官一职时，人们一致认为彼得·肯扬将接手，但我也说服董事会，大卫·吉尔应该从财务总监晋升为副首席执行官。大卫已经和我们一起共事三年，他对俱乐部的运作非常熟悉，我相信他会成为彼得非常得力的副手，尤其是在需要做出任何财务决定的时候。我觉得他们两人组合将是优良的传承。

回首往事，我仍然觉得 2000 年，我辞去首席执行官一职是恰逢其时，我没有遗憾。我五十五岁，经营俱乐部二十年，并且开始觉得重点在改变。我所倡导的公共有限公司多年来一直为曼联带来收益，创造了我们所需要的资金和设施来完成我们所能够实现的一切成功之事，然而这对我来说太繁重了。

回到我所处的时代，我引进的非执行董事有莫瑞斯·沃特金斯、罗兰·史密斯爵士、阿尔·米达尼和格雷格·戴克等人。现在米达尼已经走了，莫瑞斯不再被认为是独立的，因为他已经在董事会任职十年，而戴克则因出任英国广播公司总经理而辞职。

罗兰本人即将退休，为了辅佐其接班人，在 2000 年 1 月，他从银行界和商界引进一些高端人士：罗伊·加德纳、伊恩·穆齐和菲利普·伊尔。他们一进入董事会，董事会的动力就发生改变。他们想要更多的报告，所以突然要求我向董事会提交定期报告。对我来说，这是一种倒退。我把曼联从一家成功的足球俱乐部打造成为世界第一，我不想花时间为非执行董事制作没完没了的报告。

董事会会议也变得有点烦琐和疑问重重：我们如何证明这个？我们如何证明那个？我想，这些新的非执行董事只是在做他们的工作，但我觉得他们相比之前的，或当我掌权的时候的非执行董事，更想尽可能多地控制曼联的运作。尽管我们已经上市九年了，我一直是首席执行官，但并没有非执行董事在董事会中质疑我的一举一动。这仅仅是我不喜欢的环境。不是批评他们，但我觉得，现在已不是我的天下，我有我的时代，如果他们认为他们可以做得更好，那便是好。

我已经开始失去我以前所享受的控制权，部分原因是我在过去几年里卖掉了很多我的股票。自从上市以来，我就一直在抛售股票，所以当我辞去首席执行官的职位的时候，我不再是大股东了。我明白自己打算辞职了，所以开始减持股份是有意义的。我只是觉得不再需要大量的股票。一位名叫哈里 · 多布森的苏格兰百万富翁最终买下我持有的几乎所有股份。这笔交易是通过我的经纪人完成的，所以我从未亲自见过多布森先生，此次交易的结果是，他成了曼联第三 大股东，仅次于天空电视台、赛马业主和育种专家约翰 · 马格尼尔，以及 J.P. 麦克马努斯。虽然我很乐意放弃股份，但我并没有忘记，自从我父亲接管曼联以来，我第一次不再是俱乐部的主要股东。时间改变了一切。

第二十八章　告别

在 2000 年 7 月底辞去首席执行官职务之前，我参与了与美国体育用品巨头耐克之间，破纪录的、价值三点零三亿英镑的商品营销交易的基础工作。这桩交易使耐克之前的足球合作伙伴相形见绌，比如巴西国家队，当时被认为是有史以来签署的最大一笔交易。

1996 年，当我们决定与茵宝合作时，耐克错失了成为我们供应商的机会，但此后情况发生了戏剧性变化。在曼联赢得了三冠王，以及天空电视台在世界范围内对俱乐部宣传报道的同时，耐克决定在英格兰做一笔大买卖，我们是显而易见的选择。

凭借其在市场营销领域的经验，彼得 · 肯扬也曾在交易中扮演重要角色。8 月 15 日，他和我，以及大卫 · 吉尔、史蒂夫 · 理查兹，即我们负责商品营销的总经理，飞往美国参加在耐克总部比弗顿的会议，为期三天。耐克这笔交易数目是巨大的，因为它改变了我们整个营销运作的基础。

实际上，曼联全球球衣和商品销售业务的控制权均外包给了这家运动服装巨头。俱乐部有两年的时间来履行目前与茵宝的合同，因此耐克的合同于 2002 年 8 月生效，为期十三年。它被描述为“两个全球品牌之间的战略联盟”。

那年早些时候，即 2 月份，我在新闻发布会上宣布了另一项破纪录的交易，即在所有曼联衬衫上，以当时沃达丰的标志，取代了长期赞助商夏普的标志。

他们已经通知我们，他们不再想继续作为我们的赞助人。夏普从 1982 开始，就和我们在一起，十八年的合作关系，这肯定是任何一家公司赞助足球俱乐部的最长时间。媒体猜测，当夏普谢幕，而诸如英国航空公司、阿联酋航空公司、互联网公司雅虎和亚马逊网站等多元化公司与我们联系后，我们新的潜在赞助商将是谁。

最后，沃达丰急于上位。当时，他们是最大的电信公司，并在体育界做了大量赞助活动，尤其是他们与英国板球队的联系。当时这似乎是一种自然的契合，我们与他们达成了一项三千万英镑的四年期协议。那一年的另一个重要发展是俱乐部官方网站的推出，这是我们第一次进军网络世界，可以帮助我们接触到更广泛的受众。

在球场上，曼联继续占据主导地位，在 2001 年连续第三个赛季赢得联赛冠军，成为历史上第四支取得如此成就的球队。亚历克斯宣布将在下个赛季结束时退休，这一消息让这一成就黯然失色。

我不得不说，他的决定对我们大家来说，既是突袭也是震惊。一旦我们意识到他是非常认真的，并下了决心，我们便在董事会层级上讨论了一个可能的替换人选。我们的第一选择是阿尔塞纳·温格。自从 1996 年加盟阿森纳以来，温格一直很成功，尤其是他在第一个完整执掌球队的赛季里就赢得了双冠王。同时坦白地说，他自从那时之后就经历了一段非常艰难的时光，当时我们仍然认为他是顶替亚历克斯的最好候选人。毫无疑问他是我的第一号选择。

所以我们伸出了橄榄枝，而温格确实显示出了一点兴趣，这些兴趣已经足够让他想要和彼得·肯扬以及我，在他伦敦的房子里见面，来听听我们都要说什么。实际上，我们和他进行了好几次的会晤，谈了有一段时间，我们认为他有加入我们的可能性。但是我认为温格对大卫·戴恩有一份忠诚。他和大卫的关系非常近，这也是他最后在拒绝曼联的时候给我们的理由。他感觉自己在阿森纳开展了一份事业，他对俱乐部的感情太深厚了，他不想断了这份纽带。

温格出局，下一个是斯文·戈兰·埃里克森，时任英格兰国家队的主教练。

彼得特别想得到埃里克森，董事会完全支持这个想法。我并没有真正参与谈判，因为讲真的，我不是百分之百确定他是这份工作的正确人选。是的，他取得过一些成功，也有很好的赛场成绩，但是他在取得成功的过程中，并没有花费太多的力气。而且他也没有在英格兰俱乐部证明过自己。所以我保留我的意见。

与埃里克森的谈判进行得很顺利：他同意了条件，万事俱备只欠东风，好让他成为曼彻斯特联队的下一任主帅。这时，亚历克斯突然改变了退休的想法。这意味着我们必须回去告诉埃里克森，尽管我们已经达成了条款，但还没有签署任何协议，而亚历克斯现在也留下来了，这是 2002 年 2 月公开的决定，我认为这对埃里克森来说是一个巨大的失望。

亚历克斯总是说，是他的家人改变了他对退休的态度，并让他重新考虑这件事。他们担心他将要做的事情。他一生都在跟足球打交道，他的妻子凯西也曾说过一些类似的话："我不想让你一直围着我转。"他的孩子们肯定会说："爸爸，你要怎么做？你会无聊得要死的。"

亚历克斯也承认，他退役的决定可能是他作为曼彻斯特联队主帅犯下的最大错误。这对球队造成了非常不利的影响，我们最终迎来了多年来最令人失望的赛季，赛季结束时排名第三。

我们在 1999、2000 和 2001 赛季中赢得了联赛冠军，并且赢得相当轻松，而在 2002 年我们却一事无成。亚历克斯留下来了，2003 年我们又赢了联赛。他还和我们多待了十年，虽然他不得不与阿森纳的进一步崛起，以及阿布拉莫维奇入主切尔西做奋力的斗争，但是还有很多美好的时光要到来。

亚历克斯出人意料地宣布退休计划的那年夏天，俱乐部已经在荷兰前锋路德·范尼斯特鲁伊身上耗费巨资。这是一个漫长而充满忧虑的转会故事，最终迎来了高潮。

早在 2000 年 4 月，当我还是首席执行官的时候，亚历克斯就想引进另一名前锋，并指定曾在荷兰联赛埃因霍温效力的路德 · 范尼斯特鲁伊，作为引援目标。谈判较为棘手，因为亚历克斯已经发出了各种各样的噪音，我认为在埃因霍温的高层要员感觉到我们正在笼络这名球员。在与路德的经纪人和俱乐部谈过后，我们最终达成了一千六百万英镑的协议。

当路德来到老特拉福德球场接受体检时，每个人都很兴奋。当医务人员与我取得联系时，这种兴奋很快就消失了。体检结果不佳，路德的十字韧带有严重的问题，人们相信他随时都可能崩溃。我们不得不非常遗憾地让路德回到埃因霍温，显然他很沮丧。

尽管如此，亚历克斯与他一直保持联系，当路德最终受伤，在训练伤退后接受了手术后，我们还密切地跟进了他的进展。后来证明他克服了伤病，并且仍然颇具实力，我们再次与他签约，他在 2001 年 7 月加盟曼联，费用是一千九百万英镑。

球迷们对路德一见钟情，他的进球纪录也非常出色，在二百一十九场比赛中，他的进球数达到了一百五十粒，其中许多都是最重要比赛的进球。他是曼联历史上最伟大的前锋之一，我很高兴能为俱乐部带来又一名伟大的球员。

我在曼联的最后两年，有几名球员高调地离开。斯塔姆在 2001 年夏天离开俱乐部，让人大跌眼镜。我认为亚历克斯让他离开的决定也让这名球员感到惊讶。但事实证明，大家都得出了错误的结论，亚历克斯卖掉斯塔姆是因为在球员最近出版的自传中，他指责当他仍在 PSV 埃因霍温效力时，曼联利用他。斯塔姆的书从来没有作为球员离开的原因在董事会层级上讨论过。而亚历克斯相信，在跟腱手术后，斯塔姆已经三十岁了，不再有跟以往相同的能力，当时，拉齐奥以一千六百五十万英镑的惊人报价介入，他觉得这是最佳交易。我认为亚历克斯真的相信我们已经尽力了。

斯塔姆的接替者是劳伦特·布兰科，他是自由转会来我们这里的。我从来没有感觉过，转会能起到那么大的作用。布兰科是欧洲最优秀的中后卫之一，但他已经过了巅峰状态，我认为他没有提高球队的实力，同时我们也让世界足坛最佳后卫之一离开了。这是一个可怕的错误，亚历克斯也曾承认这是他的判断失误。

我们的球迷在2003年夏天又遭受了打击，大卫·贝克汉姆离开我们去了皇马。然而，在那件臭名昭著的事件发生在更衣室之前，不祥之兆已经是昭然若揭了。那是在2月对阵阿森纳的足总杯比赛后，我们以零比二输给了阿森纳。亚历克斯很生气，因为大卫没能跟进以阻止阿森纳的第二个进球，在赛后的激烈交锋中，亚历克斯用脚将地板上的足球靴踢起来，飞到空中，砸在大卫的眼睛上方。当然，第二天报纸上大肆报道，大卫在公众面前出现，用一片很显眼的胶布覆盖着伤口。虽然这次事件有很多原因，但这只是一个反常的事故，在任何董事会会议上都没有讨论过这个问题。

虽然更衣室事件可能是大卫最终离开俱乐部的原因，但也有其他决定性原因。亚历克斯觉得大卫的名人形象妨碍了他的足球，他的状态正在下降。亚历克斯觉得，大卫没有像以前一样在队内尽到应有的责任。他目前有新的日程安排，其妻子维多利亚说，这样的日程，会对他造成越来越大的影响。从俱乐部角度考量，亚历克斯认为他在划水（有所懈怠）。

如果你拥有这样一名球员，他觉得自己是明星，能抽身去做其他事情，而别的球员不能，这对于日常训练是不利的。亚历克斯得考虑到其他人的感受，以及整支球队的化学反应。如果他觉得某名球员没有尽全力，那还不如让他走，再引进一名全力以赴的球员。

多年来，曼联有相当多的明星球员。我们有乔治·贝斯特、瑞恩·吉格斯、坎通纳、贝克汉姆，还有C罗。他们都是自成一格的明星，他们都卖球衣，但最终推销的都是曼联，而不是个人。最重要的是要在这个领域取得成功。我们的成功并不依赖于个人的营销，也决不应该依赖于个人。

就在贝克汉姆离开的几周后，他的替补克里斯蒂亚诺·罗纳尔多来到了这里，事实证明他是一名相当出色的球员。当罗纳尔多加盟时，我已经辞职了，但是在我在俱乐部的最后两年中，我们一直试图引进其他大牌球员。回到2001年6月，我们与阿森纳联系，想要把帕特里克·维埃拉挖来，但被断然拒绝。对于球队来说，维埃拉是很好的实力补充。的确，多年来他和罗伊·基恩一直在激烈竞争中对抗，最明显的是，他们在海布里球场比赛之前在入场通道里的那场臭名昭著的口角，被摄像机捕捉到了。但他们俩可能会结为非常强大的中场组合。

2002年1月，迭戈·弗兰从阿根廷独立竞技俱乐部以七百万英镑的价格转会而来，他在安菲尔德球场连进两球后，即成为受崇拜的英雄。但是那年夏天，我们签下的大单是里奥·费迪南德，他是我们的球探莱斯·科尔肖首先向我介绍而引起我注意的。当时里奥在西汉姆的青年队踢球，莱斯对他的潜力深信不疑。我记得我打电话给西汉姆的主教练雷德克纳普，和他谈了把里奥转到曼联的可能性，但是我被告知绝对没有机会得到他。

接下来的事情是我听说他以一千八百万英镑的转会费去了利兹联队，这是一个巨大的打击。最后的结果是，里奥在利兹只待了两个赛季，我们花了约三千万英镑将他从约克郡俱乐部撬走，这是后卫的创纪录费用。对我来说，这笔钱花得值：里奥成为我们防守的一块磐石，并且是在现代比赛中最具有英伦范儿的中卫之一。

在2002—2003赛季结束时，曼联夺得英超冠军，这是十一年来的第八次，看起来这是辞去足球俱乐部主席的最佳时机。我在12月份就做出了这个决定，并向董事会知会了我的意图。一个多星期后，即5月28日，老特拉福德球场举办了尤文图斯和A.C.米兰的欧冠决赛。这是俱乐部首次举办重大欧洲足球赛事的决赛，也是见证我使命结束的一种很好的方式。

这个决定很容易达成。2002年3月，罗兰辞去了公共有限公司董事长一职，并被时任能源和服务公司森特理克集团首席执行官罗伊·加德纳接替。我和罗兰的关系一直很好，但非常遗憾的是，他在退休后不久，因患癌症在数月后去世。罗伊·加德纳和罗兰很不一样，我认为他不是特别喜欢足球俱乐部的董事会。他觉得自己作为公共有限公司的董事长，被足球俱乐部的主席抢去了部分权力。可这永远不会打扰到罗兰了。我也有一种感觉，公共有限公司真的不喜欢足球俱乐部董事会的想法。在他们看来，公共有限公司董事会是具有控制权的董事会，并且是俱乐部内部最重要的董事会。他们可能认为足球俱乐部董事会得到的认可太过了。

结果，我的影响开始减少。罗伊从来没有像罗兰过去那样经常来找我。他似乎想要绕过我，与彼得·肯扬取得更直接的联系，这让我觉得自己被边缘化，尽管我仍然代表曼联参加在伦敦的英超联赛会议，我在俱乐部的角色变得不那么重要了。在辞去首席执行官一职后的三年里，我一直担任主席，我的影响力正在慢慢减弱，我不想仅仅为了这样的影响力而待下去。

当罗伊·加德纳从罗兰那里接手时，这两人都决定，当我最终辞去足球俱乐部主席一职时，我将成为俱乐部荣誉主席。纵观整个历史，曼联只给两个人赋予了这个头衔：一个是约翰·亨利·戴维斯，他在 1902 年拯救了俱乐部，另一个当然是马特爵士。对我来说，担任荣誉主席的角色是一项巨大的荣誉。在担任了三十三年的董事、首席执行官和主席之后，我一直很自豪地坚持这一立场。如果把我父亲的时间也算在内，我们爱德华兹一家可为曼联服务了五十五年，包括三十八年的主席。

于是，到了最后，我认为辞去主席的职务并承担起荣誉主席的职责是更容易的选择，这是一个容易做出的决定。曼联成为我生命中一部分的时间已经够长了，但我觉得我选择的时间是对的。

俱乐部在 6 月 3 日为我举办了一场精彩的告别晚宴，在宴会上我向所有工作人员告别，他们中有些人从我在 1980 年任职的第一天起就开始为我工作，如肯·默雷特和肯·拉姆斯登，还有电话总机房的凯斯和我的秘书宝莲等人。

这真令人感慨万分。但当我在 6 月底正式辞职时，我并没有离开老特拉福德球场，因为在那里保留了我的办公室。

2001 年，我被任命为英超审计和薪酬委员会主席，该委员会负责监督联赛内部的财务管理、会计政策以及确定高管薪酬。我主持该委员会直到 2011 年卸任。因需要一间办公室，于是我决定启用我在老特拉福德球场的老办公室，并支付租金，我几乎每天都来，因为我还有其他事情要做，我坚持了两年，直到格雷泽家族接管了俱乐部并想要收回为止。今天，我在董事包厢还有一个座位，并且尽量不会错过主场比赛。我仍然和以前一样，充满激情地观看我心爱的球队的比赛。

我该如何开始总结我在曼联的岁月呢？实际上，我只能从 1980 年接手到现在的状态来判断。当我继任我父亲担任主席时，曼联的股权价值为二百万英镑。而 1980 年那一年，我们的营业额为二百一十五万英镑，税前净利润为二十一万英镑。到 1999 年赢得三冠王之后，我们突飞猛进，已经成为世界上最大的体育特许经销权授予人，净资产超过十亿英镑。我们还聘用了五百多名全职人员，以及一千两百七十五名临时工作人员，较之于我第一次接手时人数大幅增加。事实上，在我辞去主席的 2003 年，我们的营业额已经增长到一点七三亿英镑，利润为三千九百三十万英镑，分红为一千零四十万英镑。在自 1991 年上市以来的十二年中，我们的利润达到二点四三亿英镑，支付超过五千四百万英镑的股息。即使为三十名球员支出超过一点六四亿英镑的转会费和不断增加的股息后，我们每年都盈利。这些数字确实说明了曼联发展的深远程度以及现代足球的变化幅度。

但这只是财务方面的事情。再看看球队在球场上取得的成绩，以及所有的奖杯和联赛冠军，这是需要很长时间才能获得的。1986 年 11 月，亚历克斯加盟曼联，我们不得不耐心地等到1990年，他才拿了第一座奖杯。整整七年之后我们才赢得联赛冠军，但此后，我们一发不可收拾地取得了巨大成功：1994年双冠王，1996年双冠王，1999年三冠王，以及其他所有奖杯。这是亚历克斯和球队的惊人成就，也是俱乐部历史上最辉煌的时期。

然后就是老特拉福德球场。在我任职期间，我们对球场进行了彻底的整修。从1991年上市开始，我们重建了西看台、北看台，然后是东看台，都是重点发展项目。事实上，从20世纪90年代以来，我们总共花了一点一二亿英镑进行球场地面改进。还有卡灵顿的培训设施，花费一千四百三十万英镑。我辞职时，已经为未来留下了福祉。由于从20世纪90年代到21世纪初，所有棘手的工作都完成了，因此之后几乎没有在球场方面花什么钱。这些都是我仍然引以为豪的成就。

在曼联期间，我对俱乐部的节俭管理可能并没有得到很多球迷的支持，但我必须平衡所有的业务层面。我们有股东，所以必须支付股息，这是我们必须面对的规则。我们不得不开发球场，这些费用是我们设法用俱乐部的利润来完成的——没有人带着大笔资金投进来。我们必须自力更生，我们是用真正的商业利润进行发展。在收购球员和工资方面也有支出。换句话说，支持教练和球队。我必须要收支平衡，唯有谨慎小心方能办到。

作为董事长和首席执行官，我最大的长处之一就是作为一名优秀的授权者。大多数员工都会说，我支持他们，让他们放手干好自己的工作。每个人都有不同的管理风格。有些人喜欢亲自动手，想知道每件事的持续进展，而另一些人说："他完全能做好那份工作，我不需要一直去督促他。"我一直秉承这种原则，如果员工需要帮助，他们会来找我。让他们去做好自己该做的事，但要知道我随时可以为他们提供帮助。这就是我的管理风格。我任命那些我认为适合这份工作的人，然后放手让他们独立工作，从不干涉。

最好的例子就是亚历克斯·弗格森。我尽我所能为他完成工作提供所有必要的帮助。亚历克斯是一个把足球融入生命中的人：他活着就是为了足球，所以他知道自己在做什么。是的，他是个输不起的人。但你会发现很多赢家也都输不起，你看看约翰·麦肯罗这样的人。早期，亚历克斯和我的关系非常亲密。1991 年俱乐部在股票市场上市后，我的责任更重大，我不得不花更多的时间去打理俱乐部的生意，我脱不开身，和亚历克斯的关系也没有早些时候那么亲近。实际上这并没有影响到俱乐部的运作，因为大多数时候亚历克斯得到了他想要的。我总是支持他的想法，特别是关于年轻人和球队建设，以及购买球员和支付更高工资，这些我们最终都接受了。需要特别指出的是，尽管曼联作为上市公司需要我付出更多的工作精力，但我知道亚历克斯能够处理好自己分内的事情，他知道如果他需要什么，随时都可以来找我。我相信我支持亚历克斯的方式所产生的结果就是我们多年来积累的成果和奖杯。

我并不嫉妒这些年来亚历克斯作为曼联主帅所受到的赞扬：他配得上所有的褒奖。但是，无论他作为曼联主帅的角色多么重要，亚历克斯都是特定体系中的一分子，而这帮助他获得成功。曼联由两个不同的部分组成——公共有限责任公司董事会及其附属体系，以及足球俱乐部董事会。分开而论，当亚历克斯告诉俱乐部董事会自己想做什么时，这边会全部听他的；但是在公共有限公司董事会及其附属体系的运营中，他并没有扮演任何角色。

亚历克斯作为教练的角色与其他业务完全不同。他不是那种守旧的主帅，他的角色定位相当明确。他直接向我，首席执行官汇报。我们花了相当长的时间将亚历克斯从其他业务中剥离出来，来处理球队事务。例如，与其他许多英超教练不同，亚历克斯在老特拉福德球场没有办公室。他的办公室在训练场，那是他的地盘，他在那里为球队的比赛做准备。

亚历克斯得益于这家公司的良好运营，公司支持他，并创造收入，让他能签到最佳球员。回想 1998 年，当时球队没有赢一场比赛，我相信当时没有任何一家其他俱乐部会出资两千三百万英镑购买斯塔姆和约克。当形势严峻时，我们在国内的优势似乎在下滑，我们想方设法并动用资源去解决各种问题。如果我们没有采取那些措施，无论教练有多么优秀，我们都不会赢得随后赛季的三冠王。

我最自豪之处在于，我在曼联建立起一个强大的商业帝国，能够延续到未来，甚至是直到亚历克斯不再担任主教练的时代。事实是企业必须继续经营，而曼联的结构就是这样的，其遗产将永远传承并发扬光大。我们的忠实球迷们，期望并将看到曼联的持续繁荣昌盛。

后记：曼联历史上的最佳阵容

人们总是问我执掌曼联期间最喜欢的球员是谁，或者问我认为谁是曼联有史以来最伟大的球员。回答这个问题最干脆、一劳永逸的答案，是编制一份不仅仅是我在老特拉福德球场的任期之内，还是有史以来曼联的最佳十一人阵容。

还是从我在曼联任职时开始。我对此的想法是重点在于我执掌的二十年，即从 1980 年到 2000 年。这意味着像里奥·费迪南德和路德·范尼斯特鲁伊这些，在我任职期间只在俱乐部待了一段时间的球员，并不在考虑范围之内，因为这样对那些在我任期时效力多年的球员而言是不公平的。那些在我接手时，已经在俱乐部的球员也一样，像史蒂夫·科佩尔，他很快就离开了，还有马丁·布坎，在我任期里，他没有打很多比赛，所以也没有包括他们。我选择了 4-4-2 阵型，这是典型的曼联阵型。

从门将开始，除了彼得·舒梅切尔，我们很难选择。在其他的守门员中，我选择了加里·拜莱作为我的二号替补。但舒梅切尔是最佳选择。真的，无人能够比拟；他自成体系。

至于边后卫，我主张是加里·内维尔，他是著名的曼联青年队队长，随后又百炼成钢，成为有能力的稳定右后卫，在右路与贝克汉姆配合默契，然后是左后卫丹尼斯·欧文。提到菲尔·内维尔，就特别值得骄傲，他赢得了六枚联赛冠军的奖牌，亚瑟 · 阿尔比斯顿，他在球队效力多年，是一名优秀的左后卫。然后是约翰 · 吉德曼、保罗 · 帕克和维夫 · 安德森，他们都为英格兰队效力。但最终加里 · 内维尔和欧文脱颖而出。

中卫我力荐雅普 · 斯塔姆，他对获得三冠王发挥了很大的作用，虽然他只在曼联待了三个赛季，但这期间我们取得了联赛三连冠，这说明了他非凡的才能。与斯塔姆搭档构成中卫的人选，我选了加里 · 帕利斯特，他也是一名很有修养的中卫。他为英格兰队效力，为曼联赢得了很多冠军，多年来与史蒂夫·布鲁斯有着极好的合作关系。我不得不说这是一项艰难的选择，因为在挑选中卫时，他们都是良好的合作伙伴。就像里奥和维迪奇，帕利斯特和布鲁斯确实相处得很好，但因为斯塔姆的统治地位，很难将他排除在外。

我的两名边路人选，右边是贝克汉姆，左边是吉格斯。他们两个人都可以快速退回防守，并且都竭尽全力为球队效力。考虑安德烈 · 坎切斯基入选是因为他和坎通纳、休斯和吉格斯组成了最棒的前锋组合，一起赢得了 1994 年联赛冠军。不过最后，贝克汉姆的光芒掩盖了他，因为他在传中非常出色——的确出色，我认为我们从来没有见过这样的传球——他是一名很好的任意球手。我认为吉格斯自然而然地必须在队里。

至于两名中场球员，这是另一个极端困难的抉择，因为我不得不舍弃斯科尔斯和保罗 · 因斯。但是如果我要摆出 4-4-2 阵容，队形只需要两名中场球员，我发现无人能出基恩和罗布森之右。布赖恩 · 罗布森是一个比基恩得分更多的射手。另一方面，基恩是一个举足轻重的人物。尽管我在此认定罗布森是队长，但他们都是球场上的杰出领袖，都是时任队长。他们确实是传奇队长[①]，没有人能比他们更好地带领球队越过终点线走向胜利。

锋线可谓是最艰难的选择。在我的时代，天佑曼联，我们拥有很多优秀

---

① 传奇队长：源自于漫威漫画的科幻冒险电影《惊奇队长》。

前锋，从安迪·科尔到索尔斯克亚，还有特迪·谢林汉姆到德怀特·约克。但最后我还是选择马克·休斯，并由埃里克·坎通纳搭档。休斯是伟大的进球得分手，他有出色的技术能力，而坎通纳是一个有魔力的球员。试想埃里克在曼联五个赛季中，我们赢得了四次联赛冠军，如果他没有被禁赛，还会赢得第五次。他对球队命运的巨大影响，为他赢得了一席之地。

这就是我的最佳阵容。替补席上，我将拜莱作为替补门将，布鲁斯作为唯一的防守替补，因为我将因斯加入其中，如果需要，他可以替代左后卫。罗布森也可以打后卫。另一个中场替补是斯科尔斯，坎切斯基作为任意一边的替补。锋线的替补队员是科尔和索尔斯克亚。因为科尔仍然是英超历史射手榜上排名第三的球员，索尔斯克亚则会替补上场，使球队的精神为之一振。

我不得不放弃一些优秀的球员，但我认为这是一个强大阵容，并且能证明我们的实力，以及亚历克斯不断的重建。

舒梅切尔

加里·内维尔　　斯塔姆　　帕利斯特　　欧文

贝克汉姆　　基恩　　罗布森　　吉格斯

坎通纳

休斯

替补：拜莱，布鲁斯，因斯，斯科尔斯，坎切尔斯基，科尔，索尔斯克亚

继续来说说我心目中的曼联历史上的最佳阵容。我的准则是，只包括从我开始追随曼联起效力过曼联的球员。这实际上是慕尼黑空难后的最佳阵容。我从 1958 年 3 月开始定期去老特拉福德球场，空难发生在 2 月份，所以我没有提及邓肯·爱德华兹、汤米·泰勒或者罗杰·拜恩这样的球员，因为我从来没见过他们踢球。

我们从门将位置重新开始，从我开始看球以来，在老特拉福德球场看到的最好的门将还是彼得 · 舒梅切尔。这些年来我们有一些优秀的门将，比如贝利和亚历克斯 · 斯特普尼。我认为范德萨是一名杰出的门将，他在我的替补席上享有位置，像大卫 · 德赫亚，他是一名出色的年轻门将，但是他还需要时间打磨来确定其地位。我认为德赫亚还有很多需要磨砺之处，也许五年后我的想法可能会改变。然而，现在是遴选我的球队，所要做的就是看看范德萨的统计数据和他保持的不失球场次，这样就能明白为什么他会把西班牙人比下去。但是，舒梅切尔将永远是我的首选。

在左后卫的位置上，我主张托尼 · 邓恩，他是 1968 年欧洲冠军球队的球员，一名出色的左后卫。我认真考虑过帕特里斯 · 埃弗拉，他在曼联三场欧冠决赛中都表现得很好，而且是一名非常可靠的左后卫，是球迷最喜欢的球员，但最后我还是选了托尼 · 邓恩。

中卫，我主张斯塔姆。我认为曼联没有更好的中卫。我选择了里奥 · 费迪南德作为斯塔姆的搭档。我的另一个队里没有考虑里奥，因为他是在我任职的最后一年才来的，但是对于整支球队来说，他和斯塔姆将会达成极好的伙伴关系。

再一次，我的阵型是 4-4-2，我想自己挑选边锋：我已经推荐克里斯蒂亚诺 · 罗纳尔多和乔治 · 贝斯特，两名欧洲足球先生，都是赛场上的传奇人物。现在选中场非常困难，因为多年来老特拉福德球场不之一些伟大的中场球员，但我仍然回归到基恩和罗布森，他们绝对是主导和稳固型，并且有创造力。罗布森在场上不停地奔跑，为我们打进九十九个进球，而且经常是重要比赛，基恩有时也能打进很有用的进球。我不得不舍弃像帕特 · 克兰德这样的人，他在 1968 年欧洲冠军杯中，发挥了非常重要的作用，而斯科尔斯，虽然是一名顶级球员，但较为逊色。

前锋是博比 · 查尔顿和丹尼斯 · 劳，丹尼斯顶在前面，博比拖后。再说一次，他们是当年的两名欧洲足球先生，他们的资历是不言而喻的。事实上，锋线四名球员都是欧洲足球先生，所以很难把他们排除在外。

这意味着有很强大的替补。范德萨是我的替补门将，我选择了马丁·布坎和维迪奇作为我的替补后卫。在中场我再次选择斯科尔斯，因为他很神奇。吉格斯是我的替补边锋，因为他两边都可以踢。我选择坎通纳作为查尔顿的备选，范尼则是丹尼斯的替补。这意味着韦恩·鲁尼没有空位了。俱乐部的进球纪录保持者在我的名单上，我必须在他和范尼之间做出选择，我觉得路德更像是劳的替补，更适合作为一名终结者。

舒梅切尔

欧文　斯塔姆　费迪南德　邓恩

罗纳尔多　基恩　罗布森　贝斯特

查尔顿

劳

替补：范德萨，巴肯，维迪奇，斯科尔斯，吉格斯，坎通纳，范尼斯特鲁伊

这是我的两套阵容，包括我任职期间，以及整个历史时期。我的回忆中，有很多是看着他们在老特拉福德草坪上优雅地踢球。他们都在这家伟大俱乐部的历史上留下了自己的烙印。我希望也能以我的方式做到这样。

附录 1

1980—2003 曼彻斯特联队联赛排名

1980—1981 甲级联赛

排名	俱乐部	比赛	赢	平	败	进球	失球	净胜球	总分
1	阿斯顿维拉队	42	26	8	8	72	40	+32	60
2	伊普斯维奇队	42	23	10	9	77	43	+34	56
3	阿森纳队	42	19	15	8	61	45	+16	53
4	西布朗维奇	42	20	12	10	60	42	+18	52
5	利物浦队	42	17	17	8	62	42	+20	51
6	南安普顿队	42	20	10	12	76	56	+20	50
7	诺丁汉森林队	42	19	12	11	62	44	+18	50
8	曼彻斯特联队	42	15	18	9	51	36	+15	48
9	利兹联队	42	17	10	15	39	47	-8	44
10	托特纳姆热刺队	42	14	15	13	70	68	+2	43
11	斯托克城队	42	12	18	12	51	60	-9	42
12	曼彻斯特城队	42	14	11	17	56	59	-3	39
13	伯明翰队	42	13	12	17	50	61	-11	38
14	米德尔斯堡队	42	16	5	21	53	61	-8	37
15	埃弗顿队	42	13	10	19	55	58	-3	36
16	考文垂队	42	13	10	19	48	68	-20	36
17	桑德兰队	42	14	7	21	52	53	-1	35
18	狼队	42	13	9	20	43	55	-12	35
19	布莱顿队	42	14	7	21	54	67	-13	35
20	诺维奇队（降级）	42	13	7	22	49	73	-24	33
21	莱斯特城队（降级）	42	13	6	23	40	67	-27	32
22	水晶宫队（降级）	42	6	7	29	47	83	-36	19

1981—1982 甲级联赛

排名	俱乐部	比赛	赢	平	败	进球	失球	净胜球	总分
1	利物浦队	42	26	9	7	80	32	+48	87
2	伊普斯维奇队	42	26	5	11	75	53	+22	83
3	曼彻斯特联队	42	22	12	8	59	29	+30	78
4	托特纳姆热刺队	42	20	11	11	67	48	+19	71
5	阿森纳队	42	20	11	11	48	37	+11	71
6	斯旺西城队	42	21	6	15	58	51	+7	69
7	南安普顿队	42	19	9	14	72	67	+5	66
8	埃弗顿队	42	17	13	12	56	50	+6	64
9	西汉姆联队	42	14	16	12	66	57	+9	58
10	曼彻斯特城队	42	15	13	14	49	50	-1	58
11	阿斯顿维拉队	42	15	12	15	55	53	+2	57
12	诺丁汉森林队	42	15	12	15	42	48	-6	57
13	布莱顿队	42	13	13	16	43	52	-9	52
14	考文垂队	42	13	11	18	56	62	-6	50
15	诺茨郡队	42	13	8	21	61	69	-8	47
16	伯明翰队	42	10	14	18	53	61	-8	44
17	西布朗维奇队	42	11	11	20	46	57	-11	44
18	斯托克城队	42	12	8	22	44	63	-19	44
19	桑德兰队	42	11	11	20	38	58	-20	44
20	利兹联队（降级）	42	10	12	20	39	61	-22	42
21	狼队（降级）	42	10	10	22	32	63	-31	40
22	米德尔斯堡队(降级)	42	8	15	19	34	52	-18	39

1982—1983 甲级联赛

排名	俱乐部	比赛	赢	平	败	进球	失球	净胜球	总分
1	利物浦队	42	24	10	8	87	37	+50	82
2	沃特福德队	42	22	5	15	74	57	+17	71
3	曼彻斯特联队	42	19	13	10	56	38	+18	70
4	托特纳姆热刺队	42	20	9	13	65	50	+15	69
5	诺丁汉森林队	42	20	9	13	62	50	+12	69
6	阿斯顿维拉队	42	21	5	16	62	50	+12	68
7	埃弗顿队	42	18	10	14	66	48	+18	64
8	西汉姆联队	42	20	4	18	68	62	+6	64
9	伊普斯维奇队	42	15	13	14	64	50	+14	58
10	阿森纳队	42	16	10	16	58	56	+2	58
11	西布朗维奇队	42	15	12	15	51	49	+2	57
12	南安普顿队	42	15	12	15	54	58	-4	57
13	斯托克城队	42	16	9	17	53	64	-11	57
14	诺维奇城队	42	14	12	16	52	58	-6	54
15	诺茨郡队	42	15	7	20	55	71	-16	52
16	桑德兰队	42	12	14	16	48	61	-13	50
17	伯明翰队	42	12	14	16	40	55	-15	50
18	卢顿队	42	12	13	17	65	84	-19	49
19	考文垂队	42	13	9	20	48	59	-11	48
20	曼彻斯特城队（降级）	42	13	8	21	47	70	-23	47
21	斯旺西城队（降级）	42	10	11	21	51	69	-18	41
22	布莱顿队（降级）	42	9	13	20	38	68	-30	40

1983—1984 甲级联赛

排名	俱乐部	比赛	赢	平	败	进球	失球	净胜球	总分
1	利物浦队	42	22	14	6	73	32	+41	80
2	南安普顿队	42	22	11	9	66	38	+28	77
3	诺丁汉森林队	42	22	8	12	76	45	+31	74
4	曼彻斯特联队	42	20	14	8	71	41	+30	74
5	女王公园巡游者队	42	22	7	13	67	37	+30	73
6	阿森纳队	42	18	9	15	74	60	+14	63
7	埃弗顿队	42	16	14	12	44	42	+2	62
8	托特纳姆热刺队	42	17	10	15	64	65	-1	61
9	西汉姆联队	42	17	9	16	60	55	+5	60
10	阿斯顿维拉队	42	17	9	16	59	61	-2	60
11	沃特福德队	42	16	9	17	68	77	-9	57
12	伊普斯维奇队	42	15	8	19	55	57	-2	53
13	桑德兰队	42	13	13	16	42	53	-11	52
14	诺维奇城队	42	12	15	15	48	49	-1	51
15	莱斯特城队	42	13	12	17	65	68	-3	51
16	卢顿队	42	14	9	19	53	66	-13	51
17	西布朗维奇队	42	14	9	19	48	62	-14	51
18	斯托克城队	42	13	11	18	44	63	-19	50
19	考文垂队	42	13	11	18	57	77	-20	50
20	伯明翰队（降级）	42	12	12	18	39	50	-11	48
21	诺茨郡队（降级）	42	10	11	21	50	72	-22	41
22	狼队（降级）	42	6	11	25	27	80	-53	29

1984—1985 甲级联赛

排名	俱乐部	比赛	赢	平	败	进球	失球	净胜球	总分
1	埃弗顿队	42	28	6	8	88	43	+45	90
2	利物浦队	42	22	11	9	68	35	+33	77
3	托特纳姆热刺队	42	23	8	11	78	51	+27	77
4	曼彻斯特联队	42	22	10	10	77	47	+30	76
5	南安普顿队	42	19	11	12	56	47	+9	68
6	切尔西队	42	18	12	12	63	48	+15	66
7	阿森纳队	42	19	9	14	61	49	+12	66
8	谢菲尔德星期三队	42	17	14	11	58	45	+13	65
9	诺丁汉森林队	42	19	7	16	56	48	+8	64
10	阿斯顿维拉队	42	15	11	16	60	60	+0	56
11	沃特福德队	42	14	13	15	81	71	+10	55
12	西布朗维奇队	42	16	7	19	58	62	-4	55
13	卢顿队	42	15	9	18	57	61	-4	54
14	纽卡斯尔联队	42	13	13	16	55	70	-15	52
15	莱斯特城队	42	15	6	21	65	73	-8	51
16	西汉姆联队	42	13	12	17	51	68	-17	51
17	伊普斯维奇队	42	13	11	18	46	57	-11	50
18	考文垂队	42	15	5	22	47	64	-17	50
19	女王公园巡游者队	42	13	11	18	53	72	-19	50
20	诺维奇队（降级）	42	13	10	19	46	64	-18	49
21	桑德兰队（降级）	42	10	10	22	40	62	-22	40
22	斯托克城队（降级）	42	3	8	31	24	91	-67	17

1985—1986 甲级联赛

排名	俱乐部	比赛	赢	平	败	进球	失球	净胜球	总分
1	利物浦队	42	26	10	6	89	37	+52	88
2	埃弗顿队	42	26	8	8	87	41	+46	86
3	西汉姆联队	42	26	6	10	74	40	+34	84
4	曼彻斯特联队	42	22	10	10	70	36	+34	76
5	谢菲尔德星期三队	42	21	10	11	63	54	+9	73
6	切尔西队	42	20	11	11	57	56	+1	71
7	阿森纳队	42	20	9	13	49	47	+2	69
8	诺丁汉森林队	42	19	11	12	69	53	+16	68
9	卢顿队	42	18	12	12	61	44	+17	66
10	托特纳姆热刺队	42	19	8	15	74	52	+22	65
11	纽卡斯尔联队	42	17	12	13	67	72	-5	63
12	沃特福德队	42	16	11	15	69	62	+7	59
13	女王公园巡游者队	42	15	7	20	53	64	-11	52
14	南安普顿队	42	12	10	20	51	62	-11	46
15	曼彻斯特城队	42	11	12	19	43	57	-14	45
16	阿斯顿维拉队	42	10	14	18	51	67	-16	44
17	考文垂队	42	11	10	21	48	71	-23	43
18	牛津联队	42	10	12	20	62	80	-18	42
19	莱斯特城队	42	10	12	20	54	76	-22	42
20	伊普斯维奇队(降级)	42	11	8	23	32	55	-23	41
21	伯明翰队（降级)	42	8	5	29	30	73	-43	29
22	西布朗维奇队(降级)	42	4	12	26	35	89	-54	24

1986—1987 甲级联赛

排名	俱乐部	比赛	赢	平	败	进球	失球	净胜球	总分
1	埃弗顿队	42	26	8	8	76	31	+45	86
2	利物浦队	42	23	8	11	72	42	+30	77
3	托特纳姆热刺队	42	21	8	13	68	43	+25	71
4	阿森纳队	42	20	10	12	58	35	+23	70
5	诺维奇队	42	17	17	8	53	51	+2	68
6	温布尔登队	42	19	9	14	57	50	+7	66
7	卢顿队	42	18	12	12	47	45	+2	66
8	诺丁汉森林队	42	18	11	13	64	51	+13	65
9	沃特福德队	42	18	9	15	67	54	+13	63
10	考文垂队	42	17	12	13	50	45	+5	63
11	曼彻斯特联队	42	14	14	14	52	45	+7	56
12	南安普顿队	42	14	10	18	69	68	+1	52
13	谢菲尔德星期三队	42	13	13	16	58	59	-1	52
14	切尔西队	42	13	13	16	53	64	-11	52
15	西汉姆联队	42	14	10	18	52	67	-15	52
16	女王公园巡游者队	42	13	11	18	48	64	-16	50
17	纽卡斯尔联队	42	12	11	19	47	65	-18	47
18	牛津联队	42	11	13	18	44	69	-25	46
19	查尔顿队	42	11	11	20	45	55	-10	44
20	莱斯特城队（降级）	42	11	9	22	54	76	-22	42
21	曼彻斯特城队(降级)	42	8	15	19	36	57	-21	39
22	阿斯顿维拉队(降级)	42	8	12	22	45	79	-34	36

1987—1988 甲级联赛

排名	俱乐部	比赛	赢	平	败	进球	失球	净胜球	总分
1	利物浦队	40	26	12	2	87	24	+63	90
2	曼彻斯特联队	40	23	12	5	71	38	+33	81
3	诺丁汉森林队	40	20	13	7	67	39	+28	73
4	埃弗顿队	40	19	13	8	53	27	+26	70
5	女王公园巡游者队	40	19	10	11	48	38	+10	67
6	阿森纳队	40	18	12	10	58	39	+19	66
7	温布尔登队	40	14	15	11	58	47	+11	57
8	纽卡斯尔联队	40	14	14	12	55	53	+2	56
9	卢顿队	40	14	11	15	57	58	-1	53
10	考文垂队	40	13	14	13	46	53	-7	53
11	谢菲尔德星期三队	40	15	8	17	52	66	-14	53
12	南安普顿队	40	12	14	14	49	53	-4	50
13	托特纳姆热刺队	40	12	11	17	38	48	-10	47
14	诺维奇队	40	12	9	19	40	52	-12	45
15	德比郡队	40	10	13	17	35	45	-10	43
16	西汉姆联队	40	9	15	16	40	52	-12	42
17	查尔顿队	40	9	15	16	38	52	-14	42
18	切尔西队（降级）	40	9	15	16	50	68	-18	42
19	朴茨茅斯队（降级）	40	7	14	19	36	66	-30	35
20	沃特福德队（降级）	40	7	11	22	27	51	-24	32
21	牛津联队（降级）	40	6	13	21	44	80	-36	31

1988—1989 甲级联赛

排名	俱乐部	比赛	赢	平	败	进球	失球	净胜球	总分
1	阿森纳队	38	22	10	6	73	36	+37	76
2	利物浦队	38	22	10	6	65	28	+37	76
3	诺丁汉森林队	38	17	13	8	64	43	+21	64
4	诺维奇队	38	17	11	10	48	45	+3	62
5	德比郡队	38	17	7	14	40	38	+2	58
6	托特纳姆热刺队	38	15	12	11	60	46	+14	57
7	考文垂队	38	14	13	11	47	42	+5	55
8	埃弗顿队	38	14	12	12	50	45	+5	54
9	女王公园巡游者队	38	14	11	13	43	37	+6	53
10	米尔沃尔队	38	14	11	13	47	52	-5	53
11	曼彻斯特联队	38	13	12	13	45	35	+10	51
12	温布尔登队	38	14	9	15	50	46	+4	51
13	南安普顿队	38	10	15	13	52	66	-14	45
14	查尔顿队	38	10	12	16	44	58	-14	42
15	谢菲尔德星期三队	38	10	12	16	34	51	-17	42
16	卢顿队	38	10	11	17	42	52	-10	41
17	阿斯顿维拉队	38	9	13	16	45	56	-11	40
18	米德尔斯堡队（降级）	38	9	12	17	44	61	-17	39
19	西汉姆联队（降级）	38	10	8	20	37	62	-25	38
20	纽卡斯尔联队（降级）	38	7	10	21	32	63	-31	31

1989—1990 甲级联赛

排名	俱乐部	比赛	赢	平	败	进球	失球	净胜球	总分
1	利物浦队	38	23	10	5	78	37	+41	79
2	阿斯顿维拉队	38	21	7	10	57	38	+19	70
3	托特纳姆热刺队	38	19	6	13	59	47	+12	63
4	阿森纳队	38	18	8	12	54	38	+16	62
5	切尔西队	38	16	12	10	58	50	+8	60
6	埃弗顿队	38	17	8	13	57	46	+11	59
7	南安普顿队	38	15	10	13	71	63	+8	55
8	温布尔顿队	38	13	16	9	47	40	+7	55
9	诺丁汉森林队	38	15	9	14	55	47	+8	54
10	诺维奇城队	38	13	14	11	44	42	+2	53
11	女王公园巡游者队	38	13	11	14	45	44	+1	50
12	考文垂队	38	14	7	17	39	59	-20	49
13	曼彻斯特联队	38	13	9	16	46	47	-1	48
14	曼彻斯特城队	38	12	12	14	43	52	-9	48
15	水晶宫队	38	13	9	16	42	66	-24	48
16	德比郡队	38	13	7	18	43	40	+3	46
17	卢顿队	38	10	13	15	43	57	-14	43
18	谢菲尔德星期三队（降级）	38	11	10	17	35	51	-16	43
19	查尔顿队（降级）	38	7	9	22	31	57	-26	30
20	米尔沃尔队（降级）	38	5	11	22	39	65	-26	25

1990—1991 甲级联赛

排名	俱乐部	比赛	赢	平	败	进球	失球	净胜球	总分
1	阿森纳队	38	24	13	1	74	18	+56	83
2	利物浦队	38	23	7	8	77	40	+37	76
3	水晶宫队	38	20	9	9	50	41	+9	69
4	利兹联队	38	19	7	12	65	47	+18	64
5	曼彻斯特城队	38	17	11	10	64	53	+11	62
6	曼彻斯特联队	38	16	12	10	58	45	+13	59
7	温布尔顿队	38	14	14	10	53	46	+7	56
8	诺丁汉森林队	38	14	12	12	65	50	+15	54
9	埃弗顿队	38	13	12	13	50	46	+4	51
10	托特纳姆热刺队	38	11	16	11	51	50	+1	49
11	切尔西队	38	13	10	15	58	69	-11	46
12	女王公园巡游者队	38	12	10	16	44	53	-9	46
13	谢菲尔德联队	38	13	7	18	36	55	-19	46
14	南安普顿队	38	12	9	17	58	69	-11	45
15	诺维奇队	38	13	6	19	41	64	-21	45
16	考文垂队	38	11	11	16	42	49	-7	44
17	阿斯顿维拉队	38	9	14	15	46	58	-12	41
18	卢顿队	38	10	7	21	42	61	-19	37
19	桑德兰队（降级）	38	8	10	20	38	60	-22	34
20	德比郡队（降级）	38	5	9	24	37	75	-38	24

1991—1992 甲级联赛

排名	俱乐部	比赛	赢	平	败	进球	失球	净胜球	总分
1	利兹联队	42	22	16	4	74	37	+37	82
2	曼彻斯特联队	42	21	15	6	63	33	+30	78
3	谢菲尔德星期三队	42	21	12	9	62	49	+13	75
4	阿森纳队	42	19	15	8	81	47	+34	72
5	曼彻斯特城队	42	20	10	12	61	48	+13	70
6	利物浦队	42	16	16	10	47	40	+7	64
7	阿斯顿维拉队	42	17	9	16	48	34	+14	60
8	诺丁汉森林队	42	16	11	15	60	58	+2	59
9	谢菲尔德联队	42	16	9	17	65	63	+2	57
10	水晶宫队	42	14	15	13	53	61	-7	57
11	女王公园巡游者队	42	12	18	12	48	47	+1	54
12	埃弗顿队	42	13	14	15	52	51	+1	53
13	温布尔登队	42	13	14	15	53	53	0	53
14	切尔西队	42	13	14	15	50	60	-10	53
15	托特纳姆热刺队	42	15	7	20	58	63	-5	52
16	南安普顿队	42	14	10	18	39	55	-16	52
17	奥德汉姆竞技队	42	14	9	19	63	67	-4	51
18	诺维奇队	42	11	12	19	47	63	-16	45
19	考文垂队	42	11	11	20	35	44	-9	44
20	卢顿队（降级）	42	10	12	20	39	71	-32	42
21	诺茨郡队（降级）	42	10	10	22	40	62	-22	40
22	西汉姆联队（降级）	42	9	11	22	37	59	-22	38

1992—1993 超级联赛

排名	俱乐部	比赛	赢	平	败	进球	失球	净胜球	总分
1	曼彻斯特联队	42	24	12	6	67	31	+36	84
2	阿斯顿维拉队	42	21	11	10	57	40	+17	74
3	诺维奇城队	42	21	9	12	61	65	-4	72
4	布莱克本流浪队	42	20	11	11	68	46	+22	71
5	女王公园巡游者队	42	17	12	13	63	55	+8	63
6	利物浦队	42	16	11	15	62	55	+7	59
7	谢菲尔德星期三队	42	15	14	13	55	51	+4	59
8	托特纳姆热刺队	42	16	11	15	60	66	-6	59
9	曼彻斯特城队	42	15	12	15	56	51	+5	57
10	阿森纳队	42	15	11	16	40	38	+2	56
11	切尔西队	42	14	14	14	51	54	-3	56
12	温布尔登队	42	14	12	16	56	55	+1	54
13	埃弗顿队	42	15	8	19	53	55	-2	53
14	谢菲尔德联队	42	14	10	18	54	53	+1	52
15	考文垂队	42	13	13	16	52	57	-5	52
16	伊普斯维奇队	42	12	16	14	50	55	-5	52
17	利兹联队	42	12	15	15	57	62	-5	51
18	南安普顿队	42	13	11	18	54	61	-7	50
19	奥德汉姆竞技队	42	13	10	19	63	74	-11	49
20	水晶宫队（降级）	42	11	16	15	48	61	-13	49
21	米德尔斯堡队（降级）	42	11	11	20	54	75	-21	44
22	诺丁汉森林队（降级）	42	10	10	22	41	62	-21	40

1993—1994 超级联赛

排名	俱乐部	比赛	赢	平	败	进球	失球	净胜球	总分
1	曼彻斯特联队	42	27	11	4	80	38	+42	92
2	布莱克本流浪队	42	25	9	8	63	36	+27	84
3	纽卡斯尔联队	42	23	8	11	82	41	+41	77
4	阿森纳队	42	18	17	7	53	28	+25	71
5	利兹联队	42	18	16	8	65	39	+26	70
6	温布尔顿队	42	18	11	13	56	53	+3	65
7	谢菲尔德星期三队	42	16	16	10	76	54	+22	64
8	利物浦队	42	17	9	16	59	55	+4	60
9	女王公园巡游者队	42	16	12	14	62	61	+1	60
10	阿斯顿维拉队	42	15	12	15	46	50	-4	57
11	考文垂队	42	14	14	14	43	45	-2	56
12	诺维奇城队	42	12	17	13	65	61	+4	53
13	西汉姆联队	42	13	13	16	47	58	-11	52
14	切尔西队	42	13	12	17	49	53	-4	51
15	托特纳姆热刺队	42	11	12	19	54	59	-5	45
16	曼彻斯特城队	42	9	18	15	38	49	-11	45
17	埃弗顿队	42	12	8	22	42	63	-21	44
18	南安普顿队	42	12	7	23	49	66	-17	43
19	伊普斯维奇队	42	9	16	17	35	58	-23	43
20	谢菲尔德联队(降级)	42	8	18	16	42	60	-18	42
21	奥德汉姆竞技队(降级)	42	9	13	20	42	68	-26	40
22	斯文登队（降级）	42	5	15	22	47	100	-53	30

1994—1995 超级联赛

排名	俱乐部	比赛	赢	平	败	进球	失球	净胜球	总分
1	布莱克本队	42	27	8	7	80	39	+41	89
2	曼彻斯特联队	42	26	10	6	77	28	+49	88
3	诺丁汉森林队	42	22	11	9	72	43	+29	77
4	利物浦队	42	21	11	10	65	37	+28	74
5	利兹联队	42	20	13	9	59	38	+21	73
6	纽卡斯尔联队	42	20	12	10	67	47	+20	72
7	托特纳姆热刺队	42	16	14	12	66	58	+8	62
8	女王公园巡游者队	42	17	9	16	61	59	+2	60
9	温布尔登队	42	15	11	16	48	65	-17	56
10	南安普顿队	42	12	18	12	61	63	-2	54
11	切尔西队	42	13	15	14	50	55	-5	54
12	阿森纳队	42	13	12	17	52	49	+3	51
13	谢菲尔德星期三队	42	13	12	17	49	57	-8	51
14	西汉姆联队	42	13	11	18	44	48	-4	50
15	埃弗顿队	42	11	17	14	44	51	-7	50
16	考文垂队	42	12	14	16	44	62	-18	50
17	曼彻斯特城队	42	12	13	17	53	64	-11	49
18	阿斯顿维拉队	42	11	15	16	51	56	-5	48
19	水晶宫队（降级）	42	11	12	19	34	49	-15	45
20	诺维奇队（降级）	42	10	13	19	37	54	-17	43
21	莱斯特城队（降级）	42	6	11	25	45	80	-35	29
22	伊普斯维奇队（降级）	42	7	6	29	36	93	-57	27

1995—1996 超级联赛

排名	俱乐部	比赛	赢	平	败	进球	失球	净胜球	总分
1	曼彻斯特联队	38	25	7	6	73	35	+38	82
2	纽卡斯尔联队	38	24	6	8	66	37	+29	78
3	利物浦队	38	20	11	7	70	34	+36	71
4	阿斯顿维拉队	38	18	9	11	52	35	+17	63
5	阿森纳队	38	17	12	9	49	32	+17	63
6	埃弗顿队	38	17	10	11	64	44	+20	61
7	布莱克本队	38	18	7	13	61	47	+14	61
8	托特纳姆热刺队	38	16	13	9	50	38	+12	61
9	诺丁汉森林队	38	15	13	10	50	54	-4	58
10	西汉姆联队	38	14	9	15	43	52	-9	51
11	切尔西队	38	12	14	12	46	44	+2	50
12	米德尔斯堡队	38	11	10	17	35	50	-15	43
13	利兹联队	38	12	7	19	40	57	-17	43
14	温布尔登队	38	10	11	17	55	70	-15	41
15	谢菲尔德星期三队	38	10	10	18	48	61	-13	40
16	考文垂队	38	8	14	16	42	60	-18	38
17	南安普顿队	38	9	11	18	34	52	-18	38
18	曼彻斯特城队(降级)	38	9	11	18	33	58	-25	38
19	女王公园巡游者队(降级)	38	9	6	23	38	57	-19	33
20	博尔顿队（降级)	38	8	5	25	39	71	-32	29

1996—1997 超级联赛

排名	俱乐部	比赛	赢	平	败	进球	失球	净胜球	总分
1	曼彻斯特联队	38	21	12	5	76	44	+32	75
2	纽卡斯尔联队	38	19	11	8	73	40	+33	68
3	阿森纳队	38	19	11	8	62	32	+30	68
4	利物浦队	38	19	11	8	62	37	+25	68
5	阿斯顿维拉队	38	17	10	11	47	34	+13	61
6	切尔西队	38	16	11	11	58	55	+3	59
7	谢菲尔德星期三队	38	14	15	9	50	51	-1	57
8	温布尔登队	38	15	11	12	49	46	+3	56
9	莱斯特城队	38	12	11	15	46	54	-8	47
10	托特纳姆热刺队	38	13	7	18	44	51	-7	46
11	利兹联队	38	11	13	14	28	38	-10	46
12	德比郡队	38	11	13	14	45	58	-13	46
13	布莱克本队	38	9	15	14	42	43	-1	42
14	西汉姆联队	38	10	12	16	39	48	-9	42
15	埃弗顿队	38	10	12	16	44	57	-13	42
16	南安普顿队	38	10	11	17	50	56	-6	41
17	考文垂队	38	9	14	15	38	54	-16	41
18	桑德兰队（降级）	38	10	10	18	35	53	-18	40
19	米德尔斯堡队（降级）	38	10	12	16	51	60	-9	39
20	诺丁汉森林队（降级）	38	6	16	16	31	59	-28	34

1997—1998 超级联赛

排名	俱乐部	比赛	赢	平	败	进球	失球	净胜球	总分
1	阿森纳队	38	23	9	6	68	33	+35	78
2	曼彻斯特联队	38	23	8	7	73	26	+47	77
3	利物浦队	38	18	11	9	68	42	+26	65
4	切尔西队	38	20	3	15	71	43	+28	63
5	利兹联队	38	17	8	13	57	46	+11	59
6	布莱克本队	38	16	10	12	57	52	+5	58
7	阿斯顿维拉队	38	17	6	15	49	48	+1	57
8	西汉姆联队	38	16	8	14	56	57	-1	56
9	德比郡队	38	16	7	15	52	49	+3	55
10	莱斯特城队	38	13	14	11	51	41	+10	53
11	考文垂队	38	12	16	10	46	44	+2	52
12	南安普顿队	38	14	6	18	50	55	-5	48
13	纽卡斯尔联队	38	11	11	16	35	44	-9	44
14	托特纳姆热刺队	38	11	11	16	44	56	-12	44
15	温布尔登队	38	10	14	14	34	46	-12	44
16	谢菲尔德星期三队	38	12	8	18	52	67	-15	44
17	埃弗顿队	38	9	13	16	41	56	-15	40
18	博尔顿队（降级）	38	9	13	16	41	61	-20	40
19	巴恩斯利队（降级）	38	10	5	23	37	82	-45	35
20	水晶宫队（降级）	38	8	9	21	37	71	-34	33

1998—1999 超级联赛

排名	俱乐部	比赛	赢	平	败	进球	失球	净胜球	总分
1	曼彻斯特联队	38	22	13	3	80	37	+43	79
2	阿森纳队	38	22	12	4	59	17	+42	78
3	切尔西队	38	20	15	3	57	30	+27	75
4	利兹联队	38	18	13	7	62	34	+28	67
5	西汉姆联队	38	16	9	13	46	53	-7	57
6	阿斯顿维拉队	38	15	10	13	51	46	+5	55
7	利物浦队	38	15	9	14	68	49	+19	54
8	德比郡队	38	13	13	12	40	45	-5	52
9	米德尔斯堡队	38	12	15	11	48	54	-6	51
10	莱斯特城队	38	12	13	13	40	46	-6	49
11	托特纳姆热刺队	38	11	14	13	47	50	-3	47
12	谢菲尔德星期三队	38	13	7	18	41	42	-1	46
13	纽卡斯尔联队	38	11	13	14	48	54	-6	46
14	埃弗顿队	38	11	10	17	42	47	-5	43
15	考文垂队	38	11	9	18	39	51	-12	42
16	温布尔登队	38	10	12	16	40	63	-23	42
17	南安普顿队	38	11	8	19	37	64	-27	41
18	查尔顿队（降级）	38	8	12	18	41	56	-15	36
19	布莱克本队（降级）	38	7	14	17	38	52	-14	35
20	诺丁汉森林队（降级）	38	7	9	22	35	69	-34	30

1999—2000 超级联赛

排名	俱乐部	比赛	赢	平	败	进球	失球	净胜球	总分
1	曼彻斯特联队	38	28	7	3	97	45	+52	91
2	阿森纳队	38	22	7	9	73	43	+30	73
3	利兹联队	38	21	6	11	58	43	+15	69
4	利物浦队	38	19	10	9	51	30	+21	67
5	切尔西队	38	18	11	9	53	34	+19	65
6	阿斯顿维拉队	38	15	13	10	46	35	+11	58
7	桑德兰队	38	16	10	12	57	56	+1	58
8	莱斯特城队	38	16	7	15	55	55	0	55
9	西汉姆联队	38	15	10	13	52	53	-1	55
10	托特纳姆热刺队	38	15	8	15	57	49	+8	53
11	纽卡斯尔联队	38	14	10	14	63	54	+9	52
12	米德尔斯堡队	38	14	10	14	46	52	-6	52
13	埃弗顿队	38	12	14	12	59	49	+10	50
14	考文垂队	38	12	8	18	47	54	-7	44
15	南安普顿队	38	12	8	18	45	62	-17	44
16	德比郡队	38	9	11	18	44	57	-13	38
17	布拉德福德城队	38	9	9	20	38	68	-30	36
18	温布尔登队（降级）	38	7	12	19	46	74	-28	33
19	谢菲尔德星期三队（降级）	38	8	7	23	38	70	-32	31
20	沃特福德队（降级）	38	6	6	26	35	77	-42	24

2000—2001 超级联赛

排名	俱乐部	比赛	赢	平	败	进球	失球	净胜球	总分
1	曼彻斯特联队	38	24	8	6	79	31	+48	80
2	阿森纳队	38	20	10	8	63	38	+25	70
3	利物浦队	38	20	9	9	71	39	+32	69
4	利兹联队	38	20	8	10	64	43	+21	68
5	伊普斯维奇队	38	20	6	12	57	42	+15	66
6	切尔西队	38	17	10	11	68	45	+23	61
7	桑德兰队	38	15	12	11	46	41	+5	57
8	阿斯顿维拉队	38	13	15	10	46	43	+3	54
9	查尔顿队	38	14	10	14	50	57	-7	52
10	南安普顿队	38	14	10	14	40	48	-8	52
11	纽卡斯尔联队	38	14	9	15	44	50	-6	51
12	托特纳姆热刺队	38	13	10	15	47	54	-7	49
13	莱斯特城队	38	14	6	18	39	51	-12	48
14	米德尔斯堡队	38	9	15	14	44	44	0	42
15	西汉姆联队	38	10	12	16	45	50	-5	42
16	埃弗顿队	38	11	9	18	45	59	-14	42
17	德比郡队	38	10	12	16	37	59	-22	42
18	曼彻斯特城队（降级）	38	8	10	20	41	65	-24	34
19	考文垂队（降级）	38	8	10	20	36	63	-27	34
20	布拉德福德城队（降级）	38	5	11	22	30	70	-40	26

2001—2002 超级联赛

排名	俱乐部	比赛	赢	平	败	进球	失球	净胜球	总分
1	阿森纳队	38	26	9	3	79	36	+43	87
2	利物浦队	38	24	8	6	67	30	+37	80
3	曼彻斯特联队	38	24	5	9	87	45	+42	77
4	纽卡斯尔联队	38	21	8	9	74	52	+22	71
5	利兹联队	38	18	12	8	53	37	+16	66
6	切尔西队	38	17	13	8	66	38	+28	64
7	西汉姆联队	38	15	8	15	48	57	-9	53
8	阿斯顿维拉队	38	12	14	12	46	47	-1	50
9	托特纳姆热刺队	38	14	8	16	49	53	-4	50
10	布莱克本队	38	12	10	16	55	51	+4	46
11	南安普顿队	38	12	9	17	46	54	-8	45
12	米德尔斯堡队	38	12	9	17	35	47	-12	45
13	富勒姆队	38	10	14	14	36	44	-8	44
14	查尔顿队	38	10	14	14	38	49	-11	44
15	埃弗顿队	38	11	10	17	45	57	-12	43
16	博尔顿队	38	9	13	16	44	62	-18	40
17	桑德兰队	38	10	10	18	29	51	-22	40
18	伊普斯维奇队(降级)	38	9	9	20	41	64	-23	36
19	德比郡队（降级）	38	8	6	24	33	63	-30	30
20	莱斯特城队（降级）	38	5	13	20	30	64	-34	28

2002—2003 超级联赛

排名	俱乐部	比赛	赢	平	败	进球	失球	净胜球	总分
1	曼彻斯特联队	38	25	8	5	74	34	+40	83
2	阿森纳队	38	23	9	6	85	42	+43	78
3	纽卡斯尔联队	38	21	6	11	63	48	+15	69
4	切尔西队	38	19	10	9	68	38	+30	67
5	利物浦队	38	18	10	10	61	41	+20	64
6	布莱克本队	38	16	12	10	52	43	+9	60
7	埃弗顿队	38	17	8	13	48	49	-1	59
8	南安普顿队	38	13	13	12	43	46	-3	52
9	曼彻斯特城队	38	15	6	17	47	54	-7	51
10	托特纳姆热刺队	38	14	8	16	51	62	-11	50
11	米德尔斯堡队	38	13	10	15	48	44	+4	49
12	查尔顿队	38	14	7	17	45	56	-11	49
13	伯明翰队	38	13	9	16	41	49	-8	48
14	富勒姆队	38	13	9	16	41	50	-9	48
15	利兹联队	38	14	5	19	58	57	+1	47
16	阿斯顿维拉队	38	12	9	17	42	47	-5	45
17	博尔顿队	38	10	14	14	41	51	-10	44
18	西汉姆联队（降级）	38	10	12	16	42	59	-17	42
19	西布朗维奇队(降级)	38	6	8	24	29	65	-36	26
20	桑德兰队（降级）	38	4	7	27	21	65	-44	19

附录 2

1980—2003 曼彻斯特联队利润和营业额

年份	收入（以千为单位）	净利润（转会后，以千为单位）	股息（以千为单位）
1980	2,149	210	50
1981	2,408	(352)	50
1982	2,648	(2,282)	-
1983	3,929	636	-
1984	5,226	1,731	151
1985	6,788	280	101
1986	6,677	824	-
1987	6,718	810	101
1988	7,585	(1,296)	-
1989	9,556	1,767	-
1990	11,292	(3,071)	-
1991	17,816	5,375	-
1992	20,145	5,056	2,189
1993	25,177	4,202	2,372
1994	43,815	10,776	2,554
1995	60,622	20,014	2,737
1996	53,316	15,399	3,221
1997	87,939	27,577	4,026
1998	87,875	27,839	4,416
1999	110,674	22,411	4,676
2000	116,005	16,788	4,936
2001	129,569	21,778	5,195
2002	146,062	32,347	8,053
2003	173,001	39,345	10,391

注意：括号内的数字表示亏损。

附录 3

1980—2003 曼彻斯特联队主要荣誉

英超联赛冠军：1993，1994，1996，1997，1999，2000，2001，2003

英格兰足总杯冠军：1983，1985，1990，1994，1996，1999

英格兰联赛杯冠军：1992

欧洲冠军联赛冠军：1999

欧洲优胜者杯冠军：1991

欧洲超级杯冠军：1991

洲际杯冠军：1999

图片来源：

图片一节中所有照片由马丁·爱德华兹提供，版权归马丁·爱德华兹所有，但以下除外。

第 7 页（顶部）：Color sport/REX/Shutter stock 彩色运动 / 雷克斯 / Shutter stock 图像

第 7 页（顶部）：Dan Smith/Getty Images 丹·史密斯 / 盖帝图像

第 7 页（底部）：Reuters/Alamy 路透社 / 阿拉米

第 8 页（顶部）：Past Pix/SSPL/ 盖帝图像

第 8 页（底部）：SSPL/ 盖帝图像

第 9 页（顶部）：Trinity Mirror/Mirrorpix/Alamy 三一镜报集团 / 镜报照片 / 阿拉米

第 9 页（底部）：Ted Blackbrow/REX/Shutterstock Shutter stock 图像

第 10 页（顶部）：Popperfoto/ 盖帝图像

第 10 页（中部）：Trinity Mirror/Mirrorpix/Alamy 三一镜报集团 / 镜报照片 / 阿拉米

第 10 页（底部）：Popperfoto/ 盖帝图像

第 11 页（顶部）：Jim Hutchison/Associated Newspapers/REX/Shutterstock 吉姆·哈奇森 / 联合报社 / 雷克斯 /Shutterstock 图像

第 11 页（中部）：Colorsport/REX/Shutterstock 彩色运动 / 雷克斯 / Shutter stock 图像

第 15 页：Jamie Wiseman/Daily Mail/REX/Shutterstock 杰米·怀斯曼 / 每日邮报 / Shutter stock 图像

第 16 页（顶部）：David Kendall/PA Images 大卫·肯德尔 / PA 图像

第 16 页（底部）：John Peters/Man Utd via Getty Images 约翰·彼得斯 / 曼彻斯特联队，选自盖帝图像